山东建筑大学2022年度校内博士基金（X22047Z）资助

九州文库

农村留守儿童性侵害风险及防范研究

尹新瑞 著

九州出版社
JIUZHOUPRESS

图书在版编目（CIP）数据

农村留守儿童性侵害风险及防范研究 / 尹新瑞著
. --北京：九州出版社，2023.11
ISBN 978-7-5225-2557-0

Ⅰ. ①农… Ⅱ. ①尹… Ⅲ. ①农村—性犯罪—预防犯
罪—儿童教育—研究—中国 Ⅳ. ①D924.34

中国国家版本馆 CIP 数据核字（2024）第 034405 号

农村留守儿童性侵害风险及防范研究

作 者	尹新瑞 著
责任编辑	沧 桑
出版发行	九州出版社
地 址	北京市西城区阜外大街甲 35 号（100037）
发行电话	（010）68992190/3/5/6
网 址	www.jiuzhoupress.com
印 刷	唐山才智印刷有限公司
开 本	710 毫米×1000 毫米 16 开
印 张	17.5
字 数	314 千字
版 次	2024 年 3 月第 1 版
印 次	2024 年 3 月第 1 次印刷
书 号	ISBN 978-7-5225-2557-0
定 价	98.00 元

前　言

农村留守儿童的安全与保护是当前我国留守儿童政策关注的重要议题。近年来，针对农村留守儿童的性侵害事件频发，成为影响留守儿童安全的主要问题。2016 年，中国科学院心理研究所发布的《儿童保护的最低限度》一书中指出，在近 1 亿的留守儿童中约 4% 的留守女童曾经遭受性侵害。同时，媒体报道中有关留守儿童的性侵害事件也更为极端，如"宁夏灵武市 11 名留守儿童被性侵害""广西百香果女孩被奸杀事件"等每经报道便引爆社会舆论，引发社会公众、学术界和政府部门的广泛关注。农村留守儿童性侵害问题难以被发现以及性安全对留守儿童成长的重要性使得对该问题的发掘和研究具有现实紧迫性。

基于以上考量，本书在研究方法上主要采用理论研究法、文献研究法、案例分析法等质性研究方法，在理论选择方面结合社会生态系统理论、风险因子理论、日常活动理论、生活方式理论、权力理论等社会工作以及社会学学科领域的方法、理论对该问题进行了研究。选择华东某县作为研究的主要地点，对留守儿童生态系统内部的监护人、学校、社区、社会组织、派出所等人员和部门以及曾有性侵害经历的访谈对象进行了半结构访谈。在此基础上，依照社会生态系统理论和风险因子理论的脉络，本书考察了文化环境风险、制度政策风险、家庭学校风险以及留守儿童自身存在的风险因子对留守儿童性侵害问题的产生所发挥的作用。在社会环境的宏观层面，文化因素特别是父权制文化对留守儿童性侵害问题的产生具有重要影响，贞操观念、孝道观念、面子文化、受害者有罪论等文化因素深刻作用于监护人、留守儿童的行为惯习系统，并对留守儿童性侵害的产生，性侵害问题的披露，监护人对性侵害问题的应对，村落社区对性侵害问题的认识，留守儿童性权利、性话语等产生多重影响，并通过社区居民生活方式、社区风俗习惯、儿童性教育等载体作用于留守儿童和监护人的行为图式和维权路径中，使得文化背景因素中有关留守儿童性侵害的风险因子长期存在。现实性制度和政策缺失导致的风险因素同步构成了潜在风险影响因子。我国法律如刑法、未成年人保护法、刑事诉讼法等法律政策中仍然存在刑罚惩戒力度不足、性侵害受害者支持缺失、法律援助不够、农村法律普及工作有限等风险因素。同时，在基层留守儿童关爱保护体系中也存在保护碎片化、政策选择性执行、工作队伍不足等问题。宏观社会环境层面存在的风险因素进一步造成性侵害犯罪成本降低、受害可及性提高，从而使留守儿童在其直接生活的家庭环境和学校环境中可能遭受更为严重的性侵害风险。对于留守儿童而言，监护人的监护能力、智识水平等造成其对儿童性权利认识不足、性教育缺失、性安全保护缺失，他们无法在留守儿童日常生活情境中承担有效的监督者角色，使得留守儿童直接暴露于性侵害风险环境中。同时，监护人权利滥用等也极大可能使其由监护者转变为性侵害者。在家庭情境中，家庭生活安排如家庭居住方式安排、家庭生活方式安排和女性角色缺失、"懂事"教育等使得家庭领域中存在的性侵害风险被扩大。此外，监护人角色失败也造成他们无法为留守儿童在校园环境中的安全提供有效监护，并且教育规训氛围下的校园环境内部留守儿童与教师之间的权利不平等、师生互动约束机制不健全、学校对儿童权利的忽视、校园性侵害举报机制缺失等风险因子造成学校环境本身蕴藏了针对留守儿童的潜在性侵害风险。微观层面，留守儿童自身年龄、残障状况、心理特点、网络行为以及被害易感性等风险因素的存在，使得他们极易遭受潜在性侵害者的侵害，并且遭受性侵害之后由于留守儿童缺乏外部家庭支持、同辈群体支持，其在客观安全层面和主观安全层面都无法得到保障，从而易陷入性侵害者设置的风险陷阱，在遭受性侵害之后无法及时披露相关事件，造成留守儿童与性侵害者危险的互动关系长期得以维持。针对留守儿童性侵害风险问题，研究者指出应加强对留守儿童在政策、法律、学校、家庭、社区等层面的保护。在政策和法律保护层面应建立专门的有关儿童性侵害保护的法律、加强对留守儿童性侵害的法律援助、倡导对性侵害受害者的精神和物质赔偿，进一步提高法律惩戒力度，完善性侵害强制报告制度、强化农村社区法律普及工作等制度保护措施。在学校环境中，国家应细化当前的学校保护政策，建立系统、规范的学校性教育体系以及教师行业准入制度，引导学校建立成熟的校园性侵害预防和举报制度，进一步规范师生互动行为，构建以学校为本的留守儿童性侵害预防教育体系。家庭作为留守儿童关爱保护工作的主要承担者，我们在强化监护人、父母等责任的同时还应为家庭提供支持。此外，围绕家庭维护并强化社区保护因子，形成农村社区公众普遍关注留守儿童性侵害、性安全问题的氛围，构建"责备性侵害者""零容忍留守儿童性侵害"的社区环境，并提高作为旁观者的留守儿童性侵害识别能力和保护意识。在多元社会治理格局下，社会工作作为专业的助人工作应深入农村留守儿童关爱保护工作中，应注意底层视角、文化敏感性以及地方性知识等在留守儿童社会工作介入中的意义和作用，充分发挥社会工作者作为教育者、资源链接者、倡导者的作用，为监护人、留守儿童等提供契合本土实践的性教育，并建立留守儿童为本、家庭为中心、社区为基础的工作关系型工作体系。

本书的贡献在于运用社会生态系统理论、日常行动理论等理论视角，综合分析了围绕留守儿童宏观社会系统、中观系统、微观系统中导致其遭受性侵害风险的因子，综合考察了社会文化环境、家庭学校环境、留守儿童个体等蕴含的潜在风险因素；对遭受性侵害的留守儿童及家庭进行了半结构式访谈和实地调查，同时对村落社区、社会组织等进行了调研，在实证分析基础上加深了对留守儿童性侵害问题的认识。研究的不足在于由于研究问题较为敏感，研究者无法获得足够的研究对象，尚无法对性侵害留守儿童的家庭监护人、教师以及其他非法侵害者进行深入调查研究，因此研究提出的风险因素分析无法完整展现留守儿童性侵害发生、发展、处置的全貌。

目 录
CONTENTS

第一章

绪　论

农村留守儿童性侵害问题是困扰留守儿童健康发展的重要问题，当前性侵害与溺水、拐卖等共同构成影响留守儿童成长安全的主要风险类型。本章主要讨论与留守儿童性侵害研究相关的研究缘起、研究意义研究结构以及研究方法等内容。

第一节　研究缘起与研究意义

一、研究缘起

改革开放以来，我国人口流动规模日益扩大。农村剩余劳动力人口向城市的大规模迁移使城乡人口结构和社会面貌发生了巨大变化，其中父母的社会迁移很大程度上改变了未成年儿童的生活轨迹。外出务工父母不同的家庭策略产生了不同的儿童生活场景，形成了三种不同类型的儿童群体：非留守儿童、留守儿童、流动儿童①。我国农村留守儿童的规模由于对留守儿童的定义不同、父母流动时间不同、父母双方或单方外出类型不同而出现较大差别。2013 年全国妇女联合会根据第六次人口普查的结果显示，我国留守儿童的数量为 6102.55 万人②。2017 年，中国社会科学院国情调查与大数据研究中心发布的《留守儿童调查报告》显示，全国农村留守儿童的数量为 5000 万以上，全国具有留守儿童经历的人口约为 2 亿人③。国务院《关于加强农村留守儿童关爱保护工作的

---

① 梁昆，赵环，肖丽娜 . 社会资本、抗逆力与农村留守儿童的发展状况研究［M］. 上海：华东理工大学出版社，2019：1.

② 全国妇联课题组将留守儿童的年龄界定为（0—17 岁）。全国妇联课题组 . 全国农村留守儿童城乡流动儿童状况研究报告［J］. 中国妇运，2013（6）：30-34.

③ 《留守儿童调查报告》发布 . 2 亿国人曾有留守经历［EB/DL］. 腾讯网，2017-09-09.

意见》中对留守儿童含义进行了更为严格的界定，认为留守儿童指的是"父母双方外出务工或一方外出务工另一方无监护能力、不满十六周岁"的未成年人。依据该定义，截至 2018 年 9 月，我国留守儿童规模为 697 万余人[①]。通过以上数据可以推知，无论以何种留守儿童的定义为判定标准，我国都存在数量规模极为庞大的留守儿童。

自 2006 年以来，留守儿童群体开始受到我国政府的重点关注。2006 年，留守儿童问题首次在国务院相关文件中出现，党的十八届三中、五中全会分别对建立健全农村留守儿童关爱服务体系做出决策部署，国务院连续 3 年在《政府工作报告》中对农村留守儿童工作提出明确要求。2006 年，国务院《关于解决农民工问题的若干意见》指出："输出地政府要解决好农民工托留在农村子女的教育问题。"这是中央文件首次对留守儿童提出明确的关怀要求。2010 年以后，相关支持和保护政策进一步围绕留守儿童的教育、保护、关爱服务等方面深入展开。2010 年、2011 年国务院先后颁布《国家中长期教育改革和发展规划纲要（2010—2020 年）》和《中国儿童发展纲要（2011—2020 年）》，其中的条款具体针对留守儿童的教育问题、发展问题提出了专门要求，强调建立健全留守儿童关爱服务体系、体制。2014 年 9 月，国务院《关于进一步做好为农民工服务工作的意见》出台，该文件提出加强留守儿童关爱服务体系，实施"共享蓝天"关爱农村留守儿童行动，保障留守儿童的入园、寄宿、安全问题等。

当前中国因巨大的社会变迁而进入一个风险社会，甚至是高风险社会。因此，关注社会安全，防范和化解社会风险，已成为转型社会面临的一个重要议题。相对于其他弱势群体而言，留守儿童面临的风险更加复杂全面，既有传统的心理安全风险、意外伤害风险，同时也有如网络成瘾等非传统风险，并且作为极为弱势的社会群体他们应对风险的能力更弱。其中留守儿童性侵害问题由于事件发生比较隐蔽，对留守儿童生理、心理等造成的持久性伤害应引起格外注意。学者邬志辉等人通过对微博、网站等媒介报道的有关留守儿童舆情事件的分析发现，2006—2015 年的 10 年间，留守儿童意外死亡的 239 起事件中，留守儿童遭受性侵害舆情事件 62 起，占比达 26%[②]。据中国少年儿童文化艺术基金会女童保护基金（以下简称女童保护基金）统计，2013 年至 2019 年，7 年间

---

① 儿童福利司. 图表：2018 年农村留守儿童数据［EB/DL］. 中华人民共和国民政部，2018-09-01.

② 邬志辉，李静美，陈昌盛. 农村留守儿童：伤害与被伤害的［N］. 中国青年报，2016-01-18.

全国公开报道儿童性侵害案共 2458 起①，平均每年报道 351 起，具体见表 1-1 所示。

表 1-1　2013—2019 年媒体公开报道儿童性侵害案数量

年份	2013	2014	2015	2016	2017	2018	2019
总量	125	503	340	433	378	378	301
平均数	0.35	1.38	0.95	1.21	1.12	1.12	0.82

此外，北京青少年法律援助中心 2013 年对 40 起儿童被性侵害案的统计显示，留守儿童性侵害案件占到统计案件总数的 47.5%，儿童性侵害案件呈现受害人低龄化、乡村案发高、熟人犯案多等特征②。据中国儿童少年基金会、北京师范大学社会发展与公共政策学院社会公益研究中心发布的《儿童保护研究报告》数据显示，留守儿童性侵害发生率在 6.70%～21.8%，其中大量性侵害案件发生在家族之内，邻居、朋友、同事之间③。已有的调查数据显示，留守儿童和流动儿童成为性侵害问题的主要受害者。在经济欠发达地区，本地农村留守女童受害者多；在经济发达地区，流动女童（外来务工人员或其女儿）受害者多。换句话说，儿童在流动和留守过程中都容易成为性侵害的对象。除了以上被公开报道的留守儿童性侵害案件以外，还有大量留守儿童性侵害案件没有被发现。研究认为，曝光儿童性侵害案件与实际发生的性侵害案件之间的比例为 1∶7④，也就是大量儿童性侵害案件被掩盖，并且性侵害案件产生数量还有逐年扩大的趋势。与城市儿童相比，农村留守儿童性侵害受到关注和被曝光的概率更小⑤，因此，探索留守儿童性侵害现状和风险因素应是当前社会和学术界重点关注的问题。

---

① 中国少年儿童文化艺术基金会女童保护基金 . 2017 年性侵害儿童案例统计及儿童防性侵害教育调查报告 ［EB/OL］. 凤凰网，2018-03-07.

② 去年每年 2.92 天曝光一起性侵害儿童案 留守儿童成重灾区 ［EB/OL］. 中国教育在线，2014-03-03.

③ 常红，吕峥 . 女童受侵害现状报告：大量家族内案件被内部消化 ［EB/DL］. 新浪网，2013-09-13.

④ 王大伟 . 中小学生被害人研究：带犯罪发展论 ［M］. 北京：中国人民公安大学出版社，2003：24.

⑤ 中国少年儿童文化艺术基金会女童保护基金 . 2019 年性侵害儿童案例统计及儿童防性侵害教育调查报告 ［EB/OL］. 女童保护基金，2020-05-18.

二、研究问题

留守儿童性侵害问题虽然引起政府和学术界的重视，然而当前我国针对留守儿童性侵害的相关研究却十分薄弱。在知网上检索文献发现，截至 2020 年 3 月，关于儿童性侵害的研究有 188 篇，研究范围涉及法学、社会学、心理学等多个学科领域。不过其中与留守儿童性侵害有关的研究却少之又少，仅有少数几篇文献就留守儿童性侵害问题进行了探讨，这与当前留守儿童面临的性安全问题的现状是不相符的，因此，加快对该问题的研究并提出相应的对策具有十分重要的现实意义。

基于此，本书将重点研究以下问题：首先，当前留守儿童性侵害问题的特点是什么，如性侵害实施者的来源、性侵害受害者的特征等；其次，当前我国农村地区留守儿童生存环境中存在哪些实施性侵害的风险因子，在制度文化层面、生活环境层面、留守儿童个人层面等不同层次的风险因子表现是什么；最后，针对留守儿童性侵害风险问题，在政策制度、家庭保护、学校保护、社会工作专业保护层面我们应采取的保护措施有哪些？

三、研究意义

（一）理论意义

性侵害问题严重影响留守儿童身心健康发展。国外针对儿童性侵害问题进行了较为深入的研究①，取得了值得我们国内学者思考和借鉴的成果②。然而国外研究者相关结论所针对的问题对象和文化情境与我国社会存在较强的异质性，无论是指导意义还是借鉴价值都受文化情景和社会结构等问题的制约，因此，针对当前我国留守儿童性侵害问题的研究应该瞄准我国留守儿童的生活现实和文化情境，如此才能得出较为精确的结论。不过，目前国内关于留守儿童等未成年人性侵害问题的理论研究仍然较为薄弱。本书的理论意义在于在收集到的性侵害受害者访谈资料基础上，研究中国文化背景和留守情境下留守儿童性侵害风险产生的宏观文化、制度性因素、家庭、学校保护因素和留守儿童个人因

---

① GLADSTONE G, PARKER G, WILHELM K, et al. Understanding the impact of childhood sexual abuse on women's sexuality [J]. Journal of Mental Health Counseling, 1999, 34 (1): 1-5.

② COLANGELO J J, KEEFE-C K. Neural correlates of memories of childhood sexual abuse in women with and without posttraumatic stress disorder [J]. The American Journal of Psychiatry, 2012, 156 (11): 1787-1795.

素的影响，发展符合我国留守儿童生存和成长现状的解释性理论，为更好地保护留守儿童性安全提供理论依据。

（二）现实意义

本书的现实意义在于以下两点。首先，通过该研究深化我国学术界对留守儿童性侵害问题的认识。本研究中应用的定性资料可以补充我国当前对留守儿童等未成年人性侵害缺乏一手资料的不足。在理论探索方面，本研究采用了社会学、犯罪学、心理学等多学科的理论视角，在一定程度上为后续的研究提供理论借鉴。其次，本研究针对留守儿童性侵害问题提出了相应的防范策略，能够为我国制定留守儿童保护策略、减少留守儿童性侵害的发生，提供相应的支持和帮助。

第二节　研究结构与研究方法

一、研究结构

本书主要研究农村留守儿童性侵害风险问题及其影响因素，通过对目标社区的实地调查研究，探索当前留守儿童性侵害风险问题的现状、影响因素及相关保护政策的运行状况，在此基础上提出构建、完善留守儿童性侵害风险防范的策略。本研究基于社会生态系统理论分析影响留守儿童性侵害风险的因素，在具体分析过程中借鉴惯习理论、日常生活方式理论等理论视角，从宏观的制度、社会文化层面，中观的学校、家庭层面，微观的留守儿童个体层面分析导致留守儿童性侵害的风险因素。基于以上分析，在研究结构的设计上主要分四步推进（如图1-1所示）。

首先，对研究问题进行破题和立论（第一章）。第一章绪论主要解决留守儿童性侵害风险相关的研究意义、研究目的以及核心概念的界定工作。同时，通过对国内外有关留守儿童性侵害风险影响因素以及防范策略的相关文献进行梳理、评析，探究国内外学者的研究思路和方法，为本书的后续研究奠定基础。此外，进一步确证研究的伦理问题，即是否采取了妥善的策略防止出现损害研究对象利益的状况。

其次，对留守儿童性侵害风险的现状进行分析、描述。一方面，分析调研地点的基本情况，然后针对当前留守儿童性侵害风险的现状进行分析；另一方

```
┌─────────────────┐           ┌─────────────────┐
│  研究背景与意义  │           │ 概念界定与文献综述│
└─────────────────┘           └─────────────────┘
         │                             │
         └──────────────┬──────────────┘
                ┌─────────────┐
                │   相关理论   │
                └─────────────┘
```

```
┌─────────────┐   ┌─────────────────┐   ┌─────────────┐
│  生活方式理论 │   │ 社会生态系统理论 │   │  日常活动理论 │
└─────────────┘   └─────────────────┘   └─────────────┘
```

```
┌─────────────┐   ┌─────────────────┐   ┌─────────────┐
│  理论分析法  │───│    案例分析法    │───│ 半结构访谈法 │
└─────────────┘   └─────────────────┘   └─────────────┘
```

```
┌───────────────────────────────┐
│       留守儿童性侵风险因子       │
└───────────────────────────────┘
```

```
┌──────────────────┐   ┌──────────────────┐   ┌──────────────────┐
│①宏观制度层面：     │   │②中观环境层面：学校│   │③微观个体与家庭：  │
│法律政策、学校      │⇒ │保护、学校环境、  │⇒ │留守儿童被害性、   │
│保护政策、儿童      │   │师生权力、监护能力 │   │儿童外部社会支持、 │
│性权利、儿童性      │   │                  │   │儿童披露、监护能力 │
│话语、父权制文化    │   │                  │   │                  │
└──────────────────┘   └──────────────────┘   └──────────────────┘
```

```
┌───────────────────────────────┐
│     政策回应与社会工作专业介入     │
└───────────────────────────────┘
```

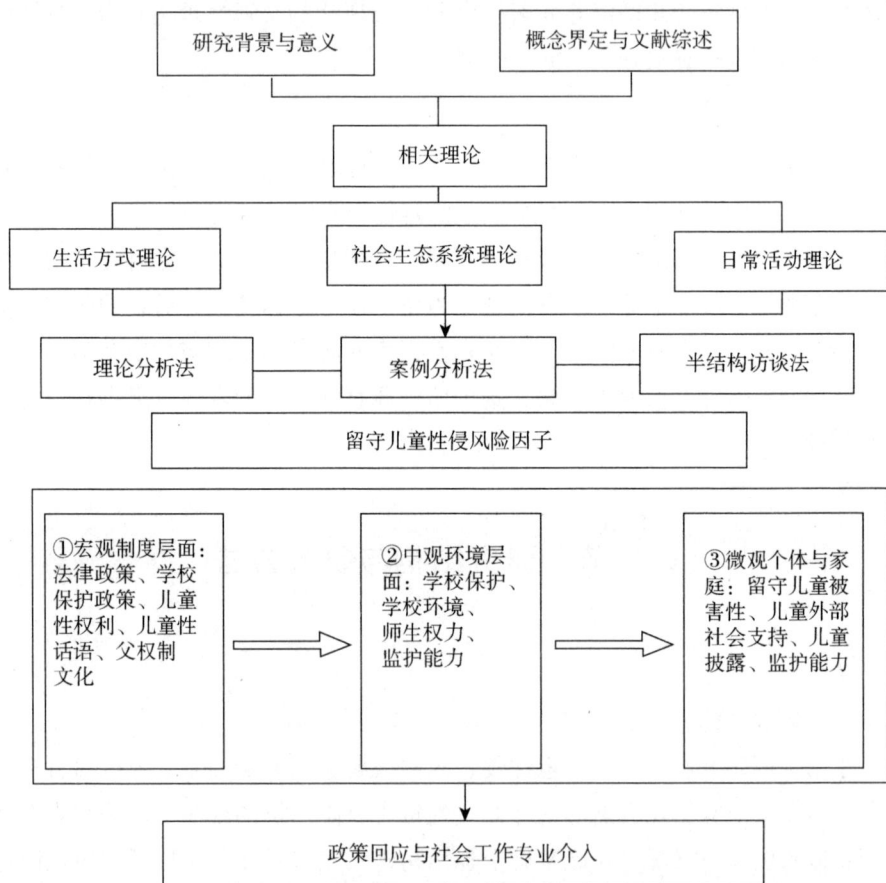

图 1-1　农村留守儿童性侵害风险因子研究结构

面，通过导致留守儿童性侵害问题的宏观制度的文化风险、中观家庭的学校环境风险、微观层面的个体风险因素的分析，探讨导致留守儿童性侵害的宏观因素、中观因素和微观因素。

最后，通过提出法律制度措施、学校保护措施以及家庭监护措施具体回应当前防范留守儿童性侵害的政策需求，并提出社会工作专业回应策略强化社会工作对留守儿童性侵害预防和支持的专业介入力度。

二、研究方法

（一）研究地点与研究对象

本研究在地点的选择上采用了目的性和方便性原则，将研究地点定为 M 省 B 市 Y 县。这是因为，一方面，M 省作为外出务工人口大省，每年有数量规模庞大的农民工群体在省内其他县市或者省外打工①，该市的留守儿童数量也较为庞大，据统计资料显示，截至 2017 年底该市有 7850 名登记留守儿童。另一方面，基于研究的方便性原则。研究者在 B 市 Y 县参与多项社会调查工作，与 Y 县人民检察院、公安局、民事政务局相关部门工作人员较为熟悉，便于对留守儿童性侵害问题进行调查。

由于性侵害问题本身的私密性和敏感性，因此，研究在最初能够接触研究对象方面面临诸多困难。这种困难来自如何联系或认识能够接受调研的研究对象，同时那些在童年时期遭受过或正在遭受性侵害的研究对象是否愿意与研究者分享他们曾经的受侵害经历。

此外，接受访谈或者介入的过程必然会要求研究对象描述曾经的受侵害经历，无疑这会造成对他们的二次伤害，进而会涉及研究的伦理问题。在研究前期的走访过程中，研究者利用亲属、同学、朋友等关系网络分别接触了 Y 县人民检察院未成年人犯罪检察科（简称未检科）、人民法院研究室、公安局法制室以及下属派出所、县法律援助中心等机构的工作人员，在确保对涉及的留守儿童性侵害资料保密的基础上对留守儿童进行了访谈，获得了 Y 县儿童性侵害的典型案例资料以及该县有关留守儿童保护工作机制的资料。

同时在 Y 县民事政务局工作人员的协助下，研究者与 Y 县诚心公益服务社负责人取得了联系。该公益服务机构成立于 2014 年，是 Y 县成立的第一家主要面向留守儿童、留守老人的公益服务机构，近年来该机构致力于儿童性教育知识普及和预防性侵害的宣传工作。在该机构的帮助下研究者积极寻访愿意接受访谈的研究对象，并在工作人员帮助下利用微信公众号招募愿意分享经历的当事人或知情者。

此外，在与该机构工作人员合作进行的性教育进校园的活动中，研究者对 Y 县 B 镇三所中小学的教师进行了访谈，了解学校近年来的儿童性教育开展和儿童预防性侵害情况，以及现实中发生或他们知情的关于留守儿童性侵害的案例。为了避免研究本身对访谈对象可能产生的二次伤害，以及出于对访谈对象隐私的保护考虑，研究者采用请被访对象叙写自传的方式来了解他们曾经的性侵害经历。

对于某些不愿意叙写自传或者没有能力叙写自传的访谈对象，研究者主要通过微信语音、电话等形式进行采访，避免面访可能造成的被访者的尴尬和不安全感。在访谈资料的记录方面，研究者隐去有关被访对象一切可能泄露其隐

---

①　根据《B 市统计年鉴》，截至 2017 年，B 市外出务工人口数量达到 78540 人。

私的个人信息，只要求保留性别、职业、年龄、文化程度等基本信息，并通过知情同意书、电话和微信等形式告知研究对象资料的保密性，以及对保护他们的隐私所采取的措施，同时征求他们关于资料保护的意见并告知如果在访谈中遇到任何不适可以随时退出。

由于访谈对象中可能大部分都在童年期遭受性侵害，这些性侵害经历往往过去了较长时间，他们遭受性侵害的风险因子可能随着国家留守儿童保护政策的出台已经消失，因此，为了解当前的留守儿童关爱和保护情况，研究者还对留守儿童、留守儿童监护人、学校教师、村委工作人员、公益组织负责人等进行了访谈。

（二）研究方法

方法论是研究方法的基础，在社会科学研究领域中长期存在实证主义方法论与人文主义方法论之争。实证主义方法论向科学方法论看齐，注重实验、数据、图表、模型、证实、证伪、复制等。人文主义方法论强调通过思辨、想象、阅读、勾画、提炼等方法，对情感、经历、事件进行深度描述和深邃的体验，以求得对真实世界和事件的认识与了解。对于留守儿童性侵害问题，本书则希望在人本主义方法论指导下通过访谈、观察、理论分析等方法获得深入认识。

理论研究法。理论研究法与经验分析方法相对，是在感性认识的基础上通过理性思维认识事物的本质及其规律的一种科学分析方法。理论研究法是通过理论分析把研究的事物分解为各个组成部分、特征、属性等，再从本质上厘清事物各部分之间的内在运行逻辑和相互影响机制，进而通过综合分析把握事物的规律性。本研究主要以社会生态系统理论为主要研究工具，通过该理论将留守儿童成长发展的社会环境分为宏观、中观、微观不同层次，并分析其中存在的导致性侵害风险的因素。在此基础上，从政策建构和服务干预角度为留守儿童性安全保护提供完善相应政策和制度体系的建议。此外，通过赋权理论、增能视角等理论，探索从社会工作角度为留守儿童、监护人及其家庭增强权能和自我保护能力的介入措施。

半结构访谈法。半结构化访谈（semi-structured interviews）指按照一个粗线条式的访谈提纲而进行的非正式的访谈。该方法对访谈对象的条件、所要询问的问题等只有一个粗略的基本要求。本研究主要针对留守儿童、留守儿童监护人、学校教师、村委工作人员、政府工作人员、社会组织人员等留守儿童社会生态系统内部的相关人员进行访谈。由于研究本身的敏感性，为了尽量满足

"信息饱和"① 和 "最大差异原则"②，研究者对留守儿童生态系统中的相关人员采取"能访尽访"的原则，以求获得较为全面的研究资料。

表1-2　实地访谈对象分布

	访谈对象	分布结构	访谈主要内容
性侵害风险认知、性教育、性侵害状况	留守儿童20名	B镇中原社区10名	1. 留守情况（留守多久、与父母交流频率、与祖辈等监护人关系、同学交往状况、与邻里关系等） 2. 性安全自我保护情况（性教育情况、性侵害认知情况） 3. 风险状况（生活学习中遇到的性侵害风险类型、遭遇风险之后的恢复情况、遭受风险之后的求助情况、希望得到哪些帮助）
	留守儿童监护人10名	B镇中原社区5名；B镇小王社区5名	1. 监护人社会人口学资料（性别、年龄、受教育程度、职业等） 2. 家庭策略情况（家庭人口数量、家庭生活安排、留守儿童父母探访情况等） 3. 对留守儿童生活中遇到性侵害风险问题的认知度（儿童性权利认知情况、儿童性安全保护） 4. 性侵害风险处理方式、接受风险问题处理培训情况等
	学校教师10名（班主任、教务主任、校长）	S镇中心小学5名；W镇第一中学5名	1. 学校内留守儿童的一般情况（数量、性别、年龄、学习情况、同辈交往情况等，注意调查特殊案例） 2. 学校内留守儿童性侵害风险（您了解的或听闻的有关留守儿童遭遇风险情况，如性侵害、校园欺凌等，学校如何防止留守儿童风险伤害？是否进行了相关的性侵害风险预防培训等？教师性侵害认知状况、儿童性教育情况）

---

① 信息饱和指的是当增加一名访谈对象时，所增加的新的信息量较少或者根本没有增加新的信息，或者再也没有关于概念或理论的新资料或相关资料显现出来。参见：潘绥铭，姚星亮，黄盈盈．论定性调查的人数问题：是"代表性"还是"代表什么"的问题——"最大差异的信息饱和法"及其方法论意义［J］．社会科学研究，2010（4）：108-115．

② 最大差异法是为了尽量发现不同的人对同一现象所阐释意义的多元表达。这种方法时有一个潜在的假定，即认为被访者的不同的社会特征意味着他们有不同的个人生平情景和知识库存，这些不同的生平情景和知识库存就会影响被访者对某一现象的感知与意义建构。参见：鲍雨，潘绥铭．定性研究中的求异法及其理论依据［J］．社会学评论，2015（2）：93．

续表

	访谈对象	分布结构	访谈主要内容
性侵害介入服务和性侵害问题状况	公益服务组织和社会工作机构工作人员	Y县诚心公益服务机构工作人员	1. 机构概况（成立的时间、人员结构、资金来源等） 2. 留守儿童服务情况（开展留守儿童服务项目情况、工作人员对性侵害问题的认知情况、儿童性教育状况、接触的性侵害案例情况）
留守儿童保护和性侵害状况	民政局、检察院、法院相关部门工作人员	YX县S镇相关基层部门	1. 基层政府关于留守儿童保护出台的政策 2. 基层政府在贯彻各部委和县市关于留守同保护方面所采取的举措 3. 当前留守儿童保护方面存在的问题等 4. Y县近年以来有关性侵害未成年人案件的状况、有关留守儿童性安全情况、性侵害的特点和类型
	村级两委干部、驻村干部、其他乡村精英若干	Y农村社区与Z农村社区村级两委干部、村内乡村精英	1. 村落概况（社区内部人口数量、人口结构、村落组织情况） 2. 社区内部留守儿童基本情况（年龄、性别、监护人、经济条件、家庭状况等） 3. 留守儿童保护工作（是否有兼职母亲、乡镇干部探访情况、村内是否有专人负责留守儿童安全保护、社区内是否有其他组织参与相关工作、运行状况如何、近两年发生的留守儿童性侵害案例等） 4. 留守儿童性侵害发生后的一般处理方式

表 1-3　针对性侵害对象的访谈

基本情况	性侵害事件的过程和情境	反应与行动	性侵害事件的影响
您的年龄、性别、职业和文化程度	1. 性侵害发生时的年龄 2. 性侵害实施者 3. 性侵害时的情境和状况（性侵害发生的地方、监护状况、居住状况、对性侵害的认知）	1. 性侵害发生后您的求助情况（监护人、教师、同辈群体、男女朋友） 2. 您选择隐瞒或披露原因（父母压力、同辈压力、不知道自己遭受性侵害） 3. 您认为针对留守儿童性侵害需要采取的措施	1. 性侵害事件的发生对您造成的影响（生理、心理、社会交往、信任） 2. 性侵害事件对家庭造成的影响（迁居、居住状况、监护状况） 3. 事件对您后来生活和成长的影响（交友、恋爱、婚姻）

案例分析法。案例分析法指的是"对一个个人、一件事件、一个社会集团，或一个社区所进行的深入全面的研究。它的特点是焦点特别集中，对现象的了解特别深入、详细"①。案例分析法是质性研究的常用方法之一，案例分析法不是方法论上的选择，而是对研究对象的选择②。农村留守儿童性侵害风险问题具有较强的异质性，为此在调研过程中为能够尽量穷尽不同的留守儿童性侵害类型，需要做大量的案例采集、分析工作，从而满足研究样本的代表性和分析的全面性。采用案例分析法对所收集的案例进行分析，一方面，能够通过案例了解留守儿童性侵害风险发生、发展的风险因素和相关机制以及相应的处置措施及存在的问题；另一方面，能够在分析的基础上提出更加有针对性的解决方案。

(三) 研究伦理

由于研究问题的敏感性，研究伦理问题成为本研究关注的主要议题。关于研究伦理，学者洛弗兰德（Lofland）认为在社会工作研究领域中，研究者应重点考虑以下问题：在访谈过程中是否告知访谈对象资料收集方式，如录音或者文字记录？研究资料的收集对象是否与自己存在利益关系？当案主需要帮助时，研究者是否及时进行了响应？在访谈情境或实地研究过程中，研究者是否全身心地去面对相关情境？在研究过程中研究者是否展示出一种合适的姿态去面对他人③？

本研究在资料的收集、整理、分析的过程中遵循了以下的伦理原则。

1. 研究对象自愿参与原则。研究开始之前研究者会将本研究的研究内容、研究目的以及研究意义向参与研究的对象进行详细说明，使研究对象能够明晰参与本研究的基本过程。在研究对象对本研究基本了解的基础上，得到其参与研究的承诺后再进行访谈、录音等工作。

2. 不伤害研究对象原则。研究者坚持遵守这项原则。为防止曾经遭受性侵害的访谈对象在回忆相关情景时造成二次伤害，研究者坚持自愿参与和不伤害原则，与研究对象达成"知情同意"的共识，对于涉及性侵害事件的具体描述以研究对象愿意披露的程度为标准，研究者只针对与研究问题中有关风险因子的部分进行追问，而非要求对性侵害过程的具体细节进行描述。同时研究者在

① 风笑天. 社会学研究方法 [M]. 北京：中国人民大学出版社，2005：239.
② STAKE R E. Qualitative case studies [M] //DENZIN N K, LINCOIN Y S. Handbook of qualitative research：3rd ed [M]. Thousand Oaks, CA：Sage, 2005：443-466.
③ SHAW, I F. Ethics in qualitative research and evaluation [J]. Journal of Social Work, 2003, 3 (1)：9-29.

访谈过程中会根据研究对象的意愿随时终止相关访谈，并为研究对象提供心理疏导和支持服务。此外，研究者留下手机、邮箱等联系方式，随时跟进研究对象的相关需求，以防止研究本身可能对研究对象造成情感困扰等。

3. 研究对象匿名和保密的原则。研究者遵照这一原则保护研究对象的权益。在资料收集、分析以及使用阶段，研究者将有关访谈对象的所有身份信息隐去并使用抽象的符号代替研究对象的名字。研究者遵守保密原则拒绝向他人披露研究对象的相关资料，并对资料最后的保存方式咨询研究对象的意见，对于研究对象要求将资料销毁或者清除的，研究者将在研究完成之后统一处理。

第三节　相关概念界定

本研究涉及的概念较多，但总体而言比较重要的概念主要有涉及留守儿童、性侵害、风险、抗逆力等。以下将对书中涉及的重要概念进行梳理定义。

一、留守儿童

留守儿童是我国社会经济发展和现代社会转型过程中出现的特定群体。我国学者在 20 世纪 90 年代初便注意到随着我国国内和国际人口流动现象的出现衍生了大量的留守儿童群体。我国学者上官子木最早提出了"留守儿童"的概念，呼吁注意社会中存在的由于父母出国等留在家庭中的儿童问题①。然而，关于留守儿童的研究并未引起当时学术界的重视。直到 2004 年，政府和学术界开始将该群体及相关问题作为重点关注议题加以研究和讨论。

关于留守儿童含义的界定学术界也经过了不断地探索和发展。孙顺其将留守儿童定义为因父母双方或一方外出打工而留守在家的儿童②。此后，学者段成荣则指出，留守儿童指的是父母双方或一方流动到其他地区，孩子留在户籍所在地并因此不能和父母双方共同生活在一起的儿童③。范方等也认为留守儿童指的是父母双亲长期外出，子女被留在家乡需要其他监护人照顾的未成年人④。徐志成认为留守儿童是由大量农村剩余劳动力外出务工造成的一种特定时期的特

① 上官子木. 隔代抚养与"留守"儿童 [J]. 父母必读，1993 (11)：16-17.
② 孙顺其. "留守儿童"实堪忧 [J]. 教师博览，1995 (2)：10-10.
③ 段成荣，周福林. 我国留守儿童状况研究 [J]. 人口研究，2005, 29 (1)：29-36.
④ 范方，桑标. 亲子教育缺失与"留守儿童"人格、学绩及行为问题 [J]. 心理科学，2005, 28 (4)：855-858.

定社会现象。基于此，徐志成指出大量劳动力离开农村进入城市务工，其未成年子女并未与其共同流动而是继续居住于原来的乡村社区，并由祖辈、邻居或者其他亲属照料①，从而形成具有某种共同生活和心理特质的群体。在为教育部基础教育司撰写的有关留守儿童的报告中，学者吴霓认为留守儿童是指由于父母双方或一方进入城市务工而留在乡村的义务教育阶段的儿童（6～16 岁），他们主要由亲人或其他委托人代为照料②，该定义明晰了留守儿童的年龄和照料情况。此后相关学者的定义并未超出以上定义中关于留守儿童父母外出务工、祖辈照料和年龄阶段等要素，其后对留守儿童的定义更多围绕留守儿童年龄、父母外出务工时间、父母城市流动状况等进行。如叶敬忠将留守儿童限定在 18 周岁以下，同时将父母外出务工情况分为双方或单方，将其地域限制在农村地区等③。在外出务工父母在城市流动时间上相关学者的界定则是认为应流动 6 个月以上，如张帆认为父母双方或一方在一段时间内（6 个月或以上）发生了亲子分离，未成年子女留在原来的家庭和社区中并由其他亲属照料的未满 18 周岁的儿童才是留守儿童④。蔡岳建也指出留守儿童指的是父母双方或者一方外出打工半年以上，由祖父母、外祖父母以及其他亲属、邻居等照料的未成年子女⑤。范兴华则认为留守儿童年龄应限定在 0～17 岁，在父母双方或一方流动情况方面则与叶敬忠等学者相一致。吕绍清针对留守儿童的界定与以上学者的不同，吕绍清并未明确指出留守儿童的年龄，而是将其所处的教育阶段作为明确其年龄的标准。因此，吕绍清指出留守儿童是不能随父母一起流动的留在农村地区的处于小学和初中阶段的儿童青少年⑥。近年来，学术界对留守儿童的关注视野由农村转向城市，认为不仅在农村存在大量的留守儿童，在城市中由于多种原因造成的城镇人口流动同样存在一定数量的留守儿童。如宋文娟认为城镇和农村中都存在大量由于父母外出务工而使亲子处于分离状态的现象⑦。近年来，城镇留守

① 徐志成．于都县农村留守儿童计免工作现状及对策［J］．中国农村卫生事业管理，2006，26（11）.

② 吴霓．农村留守儿童问题调研报告［J］．教育研究，2004（10）：15-18.

③ 叶敬忠，詹姆斯·莫瑞．关注留守儿童：中国中西部农村地区劳动力外出务工对留守儿童的影响［M］．北京：社会科学文献出版社，2005.

④ 胡义秋，朱翠英．不同学龄阶段农村留守儿童心理健康状况比较研究［J］．湖南社会科学，2015（1）：105-110.

⑤ 蔡岳建．家庭教育理论与实践［M］．重庆：西南大学出版社，2014：1.

⑥ 吕绍清．中国农村留守儿童问题研究［J］．中国妇运，2006（6）：19-25.

⑦ 宋文娟．关于留守儿童的问题与思考：来自南陵县的调查报告［J］．安徽教育学院学报，2006（4）：11-14.

儿童问题也引起相关学者的重视，学者葛缨认为城市中同样存在大量 18 岁以下的留守儿童，在照料形式上与农村留守儿童相类似①。

总体而言，当前学术界对留守儿童概念的界定存在争议，这种争议的焦点主要体现在：父母外出务工或者流动的时间，即父母在外流动需要满足半年以上还是一年以上才能够认定为父母长期不在未成年子女身边；父母外出流动的结构，即是否需要根据父母双方外出、子女留在户籍所在地才能认定未成年子女为留守儿童，抑或父母中任何一方外出务工一段时间，即可认定留守原籍的子女为留守儿童；留守儿童年龄，关于留守儿童年龄的上限是 18 周岁、16 岁还是 14 周岁，下限是 0 岁，还是 6 周岁，或者按照所处义务教育阶段作为划分年龄上、下限的标准；流出地为城市还是农村，以往关于留守儿童的讨论主要集中在生活于农村环境中的儿童，近年来随着城市中留守儿童的增多，学术界逐渐聚焦于关于城市留守儿童的讨论。基于以上关于留守儿童的界定，本研究将留守儿童界定为父母双方或一方由于外出务工、工作或者其他原因的流动，时间在 6 个月以上，子女无法与父母共同流动和生活，只能留在原户籍地由父母中的一方、祖辈、其他亲属或邻居照料，年龄在 18 周岁以下的儿童。

二、性侵害

性侵害是指采用任何方式、方法、手段等违背对方意愿施加的与性有关的行为，包括露体、窥阴、抚摸、生殖器性行为等，使用的手段既包括争辩、精神压力、酒类或药物、职权或压力，同时也包括其他暴力形式。一般而言，性侵害不仅指的是实质发生的针对形体的侵害，对方通过语言实施与性有关的暗示或者侵犯引起另一方的心理压力、反感、恐慌、压抑等都可能构成性侵害②。从性侵害实施者和性侵害对象来看，男性和女性都有可能成为性侵害者和受害者。儿童性侵害（child sexual abuse）是指针对 18 岁以下儿童实施的任何与性有关的接触③。此外，从更广泛的意义上看，除了针对儿童直接形体的性侵害外，其他非直接性接触的行为也可以视为性侵害，如在儿童面前暴露生殖器，利用摄像机、照相机等形式拍儿童裸露的身体或其他具有性暗示的照片，以及其他形式的带有性猥亵意味的话语等。中国香港特别行政区防止虐待儿童协会

---

① 葛缨，邓林园，纪灵超. 网络成瘾城市留守儿童人格特质、网络效能感及生命意义感的关系 [J]. 中国特殊教育，2018（2）：89-96.

② 周欢：性行为与健康 [M]. 成都：四川大学出版社，2018：146.

③ ［美］威廉·L. 雅博，［美］芭芭拉·W.［美］萨亚德，布莱恩·斯特朗. 认识性学：插图 [M]. 6 版. 爱白文化教育中心，译. 北京：世界图书北京出版公司，2012：473.

颁布的《预防儿童性侵害犯训练手册》中针对儿童性侵害给予了更为完整的定义,认为儿童性侵害指的是为满足侵犯者性欲或其他目的,通过暴力、欺骗、物质引诱、讨好或其他办法,引诱儿童进行性活动①。其中包括:有身体接触的儿童性侵害犯,如触摸儿童隐私部位,以强奸、乱伦等形式侵犯儿童;无身体接触的儿童性侵害,如强迫儿童观看色情影视、图片,向儿童露体,或者用语言引诱儿童露体、猥亵儿童等。在此过程中,成年人是否认为儿童自愿或被迫参与以上活动并不重要,本质上都属于儿童性侵害。

三、风险

风险在不同学科中具有不同的含义。在社会学领域,社会学家卢曼指出,风险是比较晚近才出现的词汇,意指我们做出决策的意外后果。卢曼(Luhmann)认为风险"产生于人们对以下事实的认识:大多数影响着人类活动的突发事件都是人为造成的,而不是由上帝或大自然所造成的"②。卢曼认为,不同社会发展阶段人们面临的风险具有不同的内涵。在前工业社会,人们面临的主要是危险,危险具有可预见性和确定性;在现代社会中则演变为风险,风险具有不确定性。就此言之,卢曼指出风险的对应词并非安全,而是危险③。吉登斯(Giddens)则认为,16至17世纪便已经出现风险的概念。伴随着西方大航海时代的出现,西方殖民者在探索未知世界的过程中,逐渐形成了关于风险的认识和概念。吉登斯认为,风险最早具有空间方面的含义,后来转向了时间方面。吉登斯指出,风险是与可能性和不确定性紧密相关的,并且指的是在与将来可能性关系中被评价的危险程度。同时,吉登斯将风险分为外部风险(external risk)和制造的风险(manufactured risk)。简而言之,外部风险是指由外部环境中传统和自然的某种不变的固定性和不变性带来的风险。制造的风险则指的是,人类活动和不断发展的科技对自然、世界产生的影响导致的风险。吉登斯认为,两类风险的主要区别在于在传统社会中我们面临的主要是外部风险,如自然灾害、歉收、瘟疫或者饥荒。在现代社会,自然本身对我们人类所造成的风险逐渐减弱,而人类知识和活动对自然的影响以及由此产生的风险却对现

---

① 香港防止虐待儿童会. 预防儿童性侵犯训练手册 [M]. 2版. 香港:香港大学出版社,2009.

② LUHMAN N. Familiarity,confidence,trust:Problems and alternatives [J]. Reseaux,2001,108(4):15-35.

③ 钱再见. 失业弱势群体及其社会支持研究 [M]. 南京:南京师范大学出版社,2017:119.

实世界产生了重大的危险。

　　无独有偶，1986年，德国著名社会学家乌尔里希·贝克（Vlrich Beck）在《风险社会》一书中关于"风险"概念的界定同样阐述了他关于"制造的风险"的相关构想。他指出风险可以被界定为"系统地处理现代化自身引致的危险和不安全感的方式"①。不过也有学者从概念建构和价值观的层面对风险进行了界定和区分，如布拉德博利（Bradbury）区分了两种风险概念：作为自然属性的社会风险和作为社会事实的风险概念②。自然属性的社会风险将风险视为危险技术在物理层面给定的属性：可以用科学解释、预测和控制，客观事实与主观价值分开。此概念反映了有关风险的知识是由客观事实组成的观点：这些事实为决策提供了基础。作为社会事实的风险概念将风险视为一种社会建构的属性，而不是一种独立于评估和体验其影响的人类存在的物理实体。该概念强调风险识别和风险评估的过程永远不会是无价值的，科学家的判断涉及平衡相互冲突的证据，而"事实"的经验证据本身并不能导致任何结论③。沿着这一思路，著名风险社会学家拉什（Rush）认为，风险并非结构性、指向性和按照一定顺序排列的。风险的内涵在不同文化背景下具有不同的内容，在更大程度上属于心理认知的结果。在不同文化和群体中，对风险的认知具有明显的地域和文化意义，同样会有不同的应对措施，因此，风险凸显的是一种文化现象，而非社会秩序④。

　　通过以上学者关于风险的界定可知布拉德博利和拉什关于风险的分类和界定更多的是在文化和心理认知的角度进行，因此，两者都可以被视为在风险文化意义上对风险进行的研究和解读。作为在社会学学科领域中提出风险和风险社会概念的主要学者，贝克和吉登斯两位学者对风险、风险社会概念及理论的阐释和讨论一直备受学术界重视，被视为制度主义风险理论的两翼⑤。制度主义风险理论关于风险的界定和认知倾向于从宏观视角对影响风险发生的因素、风

---

① ［德］乌尔里希·贝克. 风险社会［M］. 何博闻，译. 南京：译林出版社，2004：21.

② 夏玉珍，郝建梅. 当代西方风险社会理论：解读与讨论［J］. 学习与实践，2007（10）：120-128.

③ WYNNE, Brian. Technology, risk and participation：On the social treatment of uncertainty ［M］//JOBST C. Society, technology and risk assessment. New York：Academic Press, 1980：173-208.

④ 彭华民. 西方社会福利理论前沿：论国家社会、体制与政策［M］. 北京：中国社会出版社，2009：283

⑤ 彭华民. 西方社会福利理论前沿：论国家社会、体制与政策［M］. 北京：中国社会出版社，2009：284-289.

险预警和分配机制进行研究。正如贝克所指出的，在风险社会，由于工业化导致的各种不确定因素开始在风险制造和生成过程中占据主导地位。这种新型风险解构在传统社会中广泛建立的风险防范和预警机制，摧毁了业已建立的关于风险认知的理念和方法。制度主义风险理论对风险的认识和界定为本研究提供了更为宏观的理论背景和研究视阈。

我国学者杨雪冬教授则认为，风险是指"个人和群体在未来遇到的伤害的可能性以及对这种可能性的判断与认知"①，并且指出风险具有以下四个方面的特征：其一，风险既是客观存在的同时也是主观建构的，是两者的结合体；其二，风险产生的原因具有双重性或者说风险具有双重来源，自然界存在的因素可能会造成风险，另一方面也存在大量人类自身引发的风险；其三，风险既蕴含着危险同时也存在机遇；其四，风险具有可计算性与不可计算性②。在社会工作、心理学领域中，风险往往被视为增加或影响案主不良后果概率的一个或多个因素，风险可以"具有基因或生物病因学基础甚至综合的生物社会根源"③。杰克·瑞启曼（Jack Richman）和马克·弗瑞瑟（Mark Fraser）认为风险因素可能是案主的某些特征或环境条件。在个体特征方面包括遗传、生物因素以及社交特征，环境因素则包括家庭破裂、缺乏监护人，以及外部生活环境混乱等因素④。按照风险因素是否确定可以将其分为确定的风险因素和非确定的风险因素，确定的风险因素与确定的不良后果有关，非确定的风险因素包括缺少经验的养育、学业失败、歧视和贫困等⑤。基于以上研究，本书将风险界定为影响或增加留守儿童危险后果概率的一个或多个因素，这些因素既包括自然界（如自然环境地形、植被等因素）引发的风险因素，同时也包括人为制造的风险因素。

四、监护

作为一项重要的法律制度，监护制度在不同法系的国家和地区中都是重要

① 杨雪冬．风险社会与秩序重建［M］．北京：社会科学文献出版社，2003：16.
② 杨雪冬．风险社会与秩序重建［M］．北京：社会科学文献出版社，2003：17-18.
③ ［美］杰克·瑞启曼，［美］马克·弗瑞瑟．青少年暴力理论：抗逆力、危险和保护［M］．穆光宗，孙梦雪，赵雪萍，等译．北京：中国人口出版社，2007：2.
④ FRASER M W, GALINSKY M J, RICHMAN J M. Risk, protection, and resilience：Toward aconceptual framework for social work practice［J］. Social Work Research，1999，23（3）：131-143.
⑤ COIE J D, WATTN F, WEST S G, et al. The science of prevention：a conceptual framework and some directions for a national research program［J］. American Psychologist，1993，48（10）：1013.

的制度设置，这在英美法系国家以及大陆法系国家与监护相关的法律制度中都可见一斑。作为重要的法律制度，监护制度源于罗马法，此后被多国所沿用①。与监护制度相关的监护概念在不同文化背景下具有不同的含义，一般而言可以将监护分为广义监护和狭义监护。广义监护指的是对所有缺乏自我保护和自我生存能力的人施以监督和保护，以满足他们生活的需求，维护其生存和发展权利，基于此广义监护不仅包括亲权制度，同时也兼具照顾、协助性质的保护制度特点。由此，广义的监护不仅针对未成年人，同时还包含其他无完全民事行为能力的成年人。与此相对的狭义监护则指的是针对缺乏亲权保护的未成年人以及缺乏自我监护和自我生活能力的成年人实施的监督和保护②。本研究主要在狭义范围内使用监护概念，指的是由家庭成员对本家庭内部与监护人具有血缘关系的未成年人或者失去自我保护和自我生活能力的成年人实施的监督与保护。

　　本章主要对本研究的缘起、问题、意义、方法以及相关概念进行梳理和界定。通过对留守儿童性侵害有关问题的梳理和界定进一步厘清本研究的研究重点和研究采用的方法，以期为后续研究奠定基础。

---

① 陈朝碧．罗马法原理［M］．北京：法律出版社，2006：431.
② 付翠英．民法总论教程［M］．北京：对外经济出版社，2009：11.

第二章

文献回顾与相关理论

国内外学术界针对儿童性侵害问题的研究积累了众多具有启发意义的研究成果。本章将对国内外相关研究和结论进行梳理，在此基础上提出本研究的重点工作方向以及用到的理论框架。

第一节　文　献　回　顾

留守儿童性侵害问题的产生原因十分复杂，既有监护人监护缺失、相关保护政策缺位等因素，同时与留守儿童本身自我保护能力较弱等存在密切关系。当前国内外相关研究的方向和重点也呈现多元化特征。

一、留守儿童性侵害机制研究

儿童性侵害的发生原因非常复杂，这使得对该问题的研究和预防成为学术界和政策界的难点。目前研究从社会问题治理和理论阐释角度对儿童性侵害问题进行了一系列的探索和分析。这些研究针对的问题角度不同，取得的相应结论也呈现多样化特征。

（一）留守儿童性侵害的原因与机制

留守儿童维护个人性安全能力缺失。相对于性侵害者而言，大多数儿童都缺乏相应的自我保护能力，当性侵害发生后也无法对相关过程和人物进行恰当陈述[1]，并且缺少相关的性知识和自我保护意识[2]。我国学者谭晓玉指出，大多

---

① STERNBERG K J, LAMB M E, HERSHKOWITZ I, et al. Effects of introductory style on children's abilities to describe experiences of sexual abuse [J]. Child Abuse & Neglect, 1997, 21 (11): 1133-1146.
② 李丽，谢光荣. 儿童性虐待认定及其存在的问题 [J]. 中国特殊教育，2012 (5): 18-23.

数受侵害儿童都年龄较小，无法正确区分性侵害和其他行为类型，并且缺少必要的警惕性，当性侵害发生时无法有效保护自己。更加严峻的是，很多受害儿童因为种种原因无法将自身受害经历告知监护人，这也导致很多儿童被长期、多次侵害①。

留守儿童性侵害风险来源多样化。我国农村地区留守儿童可能面临更为严峻的性安全形势。相对而言，我国农村地区经济发展落后，近年来，农村社区大量的青壮年劳动力迁出，在农村中产生了巨大的人口真空区域，这使得社区安全形势更为薄弱，无法为社区内留守儿童提供较好的安全场域②。留守儿童其他监护人缺乏相应的监管能力，当儿童性侵害事件发生后，囿于传统贞操观念以及社区压力等因素，大多数采取沉默或者私了等方式，进一步增大了儿童性侵害发生的可能性③。同时，由于互联网的发展，留守儿童接触网络的机会增多，而父母等监护人缺失也导致对儿童网络行为难以进行有效监督，留守儿童很容易受到网络中色情视频讯息等的影响。已有研究发现，色情资料能增加儿童性行为的概率④，而留守儿童浏览色情信息等行为无疑会诱导儿童性行为及针对其他儿童的性侵害。应该认识到，在留守儿童群体中，留守女童更容易遭受性侵害⑤。究其原因，除了某些共性因素之外，留守女童得到的家庭关爱更少，家庭社会支持更为薄弱，这使她们暴露于性侵害的风险之下。

留守儿童在学校场域中面临较高的性侵害风险。在学校场域中，儿童性侵害的发生更具有隐蔽性。国外研究者发现 8~11 年级的美国学生中有 9.6% 的儿童曾经遭受过性侵害。由于校园性侵害的隐蔽性特征，这一数字可能远低于实际发生的⑥。学者沙克什夫（Shakeshaft）和科恩（Cohen）的研究得出的结论认为，0.04%~5% 的教育工作者有性行为不端的行为⑦。与国外研究相比，我国

---

① 谭晓玉. 师源性侵害研究：现状调查与成因分析 [J]. 青少年犯罪问题，2007（4）：4-9.

② 江立华. 乡村文化的衰落与留守儿童的困境 [J]. 江海学刊，2011（4）：109-115，239-240.

③ 张永强，耿亮. 农村留守女童遭受性侵害问题及防范对策研究 [J]. 预防青少年犯罪研究，2016（3）：87-94.

④ ELLIOTT I A, BEECH A R. Understanding online child pornography use：Applying sexual offense theory to internet offenders [J]. Aggression and Violent Behavior, 2009, 14（3）：180-193.

⑤ 谭晓玉. 师源性侵害研究：现状调查与成因分析 [J]. 青少年犯罪问题，2007（4）：4-9.

⑥ SHAKESHAFT C. Educator sexual misconduct：A synthesis of existing literature [M]. Washington, DC：U. S. Department of Education, Office of the Under Secretary, 2004.

⑦ SHAKESHAFT C, COHEN A. Sexual abuse of students by school personnel [J]. Phi DeltaKappan, 1995, 76：512-520.

有关师源性儿童性侵害的研究十分稀少，也缺乏相应的研究数据。在针对留守儿童性侵害的研究中，有学者指出当前我国学校儿童性教育缺乏，大多数儿童和家长并未接受相关的性侵害犯预防教育，儿童无法识别有可能导致性侵害的风险因素①，同时也不具备预防性侵害犯风险的能力，从而增加了儿童成为性侵害对象的风险②。作为教师，他们自身具备的性侵害知识和识别能力不足，并且学校内部也缺乏相应的医疗机构和资源，无法为儿童提供有效的支持和保护③。进一步言之，大多数校园性侵害事件发生在经济不发达和偏远地区，社会支持力量薄弱，教育资源匮乏，教师队伍和素质良莠不齐，缺乏针对教师群体进行监督和规范的制度设置，为儿童性侵害的发生提供了条件④。发生在校园的儿童性侵害案件中，师源性侵害是其中较为严重的犯罪类型。如针对津巴布韦农村地区儿童性侵害的调查中发现，在儿童性侵害事件中108名受害者（98%）是女童，而所有性侵害实施者都是男教师。同时，研究样本中性虐待的模式年龄为12岁的儿童占报告病例的46%，而最脆弱年龄组包括青春期（11~13岁）的儿童占所有性侵害儿童数量的69%⑤。与其他针对儿童的校园性侵害相比，师源性侵害具有作案时间长、隐蔽性高、难以调查取证等诸多特点，使得相关研究缺乏定性和定量资料，难以有效开展。与以往的理论模型认为性侵害者大多具有人格和心理问题等不同，实施性侵害的教师往往具有良好的个人素质和业绩表现，这种外在表现也使得发现教师性侵害以及进行相应的指控变得困难⑥。

儿童校内性侵害风险实施者来源多元化。进一步研究发现，虽然大多数校园性侵害研究将研究目标指向男性教师，但女性教师针对儿童的性侵害也不容忽视，女教师对学生进行性侵害问题日益得到学术界的重视⑦。在学者对德州471名女性罪犯的研究中，其年龄在18~77岁（M=32），从侵犯类型看，主要

① RUSSELL D E H. Sexual exploitation: Rape, child sexual abuse, and workplace harassment [M]. Beverly Hills, CA: Sage Publications, 1984.

② 王进鑫. 青春期留守儿童性安全问题调查研究 [J]. 青年研究, 2008 (9): 7-14.

③ 孔艳秋, 陈晶琦. 阜新市174名小学教师对儿童性侵害犯问题的认识 [J]. 中国学校卫生, 2016 (10): 24-26, 29.

④ 谭晓玉. 师源性侵害研究: 现状调查与成因分析 [J]. 青少年犯罪问题, 2007 (4): 4-9.

⑤ NHUNDU T J, SHUMBA A. The nature and frequency of reported cases of teacher perpetrated child sexual abuse in rural primary schools in Zimbabwe [J]. Child Abuse & Neglect, 2001, 25 (11): 1517-1534.

⑥ KNOLL J. Teacher sexual misconduct: Grooming patterns and female offenders [J]. Journal of Child Sexual Abuse, 2010, 19 (4): 371-386.

⑦ Dirty secrets chart: Pennsylvania teacher discipline cases, 1990—1999 [EB/OL]. Post Gazette, 1999-11-02.

包含以下几种针对儿童的女性性侵害者：非犯罪性同性恋罪犯（noncriminal homosexual offenders）、女性性侵害者（female sexual predators）、年轻的成年儿童剥削者（young adult child exploiters）、同性恋罪犯和暴力的同性恋罪犯（homosexual criminals and aggressive homosexual offenders）、代际倾向性犯罪（the intergenerationally predisposed offender）①、男性胁迫性犯罪（the male-coerced offender）②、异性养育者（heterosexual nurturers）③。其中最常见的类型是"异性养育者"，其最不可能因性侵害被捕。该类型的性侵害者往往具有其他属性，即性侵害实施者兼具"老师—情人"的类型特征，她们认为自己在情感上等同于她十几岁的男性受害者（如果犯罪者是同性恋，则为女性）④。这类性侵害的受害者通常是寻求关注的有问题或需要帮助的青少年。犯罪者将这种行为概念化为一种"双方同意"的恋爱，并且常常难以将这种行为视为不适当。

校内性侵害发生机制较为隐蔽，潜在性侵害者采取多种手段。在校园儿童性侵害发生、发展过程中，性侵害者往往采取一定的策略，儿童一旦被孤立，性侵害者更容易操纵、利用受害者进入性关系。一项对97名未受过教育的儿童性侵害者的研究表明，性侵害关系的建立过程在很大程度上依赖于罪犯获得受害者的信任⑤。

在儿童性侵害的相关事件中，家庭既是儿童性侵害发生后儿童主要的社会支持来源，同时也是缓解儿童心理创伤的主要实施者。有研究者发现，儿童性侵害发生与家庭功能、家庭支持之间存在相关关系⑥。相比其他儿童，留守儿童由于缺乏父母等监护人的监督和保护，遭受性侵害的可能性更高⑦。由于父母长

---

① SARADJIAN J. Foreword ［M］//FORD H. Women who Sexually Abuse Children ［EB/OL］. West Sussex：John Wiley & Sons Ltd，2006.

② FORD H. Women who sexually abuse children ［M］. West Sussex：John Wiley & Sons Ltd，2006

③ VANDIVER D M，KERCHER G. Offender and victim characteristics of registered female sexualloffenders in Texas：A proposed typology of female sexual offenders ［J］. Sexual Abuse：A Journal of Researchand Treatment，2004，16（2）：121-137.

④ MATTHEWS R，MATTHEWS J，SPELTZ K. Female sexual offenders：A typology ［M］// PATTON M. Family sexual abuse：Frontline research and evaluation. London：Sapp，1991：199-219.

⑤ BENNEL C，ALISON L，STEIN K，et al. Sexual offenses against children as the abusive exploitation of conventional adult-child relationship ［J］. Journal of Social & Personal Relationships，20012（18）：155-171.

⑥ 张晓冰. 农村留守儿童遭受性侵害案件的特征、难点及出路 ［J］. 法律适用，2014：4.

⑦ 陈晶琦. 565名大学生儿童期性虐待经历回顾性调查 ［J］. 中华流行病学杂志，2004，25（10）：873-877.

期不在身边，留守儿童与父母未能形成密切的情感连接和依恋关系，导致他们性格和行为方面普遍较为内向、懦弱，使他们更容易成为性侵害的对象。不过来自家庭内源的儿童性侵害也不容忽视，相对于在社区和学校内部发生的儿童性侵害事件，家庭内源式的儿童性侵害更具有隐蔽性，并且对儿童造成的伤害更大。

家庭内源式性侵害指发生在家庭成员间的性侵害事件，包括直系血亲如祖父母、父母以及旁系血亲，如叔伯或兄弟姊妹间的乱伦事件①。虽然传统观点认为，家庭内性侵害的实施者主要是男性，但女性性侵害者同样是存在的。一项对 365 名成年儿童性骚扰的研究显示，女性性侵害的发生率为 3%②。家庭内性侵害往往采取非暴力手段，持续时间更长，儿童很少将自身受性侵害经历告知他人，因此，家庭内源式性侵害更具隐蔽性。罗塞尔（Russell）的研究发现：在家庭内发生性侵害事件后，平均只有 4% 的受害女童曾向人报告侵害事件，而且大部分不是在事发后立刻报告③。进一步研究发现，约 30%~80% 的儿童受害者在成人前不会自觉地表露曾遭受的性侵害，个体平均延迟表露的年限是 3~18年。家庭性侵害行为往往不止于一次，这对于受害者来说伤害更大④。进一步言之，家庭既是儿童成长发展的主要社会化场所，同时也是充满暴力与伤害等潜在风险的领域。此外，相关学者研究认为，在家庭内源式性侵害中，儿童性侵害者一般具有以下特征：侵犯对象主要面向儿童；儿童性侵害者对侵害行为上瘾，即性侵害者会长期进行性侵害行为；儿童性侵害者普遍对生活和问题缺乏掌控力；性侵害者会侵犯大量儿童或者是大量儿童受害；儿童性侵害者可能利用色情材料降低儿童的敏感度并试图将自己的行为正常化⑤。同时，儿童性侵害往往经历以下过程：倾向、幻想、唤醒、扭曲思维、克服内部抑制、克服外部抑制、瞄准、启动、克服受害者的抵抗、重新解释受害者的行为、新的扭曲思

---

① 陆士桢，李玲. 儿童权益保护：家内性侵害研究综述［J］. 广东青年干部学院学报，2009（4）：30-35.

② KENDALL-TACKETT K A, SIMON A F. Perpetrators and their acts: Data from 365 adults molested as, children［J］. Child Abuse & Neglecr, 1987, 11 (2): 237-245.

③ RUSSELL D E H. Sexual exploitation: Rape, child sexual abuse, and workplace harassment［M］. Beverly Hills, CA: Sage Publications, 1984.

④ 苏春景. 监护人性侵害未成年被监护人现象分析及受害人生态重塑之路［J］. 东岳论丛，2019，40（4）：168-175.

⑤ ITZIN C. Home truths about child sexual abuse: Policy and practice［M］. London: Routledge, 2005.

维/新的扭曲、幻想、正常化阶段、维护阶段、被困阶段、结束阶段等①。在不同阶段，性侵害者采取不同的策略。同时，家庭性侵害者往往将对儿童进行性侵害作为他们针对其他家庭成员进行暴力冲突的替代方式。

除以上研究外也有学者从社会文化视角对儿童性侵害问题进行了探究。首先权利观念层面对儿童性侵害的影响。长期以来妇女和儿童都被视为家庭特别是男性的私产，妇女、儿童权利受到严重的削弱甚至忽视②，与男性相比，妇女和儿童在家庭及社会生活中基本处于无权或严重的权利不对等状态，男性对儿童和妇女的侵害、虐待，如多种形式的家庭暴力、性虐待等往往受到宏观社会文化或传统观念的支持，这种权利不平等的状况进一步增加了女性和儿童受侵害的概率③。

众多学者从多元理论角度对儿童性侵害问题的产生进行了分析，同时结合社会转型、家庭支持网络、社会文化等视角对儿童性侵害风险的产生和发展进行了解释，并提出了相应的策略。我国台湾地区学者谢儒贤总结了关于儿童性侵害的两种理论视角。（1）心理动力理论从心理学角度探索儿童性侵害发生的心理动力因素，认为侵害者童年时期无法满足正常的需求，从而使个体内部冲突产生和发展并延续到成年期，在潜意识中不断重复以往的受虐待，将其转化为对其他个体的侵害和虐待。在性格表现层面体现出自我概念模糊、性格偏差、对人缺乏信任等问题。（2）人格特质模式。该理论认为性侵害者在人格发展方面存在缺陷，如缺乏足够的自制力、无法容忍挫折、安全感缺失等人格缺陷。人格方面的缺陷进一步促进施虐行为的产生和发展，最终导致其针对儿童实施性侵害行为④。与上述聚焦于人格特质和心理视角的观点不同，学者余汉仪则认为应从社会学习视角出发对该问题进行解释。余汉仪认为，早期生活经验和行为模式对儿童成年期的行为具有重要影响。早期社会化过程中儿童形成的经验和行为方式以及与成人、照顾者互动所塑造的行为习惯会在成年期继续发挥作用。同时，在儿童童年时期其生活需求、心理需求等没有得到适当的满足，在儿童生活环境中缺乏模仿的对象，那么儿童在成年以后也会缺乏相应的亲子经

① ITZIN C. Home truths about child sexual abuse：Policy and practice ［M］. London：Routledge，2005.

② ARNON B. Trauma-Organized Systems：Physical and Sexual Abuse in Families ［M］. London：Karnac Books，1992.

③ KRUGMAN R. Recognition of sexual abuse in children ［J］. Pediatrics in Reviebv，1986，8（1）：25—39.

④ 石丹理，韩晓燕. 儿童青少年与家庭社会工作评论：第3—4辑 ［M］. 上海：华东理工大学出版社，2015：101.

验，随之会造成其难以将正确的经验带至其成年后自组的家庭中，相反，一些不良的经验和行为方式则会在新的家庭中延续。童年期的受虐经历则会进一步延续至下一代①。当儿童性侵害行为发生时，受害者的顺从会进一步导致施虐者权威感和控制感的满足，从而使得侵害行为进一步发展，这就是"虐待行为增强"现象。周诗宁则认为，儿童性侵害行为的发生是由多种因素导致的，在家庭生活中父母通过对儿童施加虐待应对面临的各种压力，压力则来自家庭父母关系紧张、经济压力和家庭结构不稳定等内外因素。面临各种压力情境的父母遭遇突发性危机事件时，往往会向弱小的儿童施加侵害②。与周诗宁的理论类似，环境压力模式同样探讨了社会支持网络对家庭儿童侵害的影响，相比之下，该理论模式更加看重宏观社会因素，如社会经济阶层、失业、恶劣的生活环境等因素对儿童侵害问题所产生的影响。该理论认为导致儿童遭受性侵害的因素中宏观因素发挥了重要作用，指出父母较低的受教育程度、经济贫穷、失业等问题都会造成家庭社会支持资本弱化，儿童生活条件恶劣，进而使儿童极易遭受性侵害。该理论并不讨论个体差异，更注重从宏观社会结构角度探索儿童性侵害的因素，这也是该理论区别于其他理论的重要特征③。除此之外，精神病理模式则将性侵害者行为归咎于其遭受的精神疾患，精神方面的疾病影响其心理、行为，最终导致其针对儿童实施性侵害行为。

近年来越来越多的学者开始以儿童为中心，从微观角度对儿童性侵害问题进行理论分析。以儿童为中心的研究理论视角主要从儿童成长、发育角度阐释性侵害行为产生和发展的因素。

学者陆士桢曾将该视角的理论流派分为以下三种：生长顺序和时间理论、性早熟影响理论、儿童性成熟理论④。以生长顺序和时间理论为例，英国生物学家 J. M. 丹纳（J. M. Tanner）是该理论流派的代表人物，认为儿童成长发展遵循一定的成长顺序，不同成长阶段儿童身体和心理发展具有不同特点。性侵害的发生打乱了儿童成长发展的基本顺序，使得儿童规律和自然性的成长被破坏，同时也破坏了儿童对性的合理认知。性早熟理论则认为性早熟对儿童遭受性侵害具有重要影响，由于女童发育时间较男童发育时间早，因此，女童较早的性

① 余汉仪. 儿童虐待：现象检视与问题反思［M］. 台北：巨流图书公司，1995.

② 周诗宁. 预防家庭暴力［M］. 台北：五南图书出版公司，2004.

③ GRAZIANO A M, MILLS J R. Treatment for abused children: When is a practice solution acceptable［J］. Child Abuse and Neglect, 1992, 16（134）：118-217.

④ 陆士桢. 揭露，为了预防：我国儿童性侵害犯研究报告［M］. 上海：华东理工大学出版社，2011：32-33.

成熟可能使其更容易遭受性侵害或者进行性冒险①。此外对男童而言，传统观点认为性早熟对男童有较为积极的影响，在生理方面主要表现为发达的肢体、良好的社交技巧、较为融洽的人际关系等。然而，最近的研究显示，性早熟的男童也容易出现各种越轨行为，如过早的性行为、暴力伤害等。上海市社会科学院发布的研究显示青少年性行为日益低龄化②，这对我们重新界定青少年之间的性行为是否属于侵害等提出了新的挑战。总体而言，性早熟理论认为早熟会导致儿童更易做出其他越轨行为，如物质滥用、攻击性行为、性侵害等，换言之，青少年性早熟更易产生消极性后果。性成熟理论则认为，伴随着儿童身体成长，其生殖系统发育逐步成熟，开始具备生殖能力③。在这一过程中，儿童身高不断增长、性器官发育成熟、第二性征出现，青少年开始对性产生意识，并将注意力集中到性的方面，开始探索一些性行为，如拥抱、接吻等。受此影响，处于青春期的儿童也容易对其他儿童进行侵害，造成一系列的社会问题。

从性侵害者角度对儿童性侵害发生的原因进行阐释也是当前研究的重要视角。当前学术界从性侵害者角度对相关问题进行的研究主要聚焦于对性侵害者本身的人格特质、性侵害者幼年经历、性侵害者社会化程度等方面并进行理论分析，从学科视野来看集中于心理学、社会学、人类学等学科视角。D. 芬克霍（D. Finkelhor）认为四种因素会影响成年人对儿童实施性侵害：（1）成年人与孩子有情感需求的情感一致性；（2）成年人可能被孩子性唤起；（3）成年人缺乏其他的性和情感满足来源；（4）缺乏限制成年人实施侵害的措施，或者抑制性侵害的因子缺失④。情景预防理论则从预防视角来考察发生在家庭、学校等组织中的儿童性虐待问题⑤，它将注意力从对罪犯犯罪倾向的有限关注转移到有利于犯罪事件发生的条件上。情境犯罪预防（situational crime prevention）理论认为三个要素对儿童性侵害至关重要：有动机的罪犯，适当的目标，缺乏有能力的

①　BELSKY J, STEINBERG L, DRAPER P. Childhood experience, interpersonal development, and reproductive strategy: An evolutionary theory of socialization [J]. Child Dev, 1991, 62 (4): 647-670.

②　李一能. 上海青少年性健康报告发布: 性观念趋于开放, 8.3%高中生曾偷尝禁果 [EB/OL]. 新江晚报, 2019-04-18.

③　刘文彦, 李祖成. 生理学 [M]. 2 版. 南京: 江苏凤凰科学技术出版社, 2017: 302-303.

④　FINKELHOR D, ARAJI S. Explanations of pedophilia: A four factor model [J]. Journal of Sex Research, 1986, 22: 145-161.

⑤　TONRY M, FARRINGTON D. Building a safer society: Strategic approaches to crime prevention [M]. Chicago: Chicago University Press, 1995.

监护人①。根据情境犯罪预防理论，通过系统地操纵潜在罪犯和潜在受害者的直接环境的各个方面，可减少犯罪行为②。

霍尔（Hall）等人也试图构建一个较为统一的针对女性侵害的理论模型，他们称为四方模型（quadripartite model），在该模型中他们整合了影响性侵害发生的四种要素，即生理性唤起（physiological sexual arousal）、确证性侵害的认知、情感控制障碍（affective dyscontrol）和人格问题都是增加性侵害行为发生概率的动机前兆③。此后，马歇尔（Marshall）和巴巴里（Barbaree）等人提出了新的性侵害犯罪整合理论，认为青少年无法恰当区分攻击性冲动和性冲动的差异，同时在性接触期间缺乏控制性和调节能力，在很大程度上影响青少年针对其他异性的性侵害行为④。同时，该理论指出早期的成长环境，特别是早期与父母及其他监护人的依恋关系将深刻影响个体成年之后的人格特征。进一步言之，安全的依恋被认为是特别重要的，不安全的依恋也会导致情绪管理方面的持久问题，自尊心低下、问题解决能力受损、自主性降低、自我效能感低下⑤等人格缺陷为未来性侵害犯罪的发生提供了脚本。

Marshall 和 Barbaree 提出，早期的虐待或忽视环境会扭曲人际关系的内部工作模式，在正常的社会关系无法建立的情况下，有的人往往会针对比他们更为弱势的青少年采取虐待和侵害行动。同时，这种不良的发展经历（例如，糟糕的父母教养和严苛的身体训练）会损害对人际关系的积极态度的获得⑥，并使得个体在亲密技巧方面存在缺陷、缺乏同理心、社会无能、自我中心倾向⑦、对女性的消极态度，以及对她们作为个体价值的根本怀疑等不良倾向，从而在很

---

① COHEN L E, FELSON M. Social change and crime rate trends: A routine activity approach [J]. AmericanSociological Review, 1979, 44 (4): 588-608.

② SMALLBONE S, MARSHALL W L, WORTLEY R. Preventing child sexual abuse: Evidence, policy and practice [M]. New York, NY: Routledge, 2013.

③ HALL G C N, HIRSCHMAN R. Toward a theory of sexual aggression: A quadripartite model [J]. Journal of Consulting and Clinical Psychology, 1991, 59 (5): 662.

④ WARD T. Marshall and Barbaree's integrated theory of child sexual abuse: A critique [J]. Psychology, Crime and Law, 2002, 8 (3): 209-228.

⑤ LUSSIER P, CALE. Understanding the origins and the development of rape and sexual aggression against women: Four generations of research and theorizing [J]. Aggression and violent behavior, 2016, 31: 66-81.

⑥ FEELGOOD S, CORTONI F, THOMPSON A. Sexual coping, general coping and cognitive distortions in incarcerated rapists and child molesters [J]. Journal of Sexual Aggression, 2005, 11 (2): 157-170.

⑦ 戴娟. 少年儿童遭受性侵害心理影响探讨 [C] // 中国心理卫生协会第五届学术研讨会论文集, 2007.

大程度上影响个体成年之后对性冲动的控制①。上述缺陷与更为短暂的情境因素相互作用，如醉酒、强烈的负面影响和潜在受害者的存在，从而导致对儿童的性侵害。此外，一个脆弱的个体可能依赖于不正常的性行为（幻想等）来应对情绪低落和无力感②。随后出现的情境因素，如压力、醉酒或性刺激，要么会压倒一个人的承受能力，形成应对机制，导致性侵，要么会鼓励他们积极寻求不正常的性活动，以此来满足他们对亲密关系和/或个人效能的需求。冒犯是通过不正常的性行为的强化作用和认知扭曲的发展来维持的。与 Marshall 和 Barbaree 的观点类似，A. R. 比奇（A. R. Beech）和 T. 沃德（T. Ward）则利用风险理论，确定了与儿童性侵害风险相关的四个关键因素：发展因素；脆弱性（特质）因素，包括心理脆弱性（动态因素）和历史标记（historical markers，静态因素）；背景触发因素；急性（状态）因素等③。以上四种因素相互联系、互相影响，最终促成儿童性侵害事件的发生。

在分析总结以上几种理论视角的基础上，沃德和席格特（Ward and Siegert）综合不同的理论模式建构的性犯罪整合理论（Intergrated Theory of Sexual Offending, ITSO）是从多元角度分析性侵害犯罪产生原因的最新成果。性犯罪整合理论认为学习经验、社会文化因素和生物性因素在儿童性侵害过程中都发挥了重要的影响④，然而单纯采用其中一个理论解释儿童性侵犯问题难以有效解读该问题内含的多元生成要素，因此，他们倾向于通过采用更为整合性的视角对儿童性侵害进行理论解读。

沃德和席格特认为，个人性冲动行为受生物影响较大，人类男性有能力在性方面使用侵略、威胁或胁迫⑤，同时他们也认为生物天赋只是为学习奠定了基础，提供限制和可能性，而不是决定结果，换句话说，个体一旦学习确立了行为模式，生物因素的作用就微乎其微。不过，在青少年处于青春期发育阶段，生理因素如性类固醇等的激活作用仍然对个体行为产生重要影响，性类固醇的

① MARSHALL W L, BARBAREE H E. An integrated theory of the etiology of sexual offending [M] //Handbook of sexual assault. Boston, MA: Springer, 1990: 257-275.

② MARSHALL W L. Assessment, treatment, and theorizing about sex offenders: Developments during the past twenty years and future directions [J]. Criminal Justice and Behavior, 1996, 23 (1): 162-199.

③ BEECH A R, WARD T. The integration of etiology and risk in sex offenders: A theoretical framework [J]. Aggression and Violent Behavior, 2004, 10 (1): 31-63.

④ WARD T, BEECH A. An integrated theory of sexual offending [J]. Aggression and Violent Behavior, 2006, 11 (1): 44-63.

⑤ LURIA A. Higher cortical functions in man [M]. New York: Basic Books, 1966.

异常升高将会使个体混淆攻击性行为和性行为，从而使得个体采取抑制性和攻击性行为变得困难①。虽然生物因素影响个体性侵害行为，但后天童年经历、社会文化背景、暂时性情境因素等对性侵害行为的发生有着更为重要的影响。

与 Marshall 和 Barbaree 等人的观点类似，沃德和席格特认为性侵害者童年遭遇的不良的社会化，特别是暴力的父母教养方式，既会助长攻击性行为的使用，也会使年轻人无法获得更适当的社会性互动②。暴露在这些不幸的影响下，也会给成长中的男孩带来严重的信心不足，以及强烈的怨恨和敌意③，这些感觉和无能肯定不会帮助青春期的男性获得对性和攻击性的适当抑制控制，导致成年人实施强奸的可能性更大。也就是说，性侵害者童年期在家庭中与父母等人亲密感的缺失特别是由虐待、被忽视造成的不安全依恋将会激起个体的性侵害行为④。亲密的积极的依恋关系有助于成年人形成自尊和自信的人格特质，从而有助于其与异性发展正常的社会关系⑤。作为一个成年人，缺乏亲密的能力会疏远个人，使他体验到情感上的孤独，孤独被证明与敌意和攻击性高度相关，因此，最终未能发展亲密能力，可能会导致攻击性行为，这在性环境中应该是显而易见的⑥。

宏观社会文化背景对性侵害的发生也产生重要影响。沃德和席格特指出，人际暴力、男性主导和对女性的消极态度。若社会文化接受暴力作为处理人际关系的手段，那么该社会中必然存在较高频率的性侵害事件，以往研究也证实了两者之间存在的相关关系⑦。另外两个与性侵害犯率高有关的文化特征是社会对男性主导地位的接受和对女性普遍的消极态度。男性主导的意识形态和相应

① HENRY N M, WARD T, HIRSHBERG M. Why soldiers rape：An integrated model ［J］. Aggression and Violent Behavior，2004（9）：535-562.

② KNIGHT R A, PRENTKY R A. Classifying sexual offenders：The development and corroboration oftaxonomic models ［M］//MARSHALL W L, LAWS D R, BARBARA H E. Handbook of sexual assault：Issues, theories, and treatment of the offender. New York：Plenum，1990：23-52.

③ 李成齐. 性侵害受害儿童的治疗研究进展 ［J］. 中国特殊教育，2007（7）：85-90.

④ RUTTER M, GILLER H, HAGELL A. Antisocial behavior by young people ［M］. Cambridge：Cambridge University press，1998.

⑤ WARD T, HUDSON S M, JOHNSTON L, et al. Cognitive distortions in sex offenders：An integrative review ［J］. Clinical Psychology Review，1997，17：479-507.

⑥ SMALLBONE S, WORTLEY R. Child sexual abuse in Queensland：Mender characteristics and modus operandi ［M］. Brisbane，QSLD：Queensland Crime Commission，2000.

⑦ CHAPPELL D. Cross - culture research on forcible rape ［J］. International Journal of Criminology and Penology，1976（4）：243-252.

的女性负面观点与较高的强奸频率显著相关。此外，社会中广泛存在的色情影像制品对儿童性侵害的发生也发挥了多重影像作用。社会学习理论认为色情作品可以通过与前因后果相关的过程来改变人们的态度和行为。前因因素导致观察者预期他会喜欢性侵害，因为在色情作品中，性的强悍与性唤起刺激有关。结果的影响是由被观察者的功能价值引起的，当强奸犯因性攻击而被强化（观众因此被强化）时，这些影响就会产生，同样的分析也适用于涉及儿童的色情作品。最后，暂时性的情境因素，如匿名状态或者违法成本较低为性侵害的发生提供了条件。

以上三种因素中生物性因素如大脑发育（受生物遗传和遗传学的影响）和社会因素如社会文化之间相互作用，以建立个人的心理功能水平。这种功能可能会因遗传不良、生物性因素或发展逆境而受到某种程度的损害，从而使相关个体难以以适应的方式发挥功能。这将导致心理功能出现问题，随后出现临床症状。

不过以上理论暗含的观点是将性侵害者定义为男性，当前很多研究已经发现女性同样是儿童性侵害的实施者，因此，当前很多学者也逐渐开始以女性性侵害犯罪者为研究中心进行理论分析。J. 萨拉（J. Saradjian）认为女性对儿童进行性虐待的主要原因是为了获得身体上的满足，增加权力和控制感。这也可能有助于女性感觉到她们与孩子的关系更加紧密①，性虐待关系可能满足其他地方无法满足的个人关系和社会支持的需要。该观点与查斯诺夫（Chasnoff）等人的观点类似，即母婴乱伦可能是由孤独和孤立引起的。同时，对于女性来说，针对儿童进行性侵害即所谓的施加权力要比针对成人施加权力受到的威胁小②。同时针对女性性侵害者的研究发现，女性通过将她们的性侵害行为标签化为"爱的表达"，使她们的性侵害行为正常化，同时也更难以被发现。以家庭为研究中心，探讨儿童性侵害发生的概率和原因，也是当前学界的研究重点。其中比较有代表性的主要有家庭功能理论。家庭在保障儿童安全、防止儿童遭受性侵害等方面发挥着重要作用，在此过程中家庭功能是否健全将在很大程度上影响防止儿童性侵害的效果。由于不同学者分析家庭功能的角度不同、学科背景各异，因此关于家庭功能的界定也存在差别。其中比较有代表性的主要有以下两种观点：以家庭结果取向的观点认为，家庭功能指的是家庭结构本身的灵活

---

① SARADJIAN J. Factors that specifically exacerbate the trauma of victims of childhood sexual abuse by maternal perpetrators [J]. The Journal of Sexual Aggression, 1997, 3 (1): 3-14.

② LIEM J H, TOOLE J G, JAMES J B. The need for power in women who were sexually abused as children [J]. Psychology of Women Quarterly, 1992, 16: 467-480.

性、完整性，家庭内部成员之间交往的质量、亲密性①以及应对外部事件的有效性②。家庭过程取向的视角认为，家庭功能指的是家庭为其成员提供生活与发展的必要服务，如衣、食、住、行等。以结果取向的家庭功能理论主要以奥尔森（Olson）的环状模式理论为代表。该理论认为，家庭凝聚力、灵活性和沟通能力是评价家庭功能的三个维度③。家庭凝聚力从低到高共有以下四个层次：从脱离（disengaged）到分离（separated）到连接（connected）到陷入（enmeshed），即从低到中等，从中等到高，直到非常高④。家庭灵活性指的是家庭成员在家庭领导、家庭关系和关系规则等方面的集合。家庭灵活性同样可以划分四个层次，从刚性（非常低）到结构化（低到中等）到柔性（中等到高）到混乱（非常高），与凝聚力一样，中心或平衡的灵活性水平（结构性和灵活性）更有利于婚姻和家庭的良好运作，极端（僵硬和混乱）是家庭在其生命周期中最为棘手的问题⑤。沟通是促进其他两个维度发展的重要因素，主要包括倾听等多种沟通技巧。从该理论视角而言，儿童性侵害主要是由家庭内部功能紊乱、家庭成员角色混乱、家庭成员之间不良的关系等原因造成的。

过程取向的家庭功能理论则以麦克马斯特（McMaster）的家庭功能模式理论和（斯金纳（Skinner）的家庭过程模式理论为主要代表。家庭功能模式理论认为家庭功能的发挥有赖于家庭系统的运作，通过家庭系统的运作以确保家庭成员的心理和安全需求能够得到满足。该理论认为，家庭成员的生理、心理、社会交往等方面的发展需要健康和谐的环境条件，同样这也是家庭的基本功能，家庭则通过完成一系列的任务来实现这些功能，即"问题解决、沟通、家庭角色分工、情感反应、情感卷入和行为控制"⑥。换句话说，家庭功能是否有效发挥主要取决于上述六个方面的内容是否完成。家庭过程模式理论则指出家庭的首要目标是成功地完成各种基本的、发展性的和危机性的任务（任务完成），每

① BEAVERS R, HAMPSON R B. The Beavers systems model of family functioning [J]. Journal of Family Therapy, 2000, 22 (2)：128-143.
② WALSH F. Normal family processes [M]. New York：Guilford Press, 1982.
③ OLSON D H, CRADDOCK A E. Circumplex model of marital and family systems [J]. Australian Journal of Sex, Marriage and Family, 1980, 1 (2)：53-69.
④ OLSON D H, CRADDOCK A E. Circumplex model of marital and family systems [J]. Australian Journal of Sex, Marriage and Family, 1980, 1 (2)：53-69.
⑤ KELLOGG N. The evaluation of sexual abuse in children [J]. Pediatrics, 2005, 116 (2)：506-512.
⑥ BEAVERS W R, HAMPSON R. The Beavers Systems Model of Family Functioning [J]. Journal o Family Therapy, 2000, 22 (2)：128-143.

个任务都要求家庭必须组织自己去完成①。家庭正是通过完成任务的过程，达到或未能达到其生活的核心目标。这些措施包括允许所有家庭成员继续发展，为他们提供合理的保障，确保家庭成员足够的凝聚力，以维持家庭作为一个整体，并使家庭作为社会的一部分有效地运作②。完成任务的过程包括：（1）任务或问题识别；（2）探索替代解决方案；（3）实施选定的方法；（4）效果评估。成功的任务完成涉及不同角色的分化和表现。角色扮演需要三种不同的操作：（1）将指定的活动分配给每个家庭成员；（2）家庭成员同意或愿意承担指定的角色；（3）实际制定或实施指定的行为。沟通的过程是履行这些角色的关键。有效沟通的目标是实现相互理解，使收到的信息与预期的信息相同③。按照过程取向的家庭功能理论，儿童性侵害的发生主要由于家庭功能失调，家庭不能有效回应成员需求，家庭凝聚力下降，儿童得不到妥善的照顾，使其面对外部侵害的可能性增加。同时由于家庭功能失调，家庭无法应对外部风险，家庭极易陷入贫困和封闭的状态中，从而使儿童成长的环境恶化，进一步增加其在家庭内部与外部遭受虐待和侵害的概率。

与以上研究从受害者、侵害者、家庭等角度研究性侵害问题不同，也有学者从宏观社会转型视角探讨性侵害发生的原因。如有学者认为目前我国儿童性侵害问题与我国转型时期的市场化、城市化等问题密切相关。同时受传统贞操文化④和习惯的影响，儿童性教育和性知识匮乏，难以有效保护自己，很容易成为被性侵害的对象⑤。

二、留守儿童性侵害风险防范研究

通过对国外留守儿童风险防范相关文献的梳理发现，广大发展中国家由于存在大量外出移民和留守儿童，制定了较为完善的留守儿童性侵害风险防范政策，实施了一系列的儿童性侵害风险防范项目。相对而言，欧美等发达国家并未制定专门针对留守儿童风险防范的相关制度、措施。究其原因主要在于欧美

① SKINNER H, STEINHAUER P, SITARENIOS G . Family Assessment Measure（FAM）and Process Model of Family Functioning [J]. Journal of Family Therapy, 2002, 22（2）：192.

② SKINNER H A, STEINHAUER P D, SANTA-BARBARA J. The family assessment measure [J]. Canadian Journal of Community Mental Health, 2009, 2（2）：91-103.

③ STEINHAUER P D, SANTA-BARBARA J, SKINNER H. The process model of family functioning. [J]. The Canadian Journal of Psychiatry, 1984, 29（2）.

④ 杨秀芬. 从贞操文化谈性侵害和性教育 [J]. 中国性科学, 2018（6）：143-146.

⑤ 孙晶. 我国社会转型期儿童性侵害现象的社会成因探究 [J]. 齐鲁学刊, 2016（4）：109-115.

等发达国家不存在留守儿童问题。不过欧美国家制定的较为规范的关于儿童性侵害风险防范的一般性策略，仍然值得借鉴。这种策略可以分为法制建设和社会项目支持两个方面。法制建设方面，欧美国家建立了较为完备的儿童性侵害风险防范法律体系，以美国为例，美国制定了《梅根法案》（Megan's Law），规定了强制报告制度①，以预防儿童遭受二次性侵害风险。同时在网络领域、影视行业领域等都制定了相应的法律制度，基本建立了涵盖范围较为全面的儿童保护法制体系。社会支持项目体现在通过政府购买的形式为家庭、儿童提供专业化的社会支持和服务，提高儿童和家庭的自我保护能力。这种项目一般以专业的社会工作者、心理医生、志愿者等为主体，依托学校、社区等开展不同形式的项目服务。

现有研究关于发展中国家留守儿童性侵害风险防范制定的措施主要包含以下几个方面。首先，建立以社区为载体的留守儿童性侵害防护网络。研究发现，社区是留守儿童成长、发展的主要场所，同时社区中存在多种潜在社会支持体系和资源，发掘社区潜力能为留守儿童性安全防护提供有效的支持性资源②。此外，营造安全的社区环境能够为留守儿童创造良好外部空间环境，减少留守儿童在社区中遭受侵害的可能性③。在具体工作方法层面，有研究指出可以通过建立乡村社区规范的形式为无法为留守儿童进行监护的监护人提供协助④，如邻居可以提供临时父母的角色、社区中的机构和组织能够为留守儿童提供保护服务和临时护理等。

其次，通过赋权和增能的方式强化留守儿童及监护人的监护能力，提高监护人的留守儿童性安全保护意识和留守儿童的自我保护能力。有学者指出，通过赋权的形式为留守儿童和监护人提供项目服务，可不断提升留守儿童和监护人对周围社会环境和风险的控制力，减少留守儿童面临的风险危害性。同时，赋权和增能的方法在于增强留守儿童和家庭的抗逆力，减少性侵害后果对留守

① LEVENSON J S, DSAMORA D A, HERN A L. Megan's Law and Its Impact on Community Re-entry for Sex Offenders [J]. Behavioral Sciences & the Law, 2007, 25 (4): 587-602.

② LEONARD W R. Protection of children from seasonal nutritional stress in an Andean agricultural communit y [J]. European Journal of Clinical Nutrition, 1989, 43 (9): 597-602.

③ LEARY P, HUTCHINSON A, SQUIRE J. Community-based child protection with Palestinian refugees in South Lebanon: Engendering hope and safety [J]. International Social Work, 2015, 58 (5): 717-731..

④ JIMENEZ J. The history of child protection in the African American community: Implications for current child welfare policies [J]. Children & Youth Services Review, 2006, 28 (8): 888-905.

儿童成长的困扰①。此外，对监护人实施预防性侵害教育和培训能显著提高监护人的监护能力和对留守儿童的照料水平，从而更好地对留守儿童进行监护，进而能降低留守儿童遭遇性侵害风险的可能性②。研究同样发现，针对留守儿童生活环境中的其他人员如学校、日托中心、其他培训机构等人员进行教育，同样能够降低留守儿童性侵害风险③。

最后，强调政府在留守儿童监护方面的责任。研究指出，国家应该在政策制度创立完善、基础设施建设、卫生教育支出等方面承担起责任④。通过国家在宏观方面的支出，统一协调地方政府在儿童保护方面的工作和内容，防止留守儿童保护碎片化⑤。此外，引导其他社会工作机构、公益组织、企业等社会力量参与留守儿童保护问题治理⑥。多元社会福利理论指出，国家应在承担儿童保护主体责任的同时，引导、鼓励其他社会力量参与留守儿童保护，构建完善的留守儿童保护体系。在创设留守儿童性侵害防范体系方面，相关研究指出应构建以家庭为中心的留守儿童性安全风险防范机制体系。目前家庭仍然是我国留守儿童风险防范的责任主体之一。家庭监护照顾功能完善、家庭环境稳定和谐、家庭代际关系良好等都会为留守儿童健康成长构建良好的平台。

在当前我国儿童福利制度尚未健全的背景下，政府公权力的触角尚难以深入家庭等私领域。同时，目前除了政府、家庭之外的第三方力量如社会组织等介入留守儿童风险甄别、服务提供的工作机制尚未完善。基于此，家庭仍然是我国留守儿童性安全风险防范的重要载体。对此，大多数学者在提出构建留守儿童风险防范网络方面认为完善以家庭为中心的保护体系是构建多元留守儿童

① 龙玲，陈世海. 农村留守女童性侵害的社会工作服务 [J]. 宜宾学院学报，2013，13（8）：64-67.

② PRICEJ M，CHAMBERLAIN P，LANDSVERK J，et al. Effects of a Foster Parent Training Intervention on PlacementChanges of Children in Foster Care [J]. Child Maltreatment，2008，13（1）：64-75.

③ 周楚，王德斌，洪倩. 留守儿童性侵害案件的成因及对策 [J]. 医学与社会，2010（01）：54-56.

④ HU Y，LONNE B，BURTON J. Enhancing the capacity of kin caregivers and their families to meet the needs of children left behind [J]. China Journal of Social Work，2014，7（2）：131-144.

⑤ LALOR K. Child sexual abuse in sub-Saharan Africa：A literature review [J]. Child abuse & neglect，2004，28（4）：439-460..

⑥ 李双辰，朱新然，胡宏伟. 福利治理视域下农村留守儿童侵害预防与保护 [J]. 河北大学学报（哲学社会科学版），2019，9（5）：133-137.

保护体系的重要组成部分①。如有学者认为应尽量减少留守儿童与父母分离的频率和时间，打破人口流入地在流动人口及其子女上学、就业、社会保障等方面的壁垒②，并通过尽量吸引人口在当地就业来减少家庭成员分离的概率，维护家庭结构的稳定性，为留守儿童创造稳定的家庭环境③。

同时，充分发挥当前网络技术，通过互联网等媒介形式为留守儿童和父母搭建跨时空的共处空间。有研究发现，儿童忽视与儿童遭受到的性侵害风险存在密切关系，留守儿童性侵害的发生是环境忽视与监管忽视相互作用的产物，在此过程中作为主要监护人的家庭成员对家庭环境中有可能导致儿童性侵害伤害风险的事件缺乏足够的敏感性和前瞻性，同时对儿童也缺乏必要的监管，导致儿童遭受性侵害风险频发④。因此，以家庭为中心的留守儿童性侵害风险防范机制同时还应增强留守儿童父母、祖辈、亲戚等监护人的监护能力。通过定期培训、发放宣传手册等形式提高他们的儿童性安全风险管控意识和敏感度⑤。此外，充分利用家庭关系网络，为留守儿童性侵害风险防范提供社会资本。由于父母一方或双方监护人外出之后，留守儿童大多由父母中的一方或者其他监护人进行照料，因此他们成为提供留守儿童性侵害风险防范资源的主要力量⑥。基于此，相关学者指出家庭外部的社会关系对家庭而言是一种重要的社会资本，是家庭获得支持的重要来源⑦。当家庭监护人无法为留守儿童提供安全监护时，亲属、邻居等社会关系网络能够发挥替代性作用为留守儿童构建安全网络，帮助留守儿童规避各种安全风险⑧。对此，有学者研究发现，家庭社会关系网络的紧密和完善程度与留守儿童性安全风险之间存在负相关关系，这意味着家庭社

① 范斌. 中国儿童福利制度重构与福利治理之可能 [J]. 预防青少年犯罪研究，2014（5）：76-80.

② 赵芳，徐艳枫. 儿童保护政策分析及以家庭为中心的儿童保护体系建构 [J]. 社会工作与管理，2018，18（5）：67-77.

③ 邬志辉，李静美. 农村留守儿童生存现状调查报告 [J]. 中国农业大学学报：社会科学版，2015，32（1）：65-74.

④ 潘建平，李玉凤. 儿童忽视研究的最新进展 [J]. 中华流行病学杂志，2005（5）：378-381.

⑤ 程志超，张涛. 农村留守儿童权益保护政策研究 [J]. 东岳论丛，2016，37（2）：97-102.

⑥ 卢宝蕊. 家庭社会关系网络与留守儿童生存风险研究——以闽南地区 A 镇留守儿童为例 [J]. 龙岩学院学报，2013，31（6）：86-90.

⑦ 刘霞，范兴华，申继亮. 初中留守儿童社会支持与问题行为的关系 [J]. 心理发展与教育，2007，23（3）：98-102.

⑧ 姜又春. 家庭社会资本与"留守儿童"养育的亲属网络——对湖南潭村的民族志调查 [J]. 南方人口，2007，22（3）：31-37.

会关系网络越完整、紧密，留守儿童性安全风险就越低①②。因此，相关研究认为应通过扩大家庭关系网络资本，如亲戚关系网络资本、邻里关系网络资本等为留守儿童性安全提供相应的网络保障。此外，政府和有关机构应积极作为，及时识别性安全高风险留守儿童家庭，正确筛查、甄别可能遭受性虐待等风险侵害的留守儿童。对留守儿童家庭建立筛检机制，通过正确识别高风险留守儿童家庭，采取有效的介入措施，减少留守儿童遭遇风险的可能性。在此基础上，通过建立以留守家庭为主体，以留守儿童为中心，以预防为主、辅导支持相结合的留守儿童风险检测保护体系，为留守儿童成长构建良好的家庭环境。

三、研究总结与评析

通过文献梳理可以发现，当前我国国内对留守儿童性侵害问题的研究还处于起步阶段。已有研究主要从心理学、社会学、教育学领域对留守儿童性侵害的相关问题进行探讨，并且多数研究仍然属于纯粹的理论分析，缺乏定性或者定量方面的资料。同时现有研究主要集中在性侵害发生的主要影响因素、性侵害对儿童的影响等方面，根据研究结论提出应对方案。然而，由于缺乏对性侵害受害者的深入研究，对儿童性侵害的社会、家庭、学校、制度、文化等方面因素的探讨难以深入。国外学者的研究则聚焦于性侵害实施微观层面，如性侵害者和性侵害受害者心理特质、行为特征、性侵害方式以及性侵害的内涵等领域的探讨，较少关注儿童性侵害风险的社会制度和文化层面的结构性原因。近年来西方学界虽然试图发展一种较为综合性的儿童性侵害解释理论，然而这一努力始终没有结果。同时西方学术界针对儿童性侵害问题的讨论主要聚焦于城市家庭、白人儿童，对农村儿童性侵害关注较少。中国文化和社会背景下的留守儿童性侵害问题是否会遵循西方学者的相关结论，这是值得探讨的问题。无疑，我国农村留守儿童面临的性侵害风险问题与西方社会儿童面临的性侵害问题存在不同，在宏观社会文化背景、家庭环境风险、学校环境风险以及留守儿童个人被害性风险等方面显然具有特异性，以上问题都是本研究重点关注的问题。

此外，有关儿童性侵害保护的研究，无论东、西方学术界都关注了社会组

---

① 孙艳艳."家庭为本"的留守儿童社会服务政策理念与设计［J］.东岳论丛，2013（5）：75-79.

② 梁莹.农村留守儿童关爱保护机制的政策：缺失、完善与探索——《国务院关于加强农村留守儿童关爱保护工作的意见》的解读与修正［J］.理论探讨，2016（6）：143-148.

织在提供儿童性安全保护和性侵害风险防范方面的作用，尤其作为一种专业助人工作的社会工作在儿童保护方面发挥的影响受到学术界的重视。西方儿童保护中提出的以项目为主的儿童性侵害预防和支持研究为我国开展相应服务提供了有益的思路，然而如何在中国农村社区开展有关社会工作服务仍然是我国社会工作学界应重点关注的问题。同时，关于我国针对留守儿童的性侵害问题的研究，社会工作领域的学者往往只提出较为宏观的服务方案和思路，缺乏具体、细致的留守儿童性侵害预防和支持措施的研究，以及关于留守儿童性侵害的理论和实证性的探讨，这些问题无疑应成为当前研究的重点。

第二节　相关理论

一、社会生态系统理论

社会生态系统理论是社会工作领域中的重要实务理论之一，该理论脱胎于一般系统理论，注重对"社会"的关注，重点考察外部环境对个体的影响。作为社会工作理论的主要分支，社会生态系统理论有三种影响较大的理论形式，分别是布朗芬·布伦纳（Bronfen Brenner）的生态系统观、杰曼（Jermaine）和吉特曼（Gitman）的生命模式观、查尔斯·扎斯特罗（Charles Zastro）的社会生态系统观①。在本文中查尔斯·扎斯特罗关于生态系统理论的相关论述对问题研究具有重要的启示意义。

扎斯特罗按照宏观、中观和微观的角度将社会生态系统分为微观系统、中观系统、宏观系统三种不同类型的系统。微观系统特指处于社会生态系统中的个体；中观系统则指的是围绕在微观系统中的其他构成部分，如家庭、学校、社区、其他小规模的群体等。宏观系统则包含更为宏观的社会系统，如文化、制度、大规模的组织和机构等。在个体生态系统中，微观系统总会受到宏观系统、中观系统的影响。个人的生活质量、行为方式等会受到家庭、学校等中观系统因素的影响，同样会受到同辈群体、教师群体等小规模群体成员的影响。同样，宏观系统中的文化制度性因素、组织机构等因素也会对个体微观系统的生活处遇、状态发挥作用。不仅如此，微观系统内部个体的心理特质、生物因

---

① ［美］查尔斯·H. 扎斯特罗，等. 社会工作实务：应用与提高［M］. 晏凤鸣，译. 北京：中国人民大学出版社，2005.

素等都会使个体产生不同的行为方式,遭受不同的社会事件,从而进一步影响其生活轨迹。社会生态系统理论认为,社会工作者应注重分析案主微观系统内部因素、中观系统各组成要素以及宏观系统的组成成分等对个体微观系统的影响,为案主提供适切的干预措施和介入方案①。社会生态系统理论对留守儿童性侵害风险防范的研究具有重要的指导意义,该理论模型提供了较为全面的分析方法,可用于了解和分析留守儿童性侵害风险产生的背景和保护的范围,同时它还为研究提供了一个框架,即为相关问题的分析和政策及制度的制定提供了切入视角。在社会生态系统理论视域下,留守儿童以及留守家庭不是孤立存在的,而是嵌入于更大的社会结构中,与其他社会结构与社会领域相互关联、相互影响。

在此理论视域内,家庭结构的变化、社区的变化以及政策和制度变迁等都可能会导致留守儿童面临性侵害风险的可能性增加。因此,农村留守儿童性侵害风险研究应基于其社会生态系统中不同层次的风险进行分析,集中探讨留守儿童自身、家庭、学校以及较为宏观的政策和文化中蕴含的有关性侵害的风险因子②。在留守儿童生活系统中,相关风险因子的出现不必然导致性侵害的发生,却会增加其遭受性侵害的可能性。同时,风险因子对留守儿童遭受性侵害的影响可能性存在累加的趋势③,即儿童生态系统中风险因子越多其遭受性侵害风险的可能性越高。社会生态系统模型,将留守儿童生态系统内存在的性侵害风险因子分为三个层次,即微观层面的留守儿童个人、家庭,中观层面的家庭、学校以及宏观层面的社会政策和文化等。同样关于留守儿童性安全的防范和保护等也应从政策保护、社区保护、学校保护、儿童与家庭自我保护等角度构建完整的保护网络。

从留守儿童生活环境来看,在其生活成长的"生态环境"中主要存在家庭、邻里、社区、学校、社会组织、政府部门等组织和机构,它们构成了留守儿童性侵害风险防范的主体。其中某些主体构成了留守儿童生活环境中的"微系统",他们是留守儿童直接接触的人、组织以及生活地域,其中主要包括同龄

① [美]查尔斯·H. 扎斯特罗,[美]卡伦·K. 柯斯特-阿什安. 人类行为与社会环境[M]. 师海玲,孙岳,译,北京:中国人民大学出版社,2006:115.
② LUSTER T, SMALL S A. Factors associated with sexual risk - taking behaviors among adolescents [J]. Journal of Marriage and the Family, 1994, 3 (56):622-632.
③ SMALL S A, LUSTER T. Adolescent sexual activity:An ecological, risk - factor approach [J]. Journal of Marriage and Family, 1994, 1 (56):181-192.

人、家庭、社区和学校①。各个微系统以及它们之间的相互关系构成了中观系统。中观系统是指儿童与之没有直接接触，但通过微系统间接影响到他或她的社会环境②。例如，社区成员对社区环境的看法，以及围绕儿童性侵害风险防范所准备采取的相关策略等。宏观系统层面通常被视为一个文化蓝图，它决定微观系统和中观系统的结构与活动范围。宏观系统主要包括社会、文化、政策与政治背景等，该系统内部各组成部分之间的相互关系、相互影响能够作用于中观系统和微观系统，从而影响其他系统层面的互动（如我国围绕留守儿童保护的相关立法、出台的政策等构成了宏观系统）。

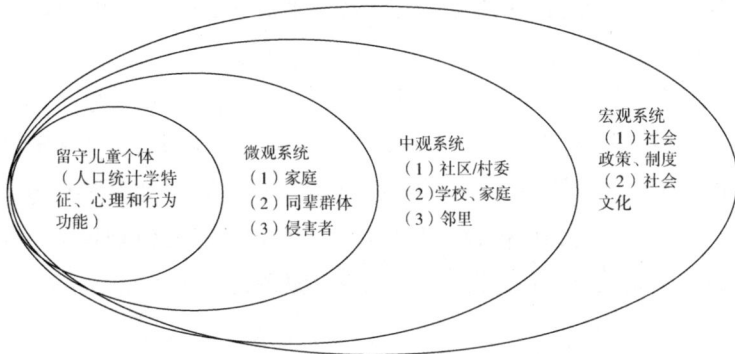

图 2-1　社会生态系统理论视阈下农村留守儿童生态结构

二、生活方式理论

生活方式理论是古典犯罪社会学的重要理论，是 20 世纪 70 年代发展起来的犯罪社会学理论的重要理论分支。生活方式理论与其稍后发展的日常行为理论均与劳伦斯·科恩（Lawrence Cohen）、马库斯·费尔森（Marcus Felson）及其同事在 20 世纪 70 年代末和 80 年代初发表的一系列重要研究存在密切关系③，在这一系列的论著中他们提供了关于犯罪的解释。生活方式具有无限的丰富性，体现为主体和客体、理性和情感、日常生活和非日常生活等的具体的统一，我

① BRONFENBRENNER U. Toward an Experimental Ecology of Human-Development [J]. American Psychologist, 1977, 32 (7): 513-531.
② ESPELAGE D L. Ecological Theory: Preventing Youth Bullying, Aggression, and Victimization [J]. Theory Into Practice, 2014, 53 (4): 257-264.
③ MAXFIELD M G. Lifestyle and routine activity theories of crime: Empirical studies of victimization, delinquency, and offender decision-making [J]. Journal of Quantitative Criminology, 1987, 3 (4): 275-282.

们研究生活方式就要具体和现实地把握这种丰富性和全面性①。

生活方式理论放弃以往将犯罪研究的重点集中于犯罪分子的视角，即探索犯罪产生的原因、犯罪分子的犯罪动机等层面，转而将研究的重点聚焦于犯罪发生的环境以及犯罪对象自身的生活方式、行动习惯以及居住情况等层面。生活方式理论关于犯罪的研究即通过对个体具体生活方式、居住状况、行为习惯等方面的探索，具体分析犯罪产生的原因。科恩和费尔森认为美国的繁荣使人们生活方式发生改变，基础设施的完善和娱乐场所的增加使得人们在室外逗留的时间延长，休闲时间的增多造成他们的家和财产长期得不到有效的保护。此外，个人和家庭物质财富的增加提高了吸引犯罪分子实施犯罪的动机。

总之，生活方式理论认为被害人的个人生活方式、居住环境、家庭状况、活动机会、财富以及接触和交往对象等特征会影响被害人的日常活动、职业活动（工作、学校、料理家务等）、休闲活动等，从而影响其暴露于风险的时间和概率，进而作用于其成为犯罪被害人的可能性。此后科恩和费尔森等人进一步细化了生活方式理论的各项假设，在此基础上提出了日常活动理论，此后的研究者也多将两者联系起来并称为生活—日常活动理论。

三、日常活动理论

日常活动理论（routine activity theory）与生活方式理论存在密切关系，雷恩·科恩和马库斯·费尔森提出生活方式理论之后，进一步细化发展了相关理论假设，提出了日常活动理论。该理论在犯罪社会学领域中同样成为被广泛引用和发展的理论之一。与生活方式理论的基本假设类似，日常活动理论认为被害者被犯罪分子侵害的原因与日常活动存在密切关系，或者说人们的日常生活方式有利于犯罪分子的犯罪活动。

日常活动理论突破了传统犯罪社会学及犯罪学理论的理论假设，即不再着重研究犯罪行为的心理、生物或社会因素，而是将犯罪作为一种事件研究，即承认犯罪的客观存在性，在此基础上突出犯罪活动与时空的关系，强调它的生态性特征。科恩和费尔森假设后现代主义促进了可能的人在空间和时间上的融合，使犯罪者能够在没有有能力的监护人的情况下对适当的目标犯下罪行。在此基础上，两位学者提出了两种假设：机会的力量依赖于对侵略者或罪犯的不同因素的保证，即在可能导致犯罪因素存在的前提下便会提高犯罪者实施犯罪

---

① 李欣. 生活方式与犯罪治理 [J]. 黑龙江省政法管理干部学院学报，2008（4）：142-144.

机会的可能性，同时受害者遭受犯罪分子侵害的风险也会随之增加；犯罪分子、合适的目标和对象以及监护人三个要素中，前两者缺失或者说监护人存在本身就是防止潜在犯罪的原因①。

基于以上假设，科恩和费尔森提出了日常活动理论的基本理论视角：有犯罪动机的犯罪人的存在（likely offender），有适当的吸引犯罪者的被害目标（suitable target），缺乏有能力的监护人（看到并制止犯罪行为的人）②。以上三个要素只要缺乏任何一个要素，犯罪行为便不会发生。日常活动理论主张从人类生态学的视角解读犯罪行为的发生。科恩和费尔森认为任何犯罪行为都发生在一定的时间和空间内，因此，个体行为和日常生活的空间和时间结构会影响犯罪行为发生的可能性，进而在宏观上影响国家和社会在某一时间段内的犯罪率以及犯罪事件发生的地点、内容和类型等。日常活动理论认为总是存在一定比例有能力的潜在犯罪人，他们可以是社会生活空间内的任何一个人，而非某一特定人群。同时，犯罪人从事犯罪活动也可以出于不同的动机乃至任何理由，这些动机和理由都可能促使他们犯罪。因此，日常活动理论不主张单纯研究犯罪分子实施犯罪的动机、犯罪分子个人特质等微观因素，而是认为应重点考察在特定社会时间和空间内，促发一个人犯罪的个性，使犯罪行为发生的特定时空结构。适当的犯罪对象可以是人、财、物等任何一种吸引犯罪分子的对象。有能力的监护人也并非单纯指的是被害者的监护人或警察及安保人员等，也可以指的是亲人、邻居、朋友、旁观者等人，甚至社区内摄像头等也可以作为监护人。

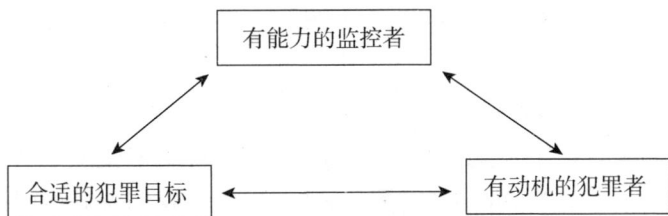

图 2-2 日常活动理论三角关系

从理论之间的逻辑关系来看，日常活动理论假设社会环境中客观存在一定

---

① WEISBURD D, GROFF E R, YANG SUE-MING. The criminology of place：Street segments and our understanding of the crime problem［M］. Oxford：Oxford University Press，2012.

② TEWKSBURY R, MUSTAINE E E. Lifestyle Factors Associated with the Sexual Assault of Men：A Routine Acti-vity Theory Analysis［J］. The Journal of Men's Studies. 2001, 9（2）：153-182.

比例的犯罪者，这是犯罪行为发生的必要条件。同时当环境中同样存在被害人时便有可能发生犯罪，即存在被害人是犯罪发生的主体条件。而且犯罪行为发生还应满足一定的情境，即只有在有能力的监护人缺失的情境中才会最终导致犯罪行为的发生。换言之，潜在犯罪人会针对那些没有防备或者防备能力缺失的被害人实施犯罪，同时个体日常生活习惯导致其与潜在犯罪人频繁地互动也会造成犯罪侵害风险的上升。总之，作为理性选择理论的重要理论分支，日常活动理论并不注重犯罪动机在导致犯罪事件发生过程中的作用，而是研究在空间和时间上构成犯罪的最小要素的分布和组合①。因此，基于日常活动理论，可以在政策层面通过改变导致犯罪产生的要素降低犯罪的现实可能性，从而预防犯罪。同时，日常活动理论指出潜在犯罪人可以是任何人，这就打破了以往将"陌生人"视为主要危险因素的设定，从而避免将过多的精力和资源投入对以陌生人为主体的犯罪者身上。

日常活动理论将研究重点集中于对犯罪发生的客观环境以及时间、空间等问题的探讨，避免了传统犯罪社会学理论单纯聚焦于犯罪人行为动机、犯罪心理等心理学层面研究的弊端。留守儿童性侵害风险研究，使研究者能够从被害人监护方式、生活空间、生活方式等方面探讨导致留守儿童性侵害的原因。生活—日常活动理论指出的宏观社会环境的变迁影响了人们的行为方式和生活方式，由此我们也可以认识到中国经济发展和城乡二元社会结构等改变了农村社会生活方式，使得大规模农村青壮年劳动力离开农村生活场域流往城市，从而导致大量留守儿童的出现。同时，青壮年劳动力的缺场也在改变祖辈等人的生活和行为方式，祖辈等成为留守儿童的监护人，在日常劳动之外兼具了照料留守儿童的角色。

此外，日常活动理论提出生活空间中任何人都可能是犯罪对象，并指出犯罪对象或许是外表具有亲和性以及具有正式工作和担任一定角色者。因此，这对我们认识性侵害留守儿童犯罪对象具有启发性，同时对更好地阐释留守儿童生活空间、生活环境中内含的风险性因素具有指导意义。该理论也避免了传统犯罪社会学理论只注重研究陌生人犯罪者的取向。日常活动理论指出的犯罪事件或侵害活动源于日常生活，寻找犯罪行为的原因（区分罪犯和非罪犯）基本上是徒劳的，以上两个论点可以作为理解家庭内源性侵害和亲密关系暴力的良好起点。同时作为理性选择理论的重要组成部分，生活—日常活动理论也帮助

---

① LEUKFELDT E R, YAR M. Applying routine activity theory to cybercrime: A theoretical and empirical analysis [J]. Deviant Behavior, 2016, 37 (3): 263-280.

我们从犯罪人理性选择的角度分析留守儿童居住生活的生态环境，如生活方式、居住环境、监护状况等所包含的风险性因素。

生活—日常活动理论认为现实往往为犯罪者提供了机会，潜在的犯罪者在实施犯罪之前会考量犯罪实施的成本，如达到犯罪目标的程度、被发现以及抓获的可能性和犯罪行为预期能够得到的利益。犯罪者在实施性侵害之前是理性的，他们会考量犯罪过程中的风险，如考量犯罪的情境因素如犯罪对象监护人情况、犯罪对象个人情况、犯罪风险的大小；同时还会考量如何在降低个人风险的过程中获取个人最大利益。在犯罪过程的不同阶段，犯罪者都会进行理性思索，如在犯罪进行过程中根据犯罪对象的自救状况、犯罪情境的变化情况来决定是否继续进行犯罪。

本章对与留守儿童性侵害的相关研究进行了梳理，对国内外留守儿童性侵害相关机制和保护措施的研究进行了综述和讨论，确定研究的重点、应该聚焦的问题以及相关理论视角。

第三章

农村留守儿童性侵害的多元性

留守儿童性侵害风险来源多元化，这种多元化风险来源于留守儿童生活环境，包括家庭、学校、社区等不同生活场景中的风险。同时，留守儿童性侵害实施者也呈现多元化特点，监护人、教师、邻居、网友等都可能对留守儿童施加性侵害。本章通过对调研地点和访谈对象的考察，重点分析当前农村留守儿童性侵害风险的现状。

第一节 调研地点 Y 县的概况

一、Y 县气候与地理条件

Y 县辖 12 个镇，土地总面积为 1357 平方千米，其中耕地面积为 110 万亩，人均 1.93 亩，常住人口 65.24 万人（2019 年），其中常住人口中农业人口为 523657 人。全县拥有普通中学 26 所，在校学生 25135 人，其中，普通初中在校生 16781 人；全县共有小学 55 所，在校学生 36830 人；全县共有幼儿园 91 所，在园幼儿达到 15825 人①。

从地理位置和气候条件来看，Y 县历史上属于渤海湾的一部分，后来随着黄河冲击带来的大量泥沙形成了三角洲冲积平原，这种由于河流冲击形成的沿海平原具有特定的地势和地貌特征。黄河在为本地区提供生产、生活需要的水资源的同时也塑造了本地特定的地理地貌。本地区地势平坦，土壤深厚但土地质量较差，大部分属于盐碱地和老洼地。总体而言 Y 县通属黄河冲积平原，地势呈轻坡状，自西南向东北逐渐倾斜，构成缓岗、小坡平地和浅平洼地地貌类型。黄河水及地下水资源十分丰富，引黄干渠小开河纵贯全区。气候上本地区

---

① 2019 年 Y 县人民政府工作报告。

属于暖温带季风型大陆性气候，四季分明，光照充足，年平均降水量 599.1 毫米，平均气温为 12.2 摄氏度①。从降水量分布来看，夏季 8 月份是降雨量最大的月份，同时气温较高，昼夜温差较小，较为适合的气候条件为该县发展农业提供了坚实的基础。不过，由于该县地势处于较为低洼的地带，夏季也极易遭受洪涝灾害，自秋季 10 月至来年 2 月，气候较为干燥，天气也多以晴朗为主，冬季气温也多维持在零摄氏度到零下 15 摄氏度，较少发生各种农业自然灾害。因此，一年四季大部分时间的气候都适合农业发展。该地区人口密集，绝大多数人口居住在农村。同时村落密集程度较高，相邻的村与村之间的距离往往在 3 千米左右。近年来，Y 县积极推动合村并居工程，将一些人口数量较少的村落进行村落重组，不过并未从根本上改变本地区村落密集、人口众多、耕地狭窄、资源不足的现实状况。从该县所处的区域位置来看，Y 县距离市区 50 千米左右，区域内有 S317、G205、滨博高速等数条主要交通线路，将该地区与 M 省内其他县市连接起来，2015 年德大铁路的通车结束了 Y 县没有铁路的历史。同时，由于该地区处于半岛蓝色经济区、天津滨海新区、省会城市圈和环渤海经济圈的连接辐射地带，客观上为本地区的发展提供了资源和条件。

二、Y 县留守儿童基本状况

从经济发展状况而言，Y 县是典型的农业县，同时也是 M 省重点帮扶和支持的贫困县。该县地势低洼，盐碱地较多，农业发展条件相对较差，因此经济发展基础薄弱。Y 县农村居民人均土地面积仅为 1.5 亩，土地流转程度不高，并且土地的生产组织化、规模化程度较低。本地区农业生产以粮食作物如小麦、玉米为主，经济作物、饲料作物种植面积较少，农业综合效益比较差。近年来，Y 县积极依托国家扶贫政策优势，大力发展地毯纺织、面粉加工、电子制造等产业，提高第二产业在本地区经济发展中的比重，以提高农民收入、促进财政增长、扩大人口就业。然而本地区的企业无论是在规模还是数量等方面都无法有效吸纳该地区大量的农业劳动力。同时，由于 Y 县在地理空间方面与济南、淄博、潍坊、烟台、青岛、天津、北京等经济发达城市相距较近，相对便利的交通条件以及发达城市在教育医疗资源、工资收入等方面巨大的虹吸效应，使该地区劳动力大量流入城市。

Y 县农村劳动力向城市流动、迁移由来已久，依托较为便利的交通条件以及距离发达城市近便的区位优势，早在农村改革前 Y 县便有农民进城务工，最

---

① Y 县志编辑委员会 . Y 县县志［M］. 济南：齐鲁书社，2015.

早进入城市务工的农民工往往掌握一定的专业技能，如木工、电工等技术，同时他们的开拓性行动带动了后续农村剩余劳动力的进城务工过程。不过，在20世纪90年代中期之前，Y县农民工并未远离农村社区，而是主要集中在该地区乡镇企业中，20世纪90年代中期以后，该县乡镇企业逐渐破产，相应的乡镇企业吸纳农民工的能力下降①，大量农民工开始向周边城市流动，以作者调研村落中的B镇Q村为例，90年代中期前外出务工的人数较少，此后外出务工人数显著增加。详见表3-1。

表3-1　Q村外出务工人数和外出务工年年度

项目	有效回答	1985年及以前	1986—1990年	1991—1995年	1996—2000年	2001—2005年	2006—2010年	2011—2015年	2016—2020年
人数/人	185	3	5	10	23	31	31	40	42
比重/%	100.00	1.62	2.73	5.41	12.43	16.76	16.75	21.62	22.70

自20世纪90年代中期以来，宏观方面，随着国家对农民外出务工出台各种积极引导政策，从控制流动转向允许流动，允许和鼓励农村劳动力的地区交流、城乡交流和贫困地区的劳务输出②，宏观政策的变动促进农村劳动力大量向城市等发达区域流动。随着国家对人口流动等政策的放开，借助较为便利的交通条件和距离城市发达地区地理位置较近的区位优势，该县大量的农村青壮年劳动力逐步离开乡村进入城市工作。

由于缺乏较为详细的统计数据，无法对全县农民工数量及其他状况进行分析，但根据2017年Y县政府对辖区7个乡镇的农民进城务工的抽样调查估算，该县大约有60%的青壮年劳动力常年在外务工。在年龄分层上，农民工主要集中在18~35岁的年龄段，其中18~25岁的农民工占31.5%，26~30岁的农民工约占23.2%，31~35岁年龄段的农民工所占比重则为15.3%。大量青壮年劳动力的外流使得Y县留守儿童问题较为严峻。由于Y县农民工进城务工有较长的历史，因此该县留守儿童产生的历史也可以追溯到20世纪90年代，因此，当前Y县许多留守儿童的父母本身曾经便是留守儿童，换句话说在Y县二代留守

---

① Y县农村经济工作办公室统计资料。

② 严于龙.农民工：贡献、收入分享与经济、社会发展［M］.北京：中国统计出版社，2008：34.

儿童群体已经显现①。当然无论是否属于二代留守儿童群体，当前在 Y 县留守儿童群体规模仍然较大。以 Y 县商水镇为例，全镇约有学龄留守儿童 778 名，其中留守男童为 406 人，留守女童为 372 人。全镇 196 个行政村里都有留守儿童，不同层次的学校以及同一层次学校的不同年级中都有留守儿童。总体来看，儿童年龄大小与其是否留守相关，年龄越大的儿童越可能成为留守儿童。

从监护模式来看，该镇大多数留守儿童都由祖辈照料，根据调查数据显示，在所有的留守儿童群体中：父亲外出由母亲进行监护的有 196 人，占比 25.2%；母亲外出，由父亲监护的有 72 人，占比 4.1%；父母双方外出，由亲属关系网络中的其他成员，如叔、伯、舅、姨、姑、兄弟姊妹等进行监护的有 29 人，占比 3.7%；父母双方外出务工，由邻居或者朋友等进行监护的有 15 人，占比 1.4%；父母双方外出由祖父母或外祖父母监护的有 433 人，占比 55.7%；父母双方外出务工由学校进行监护的有 18 人，占比 2.3%；父母双方外出留守儿童自我监护的有 15 人，占比 1.9%。从以上数据可以得知，当前在该县隔代监护仍然是主要的监护模式，不过这种监护模式由于祖辈监护人本身所具备的教育资源、年龄结构、身体状况等不足以为留守儿童构建安全的环境，留守儿童往往容易遭受各种风险侵害。

在 Y 县的调研中发现，外出务工的父母并非对自身迁移行为有可能造成的留守儿童身心健康以及安全风险毫无预见，在外出流动的过程中他们会针对留守子女的需要和家庭发展的策略②及时调整外出流动计划，并合理安排家庭成员在流动和留守过程中所承担的角色和任务。不过多数情况下，外出务工父母与

---

① 20 世纪 80、90 年代的留守儿童已经成年并开始扮演父母的角色，在父母进城务工所积累的经济和社会资本并未使其完成代际流动的条件下，社会地位没有获得提升的老一代"留守儿童"也正在步其父母后尘将自己的子女留守家乡，老一代留守儿童成年以后选择进城务工，他们则被称为新生代农民工。在调研中发现，在 Y 县，新生代农民工父母曾经的务工经历形成了某种有关流动的经验积累，这些经验对于新生代农民工而言具有一定的正面效应，在他们生命进程的演进和工作轨迹的规划方面起到一定的引导作用，换言之新生代农民工和他们的父辈之间存在代际流动的继承性增强等倾向。在城镇化和社会转型的宏观背景下，新生代农民工延续父辈的社会流动经历的代际循环模式很难在短期内改变，作为第一代农民工的子女，他们代内流动的可变性在不断弱化，从而导致新生代农民工阶层固化问题。由于这种流动的代际循环模式已经形成，新生代农民工子女也将面临他们父辈曾经的留守经历，成为二代留守儿童。不过当前学术界关于二代留守儿童的研究仍然较少，这也是未来关于留守儿童研究的重点。

② 家庭策略（family strategy），指的是通过家庭自身的能动性、主体性使得家庭能够适应多元化社会中的生存和发展需要，在此过程中为家庭整体谋求最佳利益。引自韩晓燕、陈赟. 儿童青少年与家庭社会工作评论：第 1 辑 [M]. 上海：华东理工大学出版社，2014：20.

留守儿童的沟通和交流仍然较少，互动频率呈现碎片化和随机化的特征，无法规律性地与留守儿童沟通。同时，外出务工父母受限于工作时间、工作地点、工作方式，在与留守儿童交往过程中无法进行深入的交流，并且也无法对留守儿童生活的各个方面进行监督。留守儿童作为具有主体性的个体，多数情况下能了解父母外出务工的意义①，他们会对自身行为做出调整，以让父母放心的方式处理自己的日常生活，因此在某种角度看来留守儿童很坚强、很懂事②。对外出务工的父母而言，现实的调整策略是父母双方不再以共同外出的方式使原生家庭结构发生重大变动，而是一方留在原籍负责照料祖辈和监护子女成长，另一方继续外出务工。不过调查中也发现，即便是父亲或者母亲中的一方留守监护子女成长，他们也并无充分的时间和精力对子女进行照护。究其原因，虽然父母中的一方留在原籍监护子女，但他们并非在家庭中长期稳定的担任监护者角色，为了家庭整体发展，他们仍然需要外出务工，只是将地点选择在距离家庭所在社区较近的地方。换言之，通过转换务工地点，留守的父/母在工作—家庭之间取得一种新的平衡。不过，本质而言这种形式的家庭策略只是将父/母中的一方由跨省、市的迁移转为市内流动，子女在日常生活中仍然处于祖辈或者其他亲属监护的状态。父母长期在外务工以及对留守儿童的监护缺失，使得儿童与父母之间的情感依附、参与感和联结关系受到影响，从社会联结理论的视角来看这种依附感、参与感等的缺失，很容易引发儿童越轨甚至犯罪。

同时，随着青壮年劳动力的大量外出，Y 县农村社区中出现明显的村落，"空心化"③ 现象，在一些人口规模较小的村落"空心化"问题则更为严重。村落社区"空心化"问题反映了 Y 县农村社区人力资本、文化资本和社会资本的大量流失，这种多维层次资本的流失使得依然在村落社区中生活的老年人、儿童等弱势群体生活质量下降、发展机会消失。此外，农村社区空心化带来的另

---

① DREBY J. Children and Power in Mexican Transnational Families [J]. Journal of Marriage and Family, 2007, 69 (4): 1050-1064.

② 尹新瑞，王美华. 国际留守儿童的风险与防范：研究现状与干预策略——兼论对我国留守儿童风险防范的启示 [J]. 少年儿童研究，2020 (5): 8.

③ 农村社区空心化指的是在城乡社会发展和现代化转型过程中，随着农村人口、资本大量流入城市，农村社区常住人口规模逐渐缩小，农村住房和耕地大量闲置，同时由于新建住房大量分布在村落周围，村落社区住房建设布局呈现"外扩内空"的状态。此外，随着青壮年劳动力大量流入城市，农村公共事务如公共设施建设、社区文化建设等不断滞后乃至处于无人治理的状态，总体而言农村社区空心化是土地、人口、基础设施等方面的空心化，本质是农村地域经济社会功能的整体退化。刘彦随，刘玉，翟荣新. 中国农村空心化的地理学研究与整治实践 [J]. 地理学报，2009, 64 (10): 1193-1202. 胡勇，李宝龙. 京郊农村社区社会调查 [M]. 北京：中国农业出版社，2007: 192.

一个问题是农村社区治安形势日益严峻。相对于其他群体，留守儿童面对风险时，自身的防卫能力较差，极易成为性侵害、虐待、拐卖等违法犯罪行为的实施对象。同时，村落社区"空心化"的过程也导致乡村文化凋敝、社区文化约束力减弱，进一步使得发挥社区心理安全保障以及道德监督作用的乡村社区社会植被①日益消亡，对于留守儿童而言，乡村社区不再是身心健康发展的安全基地，在乡村中留守儿童面临危险时其可以依托的社会支持网络不再完整，同时也容易遭受社区中的其他优势地位者的侵害。此外，由于缺乏父母等监护人的监督和约束，在同侪群体、群体亚文化、网络不良信息等的影响下，留守儿童又容易对其他更为弱势的留守儿童实施侵害成为加害者，近年来在 Y 县频繁发生的留守儿童对其他儿童的性侵害案件即是该问题的表现。

近年来，Y 县政府逐步采取积极措施为留守儿童创造安全的成长环境。由于留守儿童生活的范围是有限的，基本固定在学校、家庭和村落中，因此，针对留守儿童不同的生活区域，Y 县政府在上级政府的支持下采取了积极有效的策略，如兴建专门的留守儿童寄宿制学校，在各个村落设置社区网格员岗位，购买专业的社会工作服务，在学校中开展留守儿童预防性侵害、防溺水的相关教育，力图通过以上举措为留守儿童建构相对安全的生存和发展环境。不过，由于人力资源短缺、资金等问题，以上措施在实施过程中难以发挥有效作用，有关留守儿童的性侵害等问题仍然不时发生。

第二节　Y 县留守儿童性侵害问题状况及特点

对留守儿童而言，家庭、学校、社区是其生活的主要场域。在家庭内部，监护人以及亲属网络中的其他成员是留守儿童日常生活中的主要接触对象；在校园环境中，教师及同侪群体是留守儿童的主要互动和交往人群。除此之外，村落社区中熟人关系网络中的成员以及偶尔出现的陌生人群体也是留守儿童日常生活空间中的互动人群。与大众观点中所认为的性侵害留守儿童及其他未成年者的犯罪对象中陌生人居多的观点不同，现有研究指出成年亲属、熟人关系

---

① 社会植被指的是凝聚社会个体、维护社会良性运行和促进社会协调发展的各种社会规范和价值观念。刘祖云. 社会转型解读 [M]. 武汉：武汉大学出版社，2005：132.

网络中的成员、同辈群体等施加性侵害的比例最高①②③。在对 Y 县留守儿童性侵害问题实地调研过程中，研究者除了对已经公开的案件判决文书进行收集、整理、分析外，在 Y 县法院、检察院等工作人员的帮助下，还对派出所、县人民法院、县人民检察院、县妇女联合会、中国共产主义青年团 Y 县委员会等部门和机构的相关工作者进行了结构和半结构式访谈。同时，研究者重点对愿意接受访谈的曾有过性侵害经历的对象进行了半结构式访谈。

一、Y 县留守儿童性侵害问题的状况

2020 年 4 月至 6 月，研究者在对 Y 县人民检察院未检科工作人员的访谈中发现，7 年以来，Y 县人民检察院共受理未成年人性侵害案件 34 件 114 人，在所有未成年人性侵害案件中涉及农村留守儿童被性侵害案件共 24 件 78 人，案件数量占未成年人性侵害案件总数的 70.58%，涉案人数占总犯罪人数的 20.7%，占涉未成年人性侵害案件的 70.58%，占未成年性侵害案件人数的 54.2%。从案件数量和关涉人数来看，相对于其他未成年人受害者，留守儿童面临较高的性侵害风险。

从留守儿童性侵害案件的所涉性侵害类型分析发现，在遭受性侵害的留守儿童中：有 44 名儿童被强奸（其中留守女童 38 名，男童 6 名），占被侵害总人数的 56.4%；有 20 名留守儿童被猥亵（其中留守女童为 14 名，男童为 6 名），占被性侵害总数的 25.6%。除此以外，还有少量留守儿童被犯罪分子利用欺骗、恐吓、给予钱物等手段强迫或引诱其卖淫，这部分留守儿童共有 14 名，占被侵害总人数的 17.9%。通过以上数据的分析发现，在留守儿童性侵害类型中，强奸和猥亵等是性侵害实施者最主要的性侵害方式，两者共占所有犯罪类型的 82%。其中，相对言之，女童遭受猥亵和强奸的人数较多，男童数量较少，不过有研究发现男童遭受性侵害更不易被发现④，因此与女童遭受性侵害的数量相

① 夏丽丽. 遭父性侵害女性成年后的家庭困局———一项基于系统视角和依恋理论的临床案例分析 [J]. 社会工作，2017 (4)：54-64.

② CELBIS O，OZCAN M E，ÖZDEMIR B. Paternal and sibling incest：a case report [J]. Journal of Clinical Forensic Medicine，2006，13 (1)：37-40.

③ COURTOIS C A. Healing the incest wound：Adult survivors in therapy [M]. New York：WW Norton & Company，1996.

④ 魏弘轩. 以男童为性侵害对象之加害人性侵害动机与犯罪路径之探索性研究 [J]. 嘉义：台湾中正大学，2008.

比，男童遭受性侵害的数量在公开案件与实际遭受性侵害之间存在更大差异①。

从现有的资料来看，遭受性侵害的儿童大多数经历了较长的性侵害历程，从第一次被性侵害到最后被发现经历了较长的时期。研究发现，实施性侵害的时间往往延续 2~3 年，作案延续最长时间达 10 年。在缺乏外部干预或者犯罪行为未被发现的情况下，性侵害实施者不会主动放弃性侵害，他们会对其中一个或其他数个留守儿童继续实施侵害行为，导致性侵害犯罪期间较多数量的留守儿童被重复侵害。现有资料显示，在 78 名遭受性侵害的留守儿童中，被持续性侵害 2 次以上的被害人为 51 人，占遭受性侵害儿童数量的 32.28%；其中连续遭受强奸的留守儿童受害者有 27 人，占 52.9%；遭受 2 次及以上猥亵性侵害的留守儿童有 15 人，占 29.4%。从年龄分布来看，各个不同年龄段的留守儿童都可能成为犯罪分子实施性侵害的对象。通过分析发现在 78 名遭受性侵害的留守儿童受害者中年龄集中在 5~15 岁。详见表 3-2。

表 3-2　遭受性侵害留守儿童性别与年龄分布

年龄/岁	5~7		8~10		11~13		14~15	
性别	男	女	男	女	男	女	男	女
人数/人	2	13	5	20	7	15	0	16
总计/人	15		25		22		16	

从受性侵害留守儿童年龄分布分析发现，大多数受侵害留守儿童处于学龄阶段。如果按照一般儿童学龄阶段分布来看，以 7~13 岁为小学阶段，这部分留守儿童遭受性侵害的数量占总性侵害人数的比率为 79.5%；14~15 岁留守儿童所占比率为 20.5%。由此可见处于幼龄及小学阶段的留守儿童是性侵害实施者的主要对象，这一阶段的留守儿童面临更高的性侵害风险。如前文研究指出，虽然留守女童是主要的性侵害对象，但仍不能忽视留守男童可能遭受的性侵害风险。不过，数量较大的性侵害事件由于留守儿童未能及时披露等而未被及时处理，很多留守儿童成人之后才透露幼年时期曾经遭受过性侵害。在研究者对访谈资料以及访谈对象提供的自传中发现，46 名被访者中在童年留守时期遭受性侵害的达 39 名。其中在受到性侵害时年龄在 7~9 岁的留守儿童共 12 名；年龄在 10~12 岁的留守儿童为 20 名；12~15 岁的留守儿童数量为 7 名。在性侵害期间的监护类型中，由祖父母和外祖父母监护的为 18 名；由父亲或母亲中一方

---

① 何志培. 揭开恋童症的面纱——从麦可疑似性侵害男童案谈起 [J]. 咨商与辅导，2004（220）：36-37.

监护的有 10 名；由姑姑、叔伯等其他亲属监护的有 6 名；未知监护类型的有 5 名。在其个人撰写的成长史资料中，性侵害实施者同样具有复杂的个人身份和外在社会地位，不过与公开案件相比，这部分性侵害实施者以熟人或者亲属关系网络中的人居多。

表 3-3　留守儿童性侵害实施者类型

性侵害者	父/继父	爷爷	姑/姨夫	舅舅	堂/表兄	邻居	教师	网友	朋友	未知
数量/人	2	2	4	3	5	6	7	5	4	1
比例/%	5.1	5.1	10.3	7.7	12.8	15.4	17.9	12.8	10.3	2.6

在深度访谈中发现，留守儿童在童年时期以遭受猥亵等形式的性侵害为主，这部分性侵害类型非常隐秘不易发现。对留守儿童而言，他们缺少相关的性知识，同时熟人关系等也便于性侵害实施者与留守儿童建立信任关系，留守儿童缺少监护等为性侵害实施者提供了便利。同样，据此我们也可以确知隐藏的未被披露的儿童性侵害数量与得到审判处理的儿童性侵害案件相比规模仍然较大。

二、Y 县留守儿童性侵害问题的特点

留守儿童性侵害的特点既在于性侵害实施者类型多样化，也存在性侵害手段多元化等。同时，研究中还发现未成年人自身体现出既可能是性侵害受害者同时也可能是施害者等不同性侵害特点

（一）性侵害者来源复杂，多为熟人性侵害

在留守儿童遭受性侵害的过程中，对留守儿童施加性侵害行为的对象来源较为复杂，主要包括家人、亲戚、邻居、教师、同伴群体、其他熟人和陌生人。有研究指出，针对留守儿童、残疾儿童等弱势儿童实施性侵害的群体具有某些独特的人格特质，如这些性侵害者自身在童年阶段或者说在其生命历程的早期阶段曾经遭受过类似的性侵害，因此他们形成认知扭曲（cognitive distortion）的人格特质[1][2][3]，由此也使得这部分人在成人之后，一旦自身居于或占有优势地

---

① GILES-SIMS J, BARNETT O W, MILLER-PERRIN C L, et al. Family Violence Across the Lifespan [J]. Journal of Marriage & Family, 2011, 60 (1)：264.

② 谢儒贤. 发展儿童性侵害社会工作处遇模式之初探 [J]. 朝阳人文社会学刊, 2002, 1 (1)：71-100.

③ GANNON T A, POLASCHEK D L L. Cognitive distortions in child molesters：A re-examination of key theories and research [J]. Clin Psychol Rev, 2006, 26 (8)：1000-1019.

位，就会对儿童，特别是缺少监护的留守儿童或者自身有残疾等精神疾患的其他弱势儿童实施性侵害。换句话说，由于这部分儿童心智、精神等方面存在缺陷，自身缺乏有效保护自己的资本和能力，相对于其他成人来说更容易实施侵害行为，因此减轻了性侵害者施加侵害的焦虑（anxiety reduction）①。

在对 Y 县留守儿童性侵害实地调研过程中发现，某些性侵害者具有文化水平低、经济状况较差、夫妻及亲子关系不良、酗酒、赌博等外在特质，这与其他学者和机构针对儿童性侵害实施者特征的调查相一致②③。不过，Y 县留守儿童性侵害者也具有较高的收入，大专及以上文化水平，无赌博、酗酒等不良嗜好，同时家庭关系良好等特点。关键的问题是，在性侵害实施者中 80% 左右的犯罪分子都是留守儿童熟悉的人或群体，完全不熟悉的陌生人性侵害实施者所占比例较小。在熟人实施性侵害案件中，源自留守儿童家庭内部或者亲属关系网络中的家内性侵害更不易被发现④⑤。与其他熟人实施性侵害不同，家内性侵害实施者由于长期生活在留守儿童身边，与留守儿童形成某种信任或依恋关系，同时留守儿童特别是年龄较小、缺乏性知识的留守儿童无法及时向监护人寻求帮助，从而导致他们遭受性侵害的持续时间更长，对个体的负面影响更大。总之，留守儿童性侵害者来源较为复杂，单纯依靠内在人格特质和外在社会地位等无法判断哪些人可能是留守儿童性侵害者，同时家庭内部性侵害的隐蔽性和长期性也使得该类性侵害行为对留守儿童危害更大。在对 Y 县实地调研过程中，通过对判决书等法律文书的分析以及对受到性侵害的留守儿童深度访谈，基本可以勾勒出 Y 县留守儿童性侵害者的类型等情况。

综合分析判决案件涉及人数和访谈资料中相关的受害人数量，留守儿童遭受熟人性侵害的为 79 人，占比 68.4%；而留守儿童遭受非熟人关系网络中的其他陌生人侵害的 20 人，占比 17.1%；此外，有 18 起案件并未表明人际关系。由此可见，留守儿童遭受熟人性侵害的比例要明显高于其他类型的犯罪实施者的。同时，在熟人性侵害实施者群体中也存在较强的异质性，其中遭受教师（含辅导班老师）、学校（含培训学校）工作人员性侵害的共有 26 人，所占比例

① 石丹理，韩晓燕. 儿童青少年与家庭社会工作评论：第 3—4 辑［M］. 上海：华东理工大学出版社，2015：104.
② 台湾地区"家庭暴力及性侵害防治委员会"，2014.
③ 廖有禄. 犯罪剖绘：理论与实务［M］. 北京：群众出版社，2015：107.
④ 陆士桢. 揭露，为了预防：我国儿童性侵害犯研究报告［M］. 上海：华东理工大学出版社，2011：223.
⑤ 韩晶晶. 谁能给我一个安全的家？——儿童在家庭内遭受性侵害临时安置措施研究［M］//张万洪. 我们时代的人权：多学科的视野. 北京：中国法制出版社，2010：2-3.

为32.9%；遭受家庭关系网络中的亲戚（亲兄弟、表/堂兄弟、姑/姨父）、朋友等实施性侵害者为19人，所占比例为24.1%；邻居（与留守儿童同一社区）涉案的共14人，所占比例为17.7%；家庭成员（父亲、继父、养父、祖父等）的6人，所占比例为7.6%；留守儿童遭受网友（借助微信、QQ、游戏等互联网媒介认识的朋友）性侵害的共9人，所占比例为11.4%；留守儿童遭受同侪群体中的其他未成年人性侵害的共5人，所占比例为7.6%。

（二）家内性侵害形式隐蔽，实施者多元化

在留守儿童性侵害案件中，性侵害实施者绝大多数是男性，但也有部分女性侵害者，这部分女性侵害者多为留守儿童的邻居和同侪群体成员。在男性侵害者中，家庭成员与亲戚/朋友等可以统称为家庭内性侵害者，两者占比达25.64%。仔细分析发现，这部分性侵害实施者中男性与留守儿童的关系十分多元，其中主要有留守儿童的父亲、养父、继父、母亲同居者或男朋友、亲兄弟、表/堂兄弟、叔伯、祖父、亲戚、邻居或家庭友人等。

相比于其他熟人关系对留守儿童施加的性侵害，家庭内部成员和亲属关系网中的成员对留守儿童的性侵害更难以被发现：第一，施加侵害者在生理条件、权力、资源等方面处于优势地位，面对侵害时留守儿童难以寻求帮助；第二，留守儿童的日常生活需要这些加害者予以支持，生活中的依赖使得留守儿童更为弱势；第三，某些留守儿童家庭经济困难，当性侵害发生时，留守家庭其他监护人将更多的时间与精力用于应对日常生活需求，无法对儿童遭受的性侵害风险进行及时有效的回应。同时，维持家庭基本功能的现实性需求及由此产生的巨大的生活压力和精神压力，使得一些监护人对留守儿童抱有不接纳的态度，自然面对留守儿童向监护人提出可能遭受性侵害风险时，缺乏采取有效行动的动力。以上三点原因使得家庭内性侵害持续时间更长，对留守儿童伤害更大。

通过对以上案例的研究发现，在发生留守儿童性侵害的家庭中存在以下特点。

第一，儿童家庭结构不完整，重组家庭发生性侵害比例高。在实地调研过程中，研究者通过对检察院、法院等工作人员以及曾经遭受性侵害的受害者的访谈发现，家内性侵害案件中存在受害者家庭结构不完整、重组家庭中发生性侵害的比例较高等特点。在留守家庭中，儿童遭受猥亵、强奸等多种形式的性侵害，其中留守女童以遭受强奸等性侵害为主，男童则以猥亵等性侵害为主要类型。此外，相对于女童而言，留守男童也更易遭受殴打、侮辱等形式的虐待。同时，在这样的家庭中母亲往往处于精神残疾、失能、长期在外等状态，她们无法为留守儿童提供保护和支持。

由于母亲患有间歇性精神病，前几年她父亲便与母亲离婚，此后母亲与男子张某重新组建家庭。由于家庭经济困难，婚后母亲便外出务工，孩子交由张某监护，然而张某大多数时间也在县城务工，只在晚上回家休息，因此大多数时间 G 都处于自我监护状态。2012 年夏天，继父张某多次趁小 G 熟睡时，对 G 进行猥亵，后多次强行与 G 发生性关系。①

重组家庭中除了继父对留守儿童可能造成的性侵害外，家庭中的其他未成年人也有可能对留守儿童施加性侵害。一方面，重组家庭意味着留守儿童生长的家庭环境发生变化，造成留守儿童家庭关系和家庭结构复杂化。家庭关系和家庭结构的复杂化使留守儿童不得不与重组家庭的家庭成员重新建立新的家庭关系以及互动方式。重新组建的家庭中除了继父母—子女关系之外，同样存在异姓子女之间的关系，这种家庭关系使得儿童所处的家庭环境更为复杂。另一方面，在这样的家庭环境中，相对于留守儿童与继父母之间较难建立亲子关系而言②，异姓未成年子女彼此更容易建立同伴关系③。作为亲子关系的重要替代关系，同伴关系会给未成年子女提供更多的心理支持和情感慰藉。④ 然而，异姓未成年子女在同伴关系形式的交往中，由于青春期儿童生理、心理等多方面的影响会使他们之间可能产生涉性交往行为⑤，在外部客观环境如父母外出务工无法监护和正确引导等影响下，这种涉性交往行为很容易发展成留守的未成年子女间的性侵害问题。

我妈妈离婚以后又找的现在的爸爸，这边家里还有个哥哥，他们常年在外打工，平时家里就我跟我哥两人。我哥哥大我 7 岁，我当时 9 岁左右。有一天晚上，我早早上床关灯休息了，我感觉他走到我屋里来到我床边，然后手伸进被子慢慢地摸我胸，然后他又摸我下面，我一动不敢动……后

① 访谈对象：编码 MLS2020030101，男，36 岁，Y 县法律援助中心工作人员。
② 封皓宇. 结构家庭治疗模式介入重组家庭不良亲子关系的个案工作研究 [D]. 咸阳：西北农林科技大学，2022.
③ 李昂，张景焕. 亲子关系和移情对青少年社会创造力的预测：友谊质量的中介作用 [J]. 心理与行为研究，2020，18（4）：7.
④ 冯维主. 青年心理学 [M]. 重庆：西南大学出版社，2016：196.
⑤ 威廉·L. 雅博，芭芭拉·W. 萨亚德，布莱恩·斯特朗，等. 认识性学：插图 [M]. 6 版. 爱白文化教育中心，译. 北京：世界图书北京出版公司，2012：476.

来他又摸过我几次，我以后都把我房间门关好，不让他进来。①

第二，在家庭内性侵害中，祖父、其他亲属等留守儿童监护人成为性侵害者。在家庭内性侵害中，留守儿童的祖辈等监护人同样是对留守儿童造成性侵害的主要实施者。现实生活中，外出务工父母为防止自身在家庭中的缺场导致子女教育、健康等福利水平下降，一般会在家庭关系网络中寻找替代者照料儿童②。通常祖辈会成为留守儿童的主要照料者，此外，叔伯、姑父等家族或亲属关系成员也会照料留守儿童。在对留守儿童照料中，这些替代性的监护人与留守儿童的日常生活接触为他们实施性侵害提供了条件。日常活动理论指出性侵害行为的发生往往与日常生活中的某些因素相关③，被害者生活习惯、生活方式、监护能力和状况等往往影响性侵害行为的发生。无疑，留守儿童长期处于监护者的照料之下，极易受到性侵害风险的威胁。

> 某留守儿童在父母外出务工后，跟随祖父（祖母已去世）一同生活。2013 年 5 月的一天晚上，其祖父利用威胁、利诱等手段，强行与该留守儿童发生了性关系，此后该儿童又多次遭受祖父猥亵和性侵害。④

某留守儿童父母离异，随母亲生活，母亲外出务工后由其姑父、姑母抚养，该儿童亦曾多次遭受其姑父性侵害。"我姑父，我爸妈离婚后，我妈外地工作，有三年寄宿在姑姑家里被我姑父猥亵。"⑤ 这种监护人实施的猥亵、强奸等性侵害行为，很多持续时间较长，性侵害实施者往往对其监护的留守儿童等多次实施性侵害，这种犯罪行为除非被外部力量发现并干预，否则留守儿童很少主动寻求帮助，或者随着时间的延续直到留守儿童成年之后才披露童年时期被性侵害。

第三，在留守儿童无法受到父母监护状态下，亲属关系网络中其他未成年人同样可能会对其施加侵害。调研中发现，家内发生的由留守儿童亲属关系网络中的其他未成年人实施的性侵害行为与发生在其他关系类型和场域中的性侵

① 访谈对象基本情况：编码 FM20200945，女，装修公司职员，性侵害发生年龄为 9 岁左右，性侵害者为哥哥。

② 殷世东，朱明山．农村留守儿童教育社会支持体系的构建——基于皖北农村留守儿童教育问题的调查与思考 [J]．中国教育学刊，2006 (2)：14-16.

③ TEWKSBURY R，MUSTAINE E E. Lifestyle factors associated with the sexual assault of men：A routine activity theory analysis [J]. The Journal of Men's Studies，2001，9 (2)：153-182.

④ 访谈对象：编码 MLS2020030101，男，Y 县法律援助中心工作人员。

⑤ 访谈对象：编号 FM20200408，女。

害行为不同，换句话说不同于常见的如暴力胁迫、泄愤报复、非法牟利等类型①，家内性侵害过程中的未成年人与留守儿童往往建立了信任关系，因此对于这种情境下发生的性侵害行为，留守儿童较少反抗，并且很少主动告知父母或者其他替代监护人。"大概是上小学三年级的时候，父母在外打工，爷爷奶奶在家照顾我，当时我和堂哥可以说是关系挺好的了，他当时读初三。他拉我进房间对我进行了侵害，当时没有任何人传输性知识给我。"② 进一步研究可以发现，即便是实施性侵害的未成年人其生活的家庭环境、家庭结构以及本人的社会关系网络同样存在这样或那样的问题，这种现象需要在分析留守儿童性侵害原因时进行进一步分析。

第四，留守儿童可能遭受不同类型的家内性侵害。在 Y 县的调研中发现，留守儿童在家庭内遭受的性侵害不同于其他犯罪分子针对成年人受害者实施的侵害，呈现出某种特异性。根据现有的实地调研资料分析，可以将留守儿童遭受家内性侵害分为四种类型：愤怒—报复型、情感代替型、挫折—压抑型、模仿—探索型。

以上针对留守儿童的不同类型的性侵害，其产生的内在动机和外在结构性因素都有不同的原因和表现。

愤怒—报复性：此类型的主要特征是性侵害发生的家庭中，家庭结构和家庭功能已经不完善，家庭成员特别是父母双方无法正确履行各自的家庭角色，其中母亲一方在外务工或者离异、分居导致其在留守儿童家庭中长期缺场，父亲单独承担或者委托祖父母承担抚养儿童的任务。外在的经济压力和父母双方情感紊乱，使父亲将家庭面临困境归咎于母亲，这种归因和长期的夫妻关系不和使家庭整体面临较大的压力，在这样的家庭环境中一旦监护人遭受突发事件和发生冲突就极易将冲突目标转移至留守儿童身上。这种类型的针对留守儿童的性侵害，往往掺杂了暴力和情绪释放因素，其中性侵害常常并不是实施者的主要目的，报复和情绪宣泄在性侵害过程中占据了大部分内容，性侵害实施者通过施加侵害的方式释放自身的压力及负面情绪。在此过程中，酒精和药品等导致的精神紊乱成为监护人最后实施性侵害的催化剂。

> 在我 10 岁的时候我的父母就离婚了，在他们离婚以后我跟我爷爷奶奶生活。我父亲每次打工回家喝酒都会骚扰我，摸我下面。大概我 13 岁的时候，他就变本加厉，等我睡下他就过来摸我，其实我都是装睡但我也不敢

---

① 余海燕. 未成年人性犯罪现象分析及预防对策 [J]. 中国性科学，2011 (3)：52-59.

② 访谈对象：编号 FM20200408，女。

动弹啊，我怕他打我。还有喝醉的时候一边骂我妈，一边欺负我，有一次他把我打的前门牙不齐了，还拽我头发往墙上撞，现在我头皮这块地方头发还有点稀疏，真的很累。他出去打工，在外面每次喝酒了以后就给我打视频还让我给他看我全身照。①

挫折—压抑型：调研中发现，在针对留守儿童的家庭内性侵害中，挫折—压抑型也是留守儿童遭受性侵害的常见类型。现有个案中，挫折—压抑型的家庭内性侵害者往往自身面临巨大的生活压力或者在维护家庭完整、发展家庭福利以及个人发展等方面存在较大挫折，使其面临孤单、无望、无力感等现实性困境，从而通过酗酒或者服用药物等逃避现实困难。父亲或者继父往往在醉酒或者用药状态下发生对留守子女的性侵害。某个案童年家庭生活困难，兄弟姊妹较多，父亲早逝，初中没毕业就辍学在家帮忙。婚后因为与岳父母关系不好，平时很少来往。后来妻子以性格不合为由离家常年在外务工，由个案在家独自抚养两个孩子。由于个案忙于做生意，平时孩子由奶奶代为照顾。此后生意经营失败欠下大笔外债，个案感觉生活没有希望，便沾染上酗酒、吸毒等不良习惯。然而，大女儿因为父亲吸毒也开始吸食毒品。个案知道以后精神更为崩溃，在一次与女儿吸毒后精神恍惚间与女儿发生了性关系。

情感替代型：情感替代型的家内性侵害者往往将受侵害的儿童当作情感对象，他们由于缺乏正常的情感交流方式，或者自身属于内向性的性格特质，在与家庭其他成员特别是夫妻交往中处于被动弱势地位，正常情感需求无法满足，从而将感情目标转向女儿，然而在实施侵害以后常产生自责等负面情绪及罪恶感。

模仿—探索型：在家内性侵害中，由家内留守子女或者其他未成年人对女童或男童施加的性侵害往往属于模仿—探索型的性侵害。青春期阶段的未成年人由于生理、心理的快速发育，性心理的发展，必然产生对异性交往的渴望以及与其进行亲密接触的欲求。由于留守儿童父母等监护人无法对其进行适当引导，学校等部门也难以给儿童正确的性教育，未成年人本人受到同伴的影响或者模仿影视作品对其他留守儿童实施性侵害。性侵害实施者个体对自身行为的危害性和后果的严重性缺乏清醒的认识。

（三）通过网络形式对留守儿童实施性侵害

随着互联网的发展，犯罪者通过网络形式对留守儿童等进行性侵害成为重要的社会问题。英国学者对互联网可能造成的儿童性侵害和性剥削进行风险评

---

① 访谈对象：编号 FM2020040506，女，23 岁。

估发现，互联网在世界范围内的快速发展，使全球各个国家和地区近 1/3 的人得以互相连接，在加速信息、资本等流动的同时，也增加了儿童遭受网络性侵害的风险①。借助网络实施性侵害者往往通过自我伪装的方式树立自己的良好形象，并且网络性侵害者会有意识地寻找父母以及其他重要他人缺位的儿童②。同时，网络性侵害者会关注并选择那些容易接近并且在情感、心理等方面存在脆弱性的儿童③，对他们而言，缺乏父母等有效监护的留守儿童自然会成为理想的作案对象。

同时相对于其他儿童而言，留守儿童在情感方面更为脆弱④，这种脆弱性主要体现为孤独感⑤、自我封闭⑥、自卑⑦、情绪痛苦和不成熟以及不愿意与身边的人交流等特征⑧，他们与祖父母等替代监护人在心理和情感方面较为疏离，无法进行有效沟通⑨。由于父母在家庭中的缺场，很多留守儿童不得不变得"被独立""被坚强"，以减少外出务工父母对他们的担心。同时对留守儿童而言，他们需要在情感和精神方面得到支持和慰藉⑩，而虚拟空间中的交往为他们提供了获得情感依恋和心理支持的重要渠道⑪。同时，互联网在农村的普及以及手机等通信工具的广泛使用，也为留守儿童提供了运用网络的机会。

在调研过程中发现，大多数农村留守儿童都能熟练运用手机，并且通过自

---

① Child Expolitation and Online Protection Centre. Threat Assessment of Child Sexual Exploitation and Abuse，2013.

② CRAVEN S，BROWN S，GILCHRIST E. Sexual grooming of children：Review of literature and theoretical considerations ［J］. Journal of Sexual Aggression，2006（12）：287-299.

③ FINKELHOR D. Child sexual abuse：New theory and research ［M］. New York：Free Press，1984.

④ 陆继霞. 留守儿童情感缺失：工业化进程中的社会之痛 ［J］. 中国农业大学学报（社会科学版），2011，28（3）：97-103.

⑤ 刘霞，胡心怡，申继亮. 不同来源社会支持对农村留守儿童孤独感的影响 ［J］. 河南大学学报（社会科学版），2008，48（1）：18-22.

⑥ 雷雳. 处境特殊儿童心理 ［M］. 杭州：浙江教育出版社，2015：30.

⑦ 刘霞，赵景欣，申继亮. 农村留守儿童的情绪与行为适应特点 ［J］. 中国教育学刊，2007（6）：6-8，20.

⑧ 叶敬忠，王伊欢，张克云. 父母外出务工对留守儿童情感生活的影响 ［J］. 农业经济问题，2006（4）：19-24.

⑨ 胡春阳，毛获秋. 看不见的父母与理想化的亲情：农村留守儿童亲子沟通与关系维护研究 ［J］. 新闻大学，2019（6）：57-70，123.

⑩ 范兴华. 不同监护类型留守儿童与一般儿童情绪适应的比较 ［J］. 中国特殊教育，2011（2）：71-77.

⑪ 宋振玲，刘铭. 留守儿童沉迷手机游戏问题的解决路径——基于优势视角的研究 ［J］. 社会与公益，2020（3）：43-45.

学或者同伴相互学习的方式习得上网技能，通过网络进行娱乐消遣成为农村留守儿童主要的休闲和娱乐方式。相对于家庭结构完整、父母监护到位的儿童，留守儿童遭受互联网性侵害问题应引起格外关注。当前，外出务工父母为克服地域限制造成的留守子女监护缺位等问题，普遍为留守子女购买手机、电脑等工具设备，这些工具为留守子女和外出务工的父母提供了压缩时空、共同在场的条件和契机，然而日常生活中祖父母等监护人往往无法及时监督留守子女对网络的使用情况，"我们没办法管孩子使手机，那个东西咱又不懂""孩子听说就行了，他想玩就玩，他说在上面学习，我们又不懂"。同时，留守儿童自身也无法对网络中大量存在的淫秽色情视频、图片、文字等进行辨别和规避，这些不良信息对留守儿童造成巨大的情感和心理困扰，并且诱导某些留守儿童实施性侵害等违法犯罪活动。

由于网络的广泛普及，通过互联网进行性剥削的案件不仅发生在成年人和儿童之间，还可能出现在未成年人之间的交往中。

> 某留守儿童父母在京务工，留守儿童辍学在乡下由祖父监护。留守儿童通过聊天软件认识了邻村的留守儿童（女，14岁），以交友的名义约女童线下见面，并将女童哄骗至路边树林内以暴力、威胁手段对其进行了性侵害。①

遭受性侵害的留守儿童往往通过网络交友的形式认识性侵害者，同样性侵害者也会注意儿童本身的家庭环境、监护状态、年龄和活动空间等问题。性侵害者通过前期的自我伪装，逐步获得性侵害对象的信任。

犯罪分子在与留守儿童网络互动的不同阶段采取不同的行为模式，这些确定的阶段：网络认识阶段，形成友谊阶段，形成亲密关系阶段，风险评估阶段，排他性阶段，线下交往阶段，进行性侵害阶段，结束阶段等，如图3-1所示。

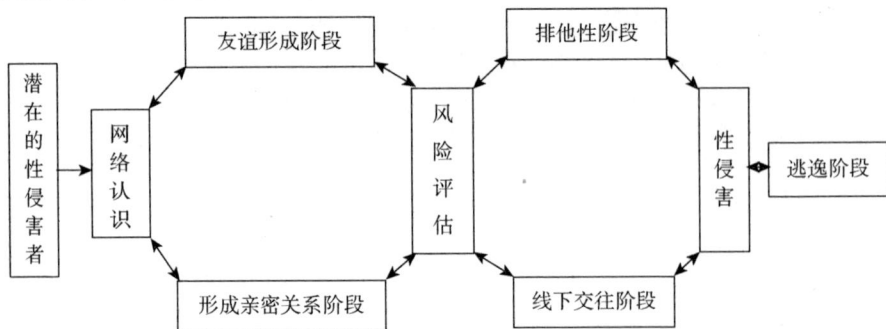

图3-1 留守儿童网络性侵害演变过程

① 访谈对象：编码 FMCZR20200420，村主任，男，53岁。

以上阶段性侵害者会根据留守儿童监护状况、心理和生活状态等不断进行调整，在保证充分获得留守儿童信任及避免监护人觉察的前提下实施性侵害。在不同阶段网络性侵害者使用的手段不同，在明确未成年人家庭监护情况、居住情况、年龄等基本信息以后，他们会利用留守儿童情感和心理等方面渴望情感慰藉、孤独感，希望被人重视和接纳等心理特点①，通过陪伴聊天、赠送礼物等方式与留守儿童建立信任，确定基本的朋友关系，而后进一步发展为"男—女朋友"等亲密关系。在此过程中，网络性侵害者会向留守儿童等传送与性相关的图片、视频、文字信息等，意图使儿童性脱敏，"玩游戏的时候，他们会主动加我好友，没过多久就有意问我是不是自己一个人在家，知道我爸妈都在外地打工，就我自己，身边没人，就给我发送一些身体照片。然后加我QQ好友，然后很关心我的学习、生活，感觉他是温和无害，后来他就把一些更大尺度照片发给我"②，并通过威胁或者送礼物等方式引诱儿童保密。

对于留守儿童等未成年人而言，在心理层面热衷于取悦成年人，以获得鼓励、认可或保持已建立的亲密关系。因此在被要求保密时，留守儿童可能会表现得顺从，或者犯罪者也可以采用强制策略来保持孩子的顺从。此后，网络性侵害者会对彼此交往关系进行进一步的风险评估，主要是对留守儿童临时监护人对他们交往行为的认知情况，以及留守儿童自身对即将发生的侵害行为的觉察和向祖父母等监护人求助等情况进行评估，以确定进一步的行动。

> 2016年2月，犯罪人赵某通过手机交友软件结识留守儿童陈某（男，时年13岁），通过交往得知陈某父母均外出务工，与祖父母一起生活，便主动关心陈某的生活学习，逐步获得陈某的信任。同月赵某到Y县酒店房间登记入住，并邀约陈某到该房间见面与陈某发生了同性性行为。③

在调研中发现，很多针对留守儿童实施性侵害的犯罪分子在明确对方是留守儿童以及他们年龄的情况下，并未减弱作案动机，自身支持通过进一步交往进行性侵害的态度，这种态度反映出性侵害者缺乏对受害者的同理心，两者相互影响进一步提高了他们进行性侵害的可能性。访谈对象留守儿童L说："这是个网络游戏平台，对方让我拍我的洗澡照片，我告诉他好几次了我还未成年，只有14岁，他跟我说：'我就喜欢年龄小的，萝莉更可爱。'"在网络性侵害者

---

① 张连云. 农村留守儿童的社会关系与孤独感研究 [J]. 中国临床心理学杂志, 2011, 19 (1)：123-125.

② 访谈对象：编码FM20200601, 性别，女，年龄19岁；性侵害者：网友。

③ 访谈对象：编码FMJC20200403, Y县检察院未检科工作人员，女，33岁。

看来，不仅是留守女童会成为他们的侵犯目标，男童同样会成为他们的性侵害对象，"在他们看来只要儿童'身体'即可，而'身体'男女皆可，不分性别"。

　　虽然通过访谈资料研究发现留守儿童遭受网络性侵害的比例较低，但仍然不能忽视可能存在的大量潜在受害者。学者施耐德（Schneider）指出，"获悉并记录在案的犯罪行为只是实际犯罪行为的那座冰山露出水面的尖顶"①。相对而言，网络性侵害犯罪被发现和惩处的比例更低，性侵害犯罪受害者的年龄更小。调研中发现，受到网络性侵害的留守儿童以初中在校生为主，年龄方面主要分布在 11~13 周岁年龄段。从家庭监护方式看，以父母在外务工、离异、死亡的未成年人和孤儿为主，他们与祖父母、养父母居住在一起，监护人缺乏足够的时间、精力、知识等对其进行关怀和照顾，因此往往成为网络性侵害者的主要目标。同时，互联网以及赛博空间（Cyber-space）本身所具备的匿名性以及通过各种通信平台与广大用户建立联系的便利性②为犯罪分子提供了性剥削、性侵害的便利条件③。"现在家长不在身边，爷爷奶奶他们一般也不会主动问孩子，一个是对网络、电脑什么的不懂，另外孩子们现在都很有主见，他不跟你说，你也没办法问，真出了这种事儿只有孩子知道，除非那种极端情况，有人报警，我们发现进行处理。"④ 网络性侵害的隐蔽性加大了类似案例的治理难度，当前随着网络、手机、电脑等的普及率不断提高，监护缺位的留守儿童遭受网络性侵害的状况会愈发严重，虽然呈现出的数据相对来说不高，但这类案件极具隐蔽性，家长一般也不容易发现。同时遭受侵害的留守儿童由于畏惧家长批评和侵害者的威胁，即便察觉到自己受到侵害也不敢主动寻求帮助，更不会向家长倾诉，并且父母外出务工使得他们也难以觉察留守儿童的反常心理和行为方式。此外，祖辈监护人由于缺乏儿童性侵害的意识和识别能力，无法对留守儿童遭受性侵害状况保持足够警惕。因此，网络性侵害一旦被发现，意味着留守儿童

---

① [德] 汉斯·约阿希姆·施奈德. 犯罪学 [M]. 吴鑫涛，马君玉，译. 北京：中国人民公安大学出版社，1990：204；赵卿，吴浩. 利用即时聊天工具性侵害未成年女性犯罪探析 [J]. 青少年犯罪问题，2016，203（2）：82-87.

② YBARRA M L, LEAF P J, DIENER-WEST M. Sex differences in youth-reported depressive symptomatology and unwanted internet sexual solicitation. Journal of medical Internet research, 2004, 6 (1): e5.

③ WOLAK J, FINKELHOR D, MITCHELL K J. Internet-initiated sex crimes against minors: Implications for prevention based on findings from a national study [J]. Journal of Adolescent Health, 2004, 35 (5): 424.

④ 访谈对象：编辑 MJC20200602，Y 县 B 镇派出所工作人员。

可能已经遭受了长时间的性侵害，并且也非少数留守儿童受到侵害。在已经公开的案件中，每个案件其受害者往往都有十几例。

（四）师源性性侵害问题较为严峻

除了以上特点外，在熟人作案类型中不能忽视发生在校园环境中的教师针对留守儿童的性侵害问题。对 Y 县的实地调研发现，在学校环境中留守儿童仍可能遭受性侵害风险。在学校生活场域中，性侵害实施者往往为教师。在中小学阶段，教师在儿童校园学习和生活中扮演绝对权威的角色，教师的权威使得儿童将教师作为生活中的重要他人，并给予信任。然而，教师极有可能利用自身拥有的权威和儿童的信任对他们进行性侵害和性剥削①。调研发现受到性侵害的留守儿童具有以下特点。

第一，受到性侵害的留守儿童年龄较小、数量较多。研究中发现，在校园内遭受性侵害的留守儿童年龄分布在 8~13 岁，均为低龄留守儿童，平均受害年龄为 9.5 岁。此外，相对于其他犯罪分子针对留守儿童的性侵害而言，多数师源性性侵害者不仅仅针对一名留守儿童，往往是对数名留守儿童进行性侵害。

第二，以留守女童为主，教师和学校其他职工年龄、职业素养等特点影响其性侵害行为。研究发现受到性侵害的留守儿童中以留守女童为主，性侵害者主要是任课教师，同时也有部分属于校内其他职工。以张某华性侵害案为例，张某华在担任某村小学班主任期间，他以关心留守儿童学习生活为名，每天放学便单独留下班内几名学习较差的留守儿童单独给予辅导，在此期间多次对她们进行猥亵。法律援助机构工作人员向研究者提供的案例也可以作为师源性侵害的重要例证。

> 留守儿童雯雯在 Y 县某学校上学，平时性格乖巧懂事。由于父母在外务工而且学校离家较远，雯雯便在学校住宿，半月回一次老家。今年 3 月的一天，雯雯在宿舍休息被潜入的刘某侵害。事发后，雯雯将被"刘某欺负"的情况告诉一位女老师，女老师感到事态严重，随即告知校长并报警。②

从实施性侵害的教师性别和身份来看，所有的性侵害者都是男教师，其中主要是未经过培训或认证的教师或者所谓的民办教师。此外，针对留守儿童进

---

① KNOLL J. Teacher sexual misconduct：Grooming patterns and female offenders ［J］. Journal of Child Sexual Abuse，2010，19（4）：371-386.

② 访谈对象编码：FMYZ20200603，女，34 岁，Y 县法律援助中心工作人员。

63

行侵害的教师中已婚教师占大多数，或者说已婚教师比未婚教师更容易对留守儿童进行性侵害。目前尚不清楚为何已婚教师更容易对留守儿童实施性侵害。一般认为已婚教师自身可能承担父亲角色，所以他们被期望对学生要像父亲对待子女那样，然而现实情况恰好相反。此外，从实施性侵害教师的从业时间来看，针对留守儿童实施性虐待的老师往往具有较为丰富的教学经验，一般具备10年左右的从业经历，不过这些教师并不具备专业的教学背景，仍以民办或转业教师为主，同时对有关儿童保护的法律法规并不熟悉。这一发现表明，教师专业化程度低、不熟悉公共服务法规的教师，比其他有经验的教师更容易对照管的儿童进行性虐待。"以前那个时候缺老师，学校办学也不规范，老师待遇低，很多老师都是民办老师，也有一些是从社会上招来的，他们当中的一些人平时跟学生不清不楚，你问的这些事儿基本上都出在那个时候，现在好多了。"① 针对实施性侵害场所的研究发现，对留守儿童的性侵害大多发生在学校的教室、走廊、办公室、宿舍、厕所等公共和隐私性场所。

第三，留守儿童自身的弱势地位使得该群体容易成为性侵害对象。大多数师源性性侵害者选择留守儿童的原因有两个。一方面父母对留守儿童无法实施有效监护，同时替代监护人缺乏对留守儿童的关心与照护，为潜在的教师性侵害者提供了相应的机会。同时，在校园生活中部分留守儿童不善于交往，被同伴孤立，或者学习能力较低，教师的额外关注往往使他们感到被关心、关爱，因此他们对不端行为缺乏警惕性。与此相关，部分教师则会针对留守儿童中那些对额外关注感到特别满意的弱势或边缘学生进行性侵害。另一方面，对中小学阶段的留守儿童而言，面对来自教师的性侵害，他们往往无能为力。除了留守儿童年龄较小、缺乏相应的性知识和权能、无法维护自身权益外，教师本身所具备的留守儿童校内监护人和法律赋予的教师身份的双重角色，使他们可以将自己作为监护者的角色与防止儿童泄密的合法权利结合起来，这在很大程度上能够防止留守儿童泄露相关秘密。

第四，留守儿童校内性侵害隐蔽性较高。留守儿童校内性侵害隐蔽性体现在两个方面。一方面，留守儿童校内性侵害发生后一般不会主动寻求监护人的帮助，导致性侵害问题难以被发现；另一方面，留守儿童及家长与性侵害教师达成某种妥协，使得家长不对性侵害教师进行控告和起诉，从而使得性侵害事件被进一步掩盖。在 Y 县实地调研期间，对村主任、村民等知情者的访谈发现，某些被老师性侵害的留守儿童及其家长往往会与作为犯罪行为人的教师或学校

---

① 访谈对象：编码 FM20200604，中学老师，女，33 岁。

达成妥协，以防止性侵害事件被披露后影响家庭声誉及造成儿童心理压力，而采取这种举措也使得教师能够逃避法律制裁。Y 县某镇中学的老师，在其担任班主任和任课老师期间对曾经是留守儿童的琳琳实施性侵害，后来发展为畸形的"恋爱"关系，并以此为幌子继续与其保持性关系，直到最终被大学毕业的琳琳告上法庭。在此期间，该教师对琳琳的性侵害一直未被发现。

首先由于权力分化，面对在权力和地位方面具有优势的教师，留守儿童根本无法维护自身权益。由于留守儿童在学校生活中一直处于教师的监管中，留守儿童不报告的可能性更大。同时，在传统文化中教师往往被赋予家长与教师的双重角色①，在现实生活中教师同样承担校园中照护留守儿童的任务，因此，留守儿童会因为教师的权力和权威地位而减少对施加性侵害事件的披露。最后，在农村社区中，教师作为地方精英其本身已经与地方教育机构、治安管理机构等形成某种利益共同体，某些教师已经成为当地社区中有影响力的成员，性侵害事件即便被披露也会在基层不同势力的博弈与撮合下"冷处理"，并且家长往往出于自身家庭利益的综合考量选择妥协。"这个事情发生后，家长告到镇教委就是让处理这个老师。因为这个老师在镇上教书很多年了，所以教委的人、派出所的人、学校的人都跟他认识，所以当时派出所、学校直接把这个老师保起来了，后来就把他调到其他镇上教书了，在这期间不让他上课，然后让他低调，也不轻易露面。学校也给家长赔情、做工作，过了半年多这事儿就算过去了。"②

第五，教师对留守儿童施加的侵害经过了较长的"自我装扮"过程。自我伪装是一种有意识的、有意的精心安排的方法，目的是通过该方法使留守儿童在与教师互动过程中能够允许对留守儿童进行性接触并使留守儿童保守秘密。自我装扮过程包括性侵害实施者在侵害准备阶段使用的各种手段。通过这些方法确保受到性侵害的留守儿童能够与性侵害者共同维持性虐待关系并保持秘密，防止被监护人等发现③。这种"自我装扮"使留守儿童很难察觉与教师互动中可能包含的潜在性侵害风险。师源性性侵害者针对留守儿童的"自我装扮"及性侵害过程见图 3-2。

在学校环境中，教师与学生之间存在天然的权力不平衡的状况，并且包括

① 李朝霞. 心理学 [M]. 武汉：中国地质大学出版社，2013：296.

② 访谈对象：编码 FM20200605，女，30 岁，某镇六年级班主任。

③ WHITTLE H C, HAMILTON-GIACHRITSIS C, BEECH A R. Victims' voices：The impact of online grooming and sexual abuse [J]. Universal Journal of Psychology, 2013, 1 (2)：59-71.

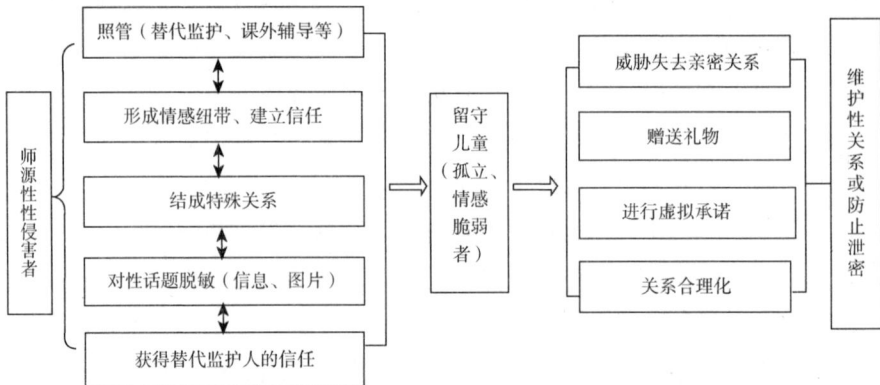

图 3-2　师源性性侵害者"自我装扮"及关系维持过程

留守儿童在内的其他未成年人往往将教师视为自身探索外界环境的安全基地[①]，对教师怀有情感方面的依恋，以上关系使得可能对留守儿童进行性侵害的老师"自我装扮"的过程更加容易。在与留守儿童接触过程中，某些意图对其进行性侵害的教师往往通过与儿童形成某种"特殊关系"以取得他们的服从。在校园内，性侵害者往往通过监护、照顾或者单独辅导及安排任务的方法将留守儿童与同伴分开，大多数留守儿童都对来自教师的积极关注做出回应，教师的额外辅导或者照顾对留守儿童会产生相当大的影响，使留守儿童感觉被老师重视、关爱，从而促使其与教师之间建立信任关系以及亲密的情感联系。在此过程中，由于监护人不在场，性侵害者就可以对留守儿童与监护人进行隔离，一旦留守儿童被孤立，潜在的受害者就更容易被利用和操纵进入性关系。

通过建立特殊关系，在取得留守儿童信任的基础上，性侵害者会寻求与留守儿童的亲密接触，并通过身体接触或者发送信息图片等形式测试儿童对"性"的认识和反应，通过这种方式，犯罪者试图使性"正常化"，并使作为性侵害目标的留守儿童脱敏。在实施性侵害前，性侵害者会进一步确保自身的行为不被发现，其中的重要举措即取得留守儿童父母、祖父母等监护人和替代性监护人的信任。在乡土社会中教师仍然具有传道授业的多种任务及享有崇高的身份，在社区中被崇敬和信赖，这种身份、地位使得潜在实施性侵害的教师容易获得父母、祖父母等留守儿童监护人、替代性监护人的信任，对教师与留守儿童的互动行为放松戒备，甚至当受到侵害的留守儿童向父母或者祖父母等监护人或者替代性监护人进行求助时，监护人或者替代性监护人往往对孩子提供的信息

---

① 李辉．学前儿童社会教育［M］．南京：东南大学出版社，2016：108.

选择忽略，造成性侵害难以被发现。

建立关系之后，意图继续进行性侵害或者掩盖自身性侵害行为的教师会利用各种策略来确保受到侵害的留守儿童保密，这些手段包括向留守儿童赠送礼物、陪写作业、邀请用餐等方式，此外也会用威胁结束亲密关系、不再关心他们的策略保证儿童继续在其掌控之下。同时，性侵害者会将"性"关系正常化，以恋爱或结婚的名义扭曲性侵害的事实，或者给予受到性侵害的留守儿童以虚假的承诺，以继续维持"性关系"。

当然，师源性性侵害者并不是对所有的留守儿童都实施性侵害，而是有重点地选择那些脆弱、被孤立或情感上需要帮助的留守儿童。总体来说，相对于其他父母监护较为健全的儿童而言，由于留守儿童其父母不在他们身边，使他们缺乏有效监护，减少了留守儿童泄密的可能性。此外，由于父母长期不在身边，留守儿童与父母关系疏远或者情感疏离，而留守儿童与父母之间存在的问题也往往使他们更倾向于不向父母披露相关事件，从而使性侵害问题长时间难以被发现，同时也进一步保护了性侵害者。

第四章

农村留守儿童性侵害社会环境风险分析

留守儿童在社区、学校、家庭等生活场域中遭受到不同类型的性侵害使我们不得不全面反思导致他们遭受性侵害的诸多因素。只有对留守儿童面临的性侵害问题的原因进行综合考察，才能破除既有成见的桎梏。社会学家米尔斯（Mills）在《社会学的想象力》一书中指出，只有将个人经历和问题置于更为宏大的社会结构和背景中去理解，才能恰当认识个人生活历程与历史、社会结构之间的互动关系。因此，对留守儿童遭受的性侵害风险的认识和解读同样需要社会学的想象力。

第一节　留守儿童性侵害文化风险因子分析

宏观社会规范、价值观、制度与文化等构成了社会学家爱米尔·涂尔干（Émile Durkheim）所称谓的社会事实，同时也是留守儿童生活其中却无法直接感知的社会环境的有机组成部分。某一历史阶段的社会事实影响了该阶段的社会心态。进一步言之，社会心态指的是社会某个时间段内弥漫于其中的带有普遍色彩的社会情绪、感受和价值取向①。从文化社会学的角度而言，社会心态属于深层次社会文化的一部分，即以观念文化形态存在的文化深层次结构②。社会心态既受传统文化的影响，同时也受社会舆论、时尚流行等当下社会客观现实的制约，另外在剧烈的社会变革中社会心态也会发生较大的变迁。就性侵害问题而言，外部客观存在的宏观社会文化与社会环境相互影响共同塑造了某一个时期社会成员对有关留守儿童性侵害与保护等问题的社会心态。这种社会心态

---

① 杨宜音. 个体与宏观社会的心理关系：社会心态概念的界定［J］. 社会学研究，2006（4）：117-131.

② 李静，何云峰，冯显诚. 论社会心态的本质、表现形式及其作用［J］. 华东理工大学学报：社会科学版，2003，18（4）：39-45.

影响了个体、家庭、学校等社会成员和社会组织对留守儿童性侵害的观点。针对农村地区留守儿童性侵害问题而言,儿童、监护人、性侵害实施者等对儿童性侵害问题的社会心态极大影响了该问题的产生和发展状况。

一、传统父权—家长制文化观念蕴含的风险因素

文化观念与留守儿童性侵害有三个主要方面的关系:文化信仰或态度如何影响留守儿童可能受到虐待的家庭环境,文化如何禁止或阻碍信息披露,文化如何在受到性侵害的儿童寻求或接受社会服务或心理健康援助方面发挥作用。对我国而言,父权制文化是我国长期存在的一种深层次文化结构,这种文化模式对我国留守儿童性侵害等问题产生了重要影响。在我国传统封建社会中,父权—家长制既是家庭的基本制度和文化结构,同时也构成了国家权力结构的基本形态。父权—家长制的核心是以男性在家庭中占据主导地位为标志,在家庭决策、劳动分工、政治参与等方面建构了有益于男性统治的制度规范和文化观念。在父权—家长制的影响下,男性在家庭、社会中占据优势地位,妇女和儿童成为个人和家庭私产,妇女和儿童的个人权利意识被压抑消弭。新中国成立以后,新生政权对乡村基层社会进行了彻底的改造,因此,土地改革、公社化运动等改变了过去乡村社会的权力结构,破坏了以血缘为基础的宗族和父权—家长制等的生存基础。然而,在乡村社区格局中父系/父姓、从父居/从夫居和父权等结构并未消失①。同时,虽然社会变迁但形成于其上的关于性别不平等和不尊重儿童权利的观念由于文化滞后仍然延续下来,深刻影响了人们的行为规范和对男女两性不同的性别角色期待,增加了留守儿童性侵害的加害风险和受害风险。

(一) 父权—家长制的内涵

父权—家长制也称为父权制(patriarchy),其思想最早出自《圣经·旧约》,19世纪人类学家H.梅因(Sir H. Maine)将该概念引入其有关法律思想的研究中。梅因指出父权主义的特征是在家庭中年龄最长的男性居于至高无上的地位,掌握了家庭资源的分配和对其他家庭成员如妇女、儿童的一切权利甚至生死②。由此可见,父权制是一种权力等级结构体系,这种权力体系构成了以男性为主导的社会中其他社会制度和价值观的基础。该制度根本上是以维护男性权力为

---

① 金一虹. 流动的父权 [M]. 南京:南京师范大学出版社,2015:541.
② [澳]马尔科姆·沃特斯. 现代社会学理论 [M]. 杨善华,李康,等译. 北京:华夏出版社,2000:268.

导向，使男性在社会生活的各个层面成为占据优势者①，并通过社会制度（政策、组织、角色和社会期望）与行为赋予男性特权（地位、价值与声望），使得性别不平等的现象能够维持并合理化②。

父权制使得男性对女性的控制合法化，在社会性别角色方面女性被形塑为弱势角色并成为男性的附庸。我们一般可以将父权制的内涵概括为以下四点。

第一，男性统治。将男女由于性别差异而导致的分工等方面的不同合理化，并认为男性优于女性，因此男性统治以及对女性的控制是合理的，并通过文化、制度等将男尊女卑的观念深植于社会生活的各个层面。

第二，男性气质。男性气质来源于男性性别角色以及社会对男性身体和精神气质的期待，是社会文化建构的男性性别特征，父权制则将男性气质与社会价值观相等同，推崇男性气质，贬低女性气质。

第三，女性客体化。由于性别分工的差异，女性被排斥于公共领域之外，无法通过参与市场劳动获得经济收入从而在家庭和经济生活中独立。并且，女性、女童等承担了大量的家务劳动，然而家庭生活中女性的贡献和价值不被承认，这使得男性可以剥削女性劳动。此外，女性和女童不能作为宗祧的主体，因此她们也无权继承财产，不仅如此，她们甚至可以被当作男性的财产来支配和控制。

第四，父权式思维。父权制对人们的思维方式产生了潜在的引导和决定作用，使得公众对男女不同性别的社会个体产生了不同的刻板印象。父权式思维随着教育、政治、宗教及大众传播等方式渗入个人及其生活中，久而久之每个人自然对社会上所发生的现象抱持着父权的思维③。

（二）传统性别观念与留守儿童性侵害

经过漫长的历史演变和制度构建，父权制形成了从宏观到微观的文化生产和再生产系统。在性别制度和文化观念层面，通过对日常生活世界中的道德规范、伦理制度的建构形成了指导人们生活的行为逻辑。此外，父权制利用语言文字等象征符号系统形成了有利于男性统治的哲学体系、信仰精神，并将男女两性分别置于尊卑、贵贱、强弱、主从的等级关系结构中，使女性的依附性特

① KATHRYN M Y. The patriarchal bargain and intergenerational coresidence in Egypt [J]. Sociological Quarterly, 2010, 46（1）: 137-164.

② LINDA A. Fathers, sons, and wealth in colonial windsor, connecticut [J]. Journal of Family History, 1978, 3（2）: 136-149.

③ 吴瑾嫣. 女性游民研究：家的另类意涵 [J]. 应用心理研究, 2000（8）: 83-120.

质浸透在她们的意识、行为、风俗等生活场域的各个层面,强化了女性弱势地位惯习系统,使男性对女性的强势地位得以保留延续。

对于以上问题在《男性统治》一书中社会学家布迪厄(Bourdieu)曾经进行了深入分析。布迪厄指出随着社会分化产生了多个场域,在不同的场域中男性都获取了其优势地位,在父权制以男性为中心的体系下,社会政治、经济和家庭等宏观和微观场域中,男性的统治方式和控制女性的手段都趋于隐蔽,并造就了人们对两性关系的误识,掩盖了女性无权和男性控制的实际状况,"任何支配,如果不通过使人们误识作为支配基础的任意武断性,从而获得人们的认可,就不能维持自身"①,布迪厄将这种父权制文化中男性对女性所运用的暴力称为"象征暴力",由于其隐蔽性因此很难被察觉,女性在潜移默化中往往接受了这种暴力的合法性。

男性利用"象征暴力"将其统治合法性的意识深植于被统治的女性意识之中,形成女性行为习惯从而自觉接受男性对女性施加的不合理行为,在女性与男性自觉配合的共谋中父权制的潜在制度结构持续存在。这使得当面临男性对女性施加的性侵害时女性常常将其合理化,并反思自身行为的不恰当性,从而产生诸多性侵害迷思。借助"象征暴力"的符号资本,以男性为中心的性别角色传统强调男尊女卑、男强女弱。理想的男性性别角色被期待为强力、侵略、支配;女性性别角色则被期待为谦卑、顺从和被动等。如上文所述,这种性别期待被渗透于男女两性的惯习系统中。惯习作为男女性别角色固化的主要机制,它不仅具有稳定性,同样凭借社教化的途径寄居在个体的身体内②,这种身体惯习可以对身体产生一种禁锢。社教化则主要是依托家庭针对男女两性的性别教育、社会舆论和公共媒体以及社会组织等隐性或显性的关于不同性别个体的角色塑造而实现的。身体惯习不仅会影响个体的行为特征、语言谈吐、行事方式,同样会影响个体的思想观念和价值判断,也即布迪厄所说的惯习将"实践的感知图式融合进了实践活动和思维活动中"③。惯习通过社交化的途径可以不断复制自身,由此可知男女两性在社教化过程中通过不同内容的性别教育,形成性别文化的生产和再生产。在此过程中代表男性中心的父权制不断延续、强化。对男性而言,与女性的互动中"性"不是体现爱情等精神内容的手段,而是用

① 华康德. 论符号权力的轨迹 [J]. 国外社会学, 1995 (4): 28.
② [法] 皮埃尔·布迪厄, 华康德. 实践与反思: 反思社会学导引 [M]. 李猛. 李康, 译. 北京: 中央编译出版社, 1998: 227.
③ [法] 皮埃尔·布迪厄, 华康德. 实践与反思: 反思社会学导引 [M]. 李猛. 李康, 译. 北京: 中央编译出版社, 1998: 184.

以表达对女性占有、控制和自身权力的方式，用以体现父权的价值、权威和尊严。对男性而言，这种思想和价值观念如惯习理论所指称的往往是处于无意识的状态。当性侵害者针对留守女童实施的性侵害行为被发现时，他们会把这种性别不平等的逻辑合法化为性侵害行为的借口和理由，处于弱势地位的留守女童则成为其满足性需求的工具。

作为受到性侵害的留守女童，即便意识到自身遭受了性侵害也往往会陷入自责陷阱中，不去揭露或者寻求帮助，"我没有跟爸妈他们说，他们不在我身边，也不想跟爷爷说，我害怕，我怕他们骂我，我觉得是我错了"。同时，男性则会进一步强化受侵害的留守女童的"自责"状态或者使其认为侵害行为是合理化的感情表达方式，是另一种关心和关爱举措。吊诡的是，当受到性侵害的留守女童将性侵害经历告知母亲或向母亲求助时，某些女性家长却无法为女童提供保护，她们同样将性侵害发生的原因归咎于女童，或者让受到性侵害的留守女童忍耐不要声张，"我不知道怎么对我妈说这件事，我妈她特别相信继父，后面还是说了出来，我妈就安慰我先不要和任何人说这件事"。受父权制的影响，性侵害实施者普遍对受侵害的留守儿童缺乏同理心。

有研究指出，性侵害实施者的父权心态与对被性侵害儿童的同理心存在显著正相关关系。性侵害者认为，自身的性侵害行为只是出于与性侵害对象的玩乐，并非对其施加的伤害，因此受害儿童遭受的伤害是不存在的，所以并不需要对自身行为负责，也不用对儿童道歉。就此而言，性侵害实施者无法顾及受到侵害的儿童可能遭受的生理和心理创伤，单纯依靠性侵害者自我道德约束无法有效阻止性侵害的发生，因此也激发了潜在性侵害实施者对留守儿童可能施加性侵害的动机。综上言之，传统性别观念会增加针对留守女童发生的性侵害加害风险和留守女童本身的受害风险。

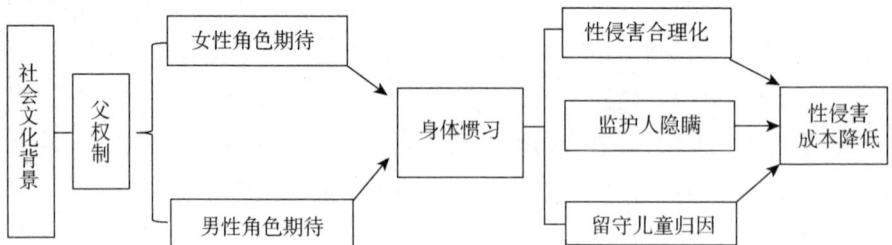

图4-1 传统性别角色与留守女童性侵害

二、贞操观与孝道观念对留守儿童性侵害的影响

（一）贞操观与留守儿童性侵害

"贞操观"是另一种父权制文化下的性别观念迷思，意味着对男女两性不同的性别标准。关于贞操观念的起源，恩格斯在《家庭、私有制和国家的起源》一书中有过深刻论述。恩格斯指出，在原始社会人类群居状态下并无家庭、贞操的形式和观念，伴随着人类社会的发展，人类逐渐摆脱过去的群居杂交的性关系混乱状态，开始产生以习俗等形式存在的某种社会禁例。这种社会禁例的产生说明人类开始用社会规范限定两性关系，这种关系已经不是"杂乱性交"，而是一种"婚姻关系"。不过这一时期的婚姻关系还停留在群婚阶段，所谓的贞操观念远未形成。随着与婚姻关系相关的禁例越来越多，婚姻关系的对象范围越来越狭窄，人类社会开始由群婚向个体婚姻关系转变。由此，人类社会以历史发展的不同阶段产生了以下四种婚姻形式，即血婚制家庭（consanguine family）、伙婚制家庭（punaluan family）、偶婚制家庭（syndyasmian family）、专偶制家庭（monosamian family）。随着人类婚姻制度的不断发展，贞操观念也随之出现。在偶婚制家庭阶段，随着社会生产力的不断进步，家庭财富增加，丈夫在家庭生产中的地位和作用日益凸显，随之而来的是父亲地位和母权制之间的矛盾，解决的策略便是母权制的废除，父权制的确立。父权支配整个家庭，父权制家庭不仅包括妻子、子女等自由人，也包括若干非自由人①。为了确保财产在父系家庭中得以继承和延续，父亲必须保证继承财产的子女出自特定的母亲，进而保证子女是自己的，因此维护女性贞操成为家庭财富继承的首要任务。

在家庭中对女性贞操的确立和控制成为父权支配妇女建立起来的不平等两性关系的主要内容和形式。这种关系通过男性对婚姻与家庭财产所有权的支配和控制将其对女性身体支配权的控制连接起来。通过对女性贞操的强调，男性完成了对女性身体的支配和占有，并以此确保财产的继承。因此，在父权制文化中传统的性道德观念被一再强调，解释了女性贞操、忠诚与性生活清白对男性的重要性②。换言之，贞操观念并不是平等地对男女两性的约束，而是男性单方面的对女性性道德和性行为的控制和禁锢。就我国而言，商周时代贞操观念便已形成，然而秦汉以前，贞操观念对女性的约束并不严密，或者说该观念较

---

① 吴铎.《家庭、私有制的国家的起源》读书札记［M］.上海：华东师范大学出版社，1984：37.

② 刘晓陶，黄丹麾.身体与图像［J］.天津美术学院学报，2017，121（10）：92-95.

为宽泛。秦汉之后贞操观念伴随着"三纲五常"等封建礼教制度的形成对女性的控制和压抑愈益深刻，至宋代达到高峰，明清时期益发巩固①。这种两性不平等的贞操观念随着历朝历代的阐释发扬，传统知识分子的建构解读乃至无限拔高，上升到了"存天理、灭人欲""饿死事小，失节事大"的生命与身体相对立的地步。传统封建社会政府更是通过朝廷旌表、制度奖励和礼教教化②，建构出压迫女性的贞洁耻感，并使之成为普遍存在的社会现实。从布迪厄的实践理论来看，这种社会现实已经成为女性生活场域内的主要符号资本和象征暴力。同时该理论也指出场域影响、形塑着惯习，而惯习则有助于把场域构建成一个充满意义的世界。换言之，"实践理论要同时考虑外在性的内在化和内在性的外在化的双重过程"，即场域本身限定了惯习的内容和结构。就贞操观念对男女两性的性行为、性别关系的限定而言，场域的结构（贞操观念、性别关系）限定了在其中活动的男女两性的惯习，影响了他们对待性侵害等问题的看法以及对该问题的处理策略。

通过符号资本和象征暴力，父权制以男性为中心建立的社会结构和性别认知结构被社会成员认为是理所当然的，这其中当然包括维护男性在性关系中的强势地位以及女性贞操观念的认知图式。女性往往将这种认知图式也作为自己行为的理念，将遭受到性侵害污名化为自身的不洁，从而缺乏主动寻求帮助的动机。在《反思社会学导引》一书中，布迪厄写道："一种性别关系与充满两性不平等的社会世界之间存在的直接相符关系。"③ 可以说明当女性遭受性侵害时她们与性侵害实施者主动参与合谋，去捍卫这种侵害行为或为之辩护。

在调研中很清楚地发现，性侵害实施者怎样巧妙利用遭受到性侵害的留守女童的贞洁耻感而威胁、恐吓或诱骗她们对性侵害事件进行保密的。乡土社会的熟人化特征，使得居民之间建立了熟悉且紧密的关系，因此在家内留守的孩子被性侵害的事实一旦被熟人关系网络中的人所知，来自社会关系网络中的人的无论是"关心"还是"指责"，无论是善意还是恶意，最终都反刍到脆弱的受害人身上，换言之受到侵害的留守儿童必须承受来自家庭、社区中的压力。这种压力也使得遭受性侵害的留守儿童对自己遭受的性侵害经历最常采取的措

---

① 陕西省妇女理论、婚姻家庭研究会，陕西省妇女联合会. 女性问题在当代的思考 [M]. 西安：陕西人民出版社，1988：150.

② 龙迪. 性之耻，还是伤之痛——中国家庭外儿童性侵害犯家庭经验探索性研究 [M]. 桂林：广西师范大学出版社，2007.

③ [法] 皮埃尔·布迪厄，华康德. 实践与反思：反思社会学导引 [M]. 李猛，李康，译. 北京：中央编译出版社，1998：321.

施便是"想忘记",尽量减少性虐待的重要性。同时留守儿童害怕自己披露了被侵害的经历后遭受其他人的排斥,或者"害怕别人会怎么想",他们会自责,害怕被人怀疑,觉得自己是一个自愿的参与者等。

同样,家庭作为社区中的独立单位也会遭受村落中其他村民的非议。在农村社会,熟人关系网络中的成员和组织形成了某种"共犯结构",受到性侵害的留守女童成为处于社会关系结构中的"结构人质",随时可能会遭受来自关系网络中的熟人的群体性猎杀①。对遭受到性侵害的留守女童而言,揭露性侵害经历给她们带来的"责备受害者"压力("那个人威胁我不让我告诉我家里人,不然他就让全学校的人都知道")以及性侵害行为本身对其造成的污名化陷阱使她们不愿意揭露性侵害事件。李银河博士曾试图通过用身体伤害罪来代替强奸罪,以此来消解文化构建意义上对性的归罪化②。这种对性的归罪化使得污名化和"责备受害者"的压力,不但给被性侵害的留守女童带来伤害而且也造成受害家庭缺乏为受到性侵害的未成年子女主张权力的动力("一旦传出去,孩子的名声也毁了,将来怎么找婆家,家长的脸也丢尽了")在"家丑不可外扬"的考量下选择沉默或者与性侵害者私了("如果报案,这件事很快就会在四邻八乡传开,传开了你在这个村子里你就完了")。

这种受到性侵害留守女童和家庭的压力和考量,对实施性侵害的人而言间接降低了他们面临的保密性压力,以及一旦被发现后受到法律制裁的危险,犯罪法律成本的降低增加了留守儿童被性侵害的风险和性侵害者的加害风险。

(二)"孝道"观念与留守儿童性侵害风险

学者徐复观等人认为我国传统孝道观念的产生虽然由来已久,但是孝道观念的形成并非悠久。早在殷商时代,虽然祖先崇拜观念已经形成,但是此时的祖先崇拜具有更多的宗教意味,其道德实践和道德规约力并不强烈。因此,殷商时代有关孝顺父母的孝道观念并不明显,更没有形成后代封建王朝社会文化中强烈系统的孝道伦理观念③。随着社会发展至周代以后,宗法制社会建立,与此相适应的父权制度和文化逐渐形成、发展、建构起来,带有父权文化色彩的婚姻制度、财产继承制度、性别角色、性别文化等逐步发展。维持父权制度和封建宗法制的孝道伦理和观念随之形成。春秋时期,著名思想家孔子更是将孝道作为一种伦理规范加以强调和系统化,使其成为一种规范亲子关系的重要规

---

① 刘再复. 悲剧与荒诞剧的双重意蕴 [J]. 读书,2005 (7):142-152.

② 李银河. 中国女性的感情与性 [M]. 呼和浩特:内蒙古大学出版社,2009.

③ 徐复观. 中国思想史论集 [M]. 台北:学生书局,1975.

则并进一步将其与社会制度相结合成为规范宏观社会关系、君臣关系的关键性制度①。不过此时的孝道观念仍然是平等的亲子关系形式，尚未彰显父母在亲子关系中的强势地位，自汉代以后，"孝道"从原本以"德行"为中心逐渐转变成以"权威"为核心。特别是随着"三纲五常"等封建伦理道德的成熟和完善以及封建专制制度的强化，孝道中长幼上下秩序的排比观念更加巩固，自此以后的历朝历代，孝道就成为家庭和国家政权强化封建等级秩序和权力结构的主要工具。

学者杨国枢根据历代典籍中关于孝道的论述曾经总结出敬爱双亲、顺从双亲、谏亲以理、事亲以礼等 15 种关于孝道的标准②。总体言之，这些标准可以概括为"尊恳奉祭双亲""抑顺护荣双亲"等方面的内容，有学者将其称为孝道的"相互性"和"威权性"，即"尊恳奉祭双亲"体现为孝道的相互性，"抑顺护荣双亲"体现为孝道的"威权性"③。然而，对于未成年儿童来说，"孝道"作为一种社会文化和价值规范，是一种长久存在的社会设置，是先于其存在的一种社会结构性存在。在父权制的文化场域中，儿童并不具备挑战和更改孝道观念的权力，同时也无法改变在亲子互动或者与师长等成人互动过程中的权力不平等状态，对他们而言只能被动接受，正如费孝通教授在《生育制度》中指出的"孩子碰着的不是一个为他方便而设下的世界，而是一个为成人们方便所布置下的园地"④。家庭抚育功能的主要方面即在于通过布迪厄所说的社教化的过程，将权力变为符号暴力使得儿童能够主动接受。

"孝道"所勾连的是相对于儿童，父母权力的无限性和儿童权利的被消解性，在"孝道"观念中儿童的主体性消失了。"孝道"伦理与西方社会中将子女视为父母财产的观点存在相同之处。正如社会学家涂尔干指出的父母养育子女，子女受父母支配⑤。在这种不平等的权力关系中，儿童既不能掌控自己人身，也不能掌控自己的财富，也没有民事责任，该责任转移给了家长。此时，子女并没有独立的人格和独特的利益。作为父权制的重要组成部分，孝道观念

① 韦政通. 中国孝道思想的演变及其问题 [J]. 现代学苑, 1969 (3)：1-10.
② 杨国枢, 叶光辉. 孝道的心理学研究：理论、方法及发现 [M] //高尚仁, 杨中芳. 中国人中国心：传统篇 [M]. 台北：远流出版公司, 1991.
③ 叶光辉. 台湾民众之孝道观念的变迁情形 [M] //张苙云, 吕玉瑕, 王甫昌. 90 年代的台湾社会：社会变迁基本调查研究系列二：下 [M]. 台北："中研院"社会学研究所筹备处, 1997.
④ 费孝通. 生育制度 [M]. 北京：商务印书馆, 2008：137.
⑤ DURKHEIM E. Incest：The Nature and Origin of the Taboo [M] New York：L. Stuart, 1963.

以及在此基础上构建的等级意识和文化形态构成了严密的社会伦理规范。在家庭场域中，父亲、长辈乃至成人的权力是绝对的，未成年子女缺乏独立人格而成为家长的附属物。

在家庭、学校等社会化机构，向年轻人传授孝道观念一直被视为教师和家长的基本职责，在日常生活中父母、教师等直接向子女、学生提供严格纪律的文化，确保孩子们在学校的表现令人满意并培养他们对长辈和教师的恭敬，确保孝道能够适用于学校等场域的师生、上下级等一类的权力关系之中。由于孝道观念不尊重儿童权利，因此很容易给家长性侵害儿童提供合理化的借口和条件，"他也一直在解释他的那些行为（性侵害行为）都是太爱我"。同样，某些替代性监护人，当留守女童遭受家庭成员或教师等人的性骚扰或者侵害时，往往捍卫或者为教师的性侵害行为寻找理由，当被问及将如何应对性侵害犯时，大多数参与者都表示，他们会在家庭内部保守攻击的秘密，因为他们害怕遭到社会的排斥和指责。在对 Y 县曾经遭受性侵害留守儿童的调研中发现，当遭受到教师性侵害的留守女童向其他老师寻求帮助时，其他老师往往向受害者传递这样的观点："这人性格就是这么大大咧咧，他没注意那么多，所以才会那样的。"对于留守儿童来说，他们遭受性侵害的时候往往是最脆弱的时候，由于性侵害他们的可能就是监护人或者老师，因此他们面临拒绝与身体受损的双重困境，"就在这个时候，爷爷突然开始脱我的内裤，把内裤拉到了膝盖的位置，然后用手摸我的下体，接着手就一直放在那里。我很害怕，当时很傻，不知道这是在做什么，还一点都不敢动"，并且一旦发生这种性侵害，由于监护人缺场，被性侵害的留守儿童往往没有有效的自我保护手段。

此外，以儒家哲学为基础的传统孝道（顺从和忠诚）使得留守儿童更加倾向于隐瞒曾经遭受性侵害的事实，使他们不愿意披露。在父权制社会中长大的留守儿童，不太愿意将他们的家庭成员和其他师长等视为施虐者或控告他们。此外由于在父权制文化中强调未成年子女对父母、师长以及亲属关系网络中的其他长辈成员等尊重和服从的文化期望，受到性侵害的留守儿童甚至意识到熟人的性侵害行为是有害的，可能也很难对作为肇事者的长辈等表示愤怒。同时，对于发生在家庭亲属网络中的性侵害行为，作为监护人的父母或者祖父母等替代型监护人也可能选择隐藏相关信息，即便是作为受害者的留守儿童多次向监护人进行求助，为防止该事件给家庭团结与和平带来冲突或破坏的感情，监护人也极可能对事件本身保持沉默，从而忽略受到性侵害的留守儿童的利益，"自从那件事发生之后，奶奶就……就跟我说，不要跑出去胡说……就没有这件事情"。同样出于维护家族利益、荣誉的考虑，选择隐瞒也会确保家庭内部的问题不会引起村落社区中其他公众的注意，从而有助于维护家庭的声誉和和睦。

> 然后你奶奶、爷爷他们不愿意让你报警，他们希望跟你姑父他们家好好聊聊，然后把这件事情就这么处理了，甚至按照你爷爷的看法揍他一顿，他们有没有跟你说为什么啊？

> 有啊，他们虽然没明着说，但我爷爷奶奶他们就骂，说真是丢人了，骂我姑父，不是当着面的，骂我说我不懂事，他们害怕丢人、害怕没面子。然后我想他们想私下解决，不要声张就是怕闹大了毁了我们家跟我姑家，还有我们……全部的关系。①

此外，传统孝道观念对亲子关系的影响也使得当留守女童遭受性侵害时缺乏向监护人进行披露的动力。孝道观念强调长辈等的道德和社会化人格，在家庭中父亲角色、母亲角色、子女角色以及其他家庭成员角色都有严格的规定，家庭内的行动和互动规范要与道德的社会教化模式相适应。道德的社会教化模式强调子女与家长的互动要符合社会的角色期待，主张控制情感冲动使彼此的行为与孝道所规定的道德观相适应。因此，这使得子女与家长之间的角色行为和情感状态相分离，造成家庭中子女与父母特别是父亲的关系疏离、敌对，"父子在感情上分隔到极端可以成为贾政和宝玉的关系，这可以说是父权家庭的理想形态。这样的父亲在家内才容易维持他的尊严"，以至"父权社会中当父亲的板起面孔来对付子女"②。子女相应的行为方式则是表面上孝顺父母，内心情感方面则与父母极为疏远，通过沉默、否定或消极对抗的方式来应对孝道的要求。这样的亲子关系模式很难有效保护和支持留守儿童抵制性侵害。对于留守儿童而言，当遭受性侵害时他们往往向朋友或同辈群体中的人进行倾诉，或者选择沉默，总之不愿意向监护人进行披露，以免招致监护人更大的批评和责难。同样，无论监护人缺场还是在场都缺乏体察子女内心情感的动机和能力，缺乏对遭受到性侵害的子女的同理心。

总体而言，在孝道观念影响下，当家庭亲属网络关系成员或者师长成人等对留守女童实施性侵害时，孝道不仅无法保障受到性侵害的留守儿童的权益，反而会被用来作为维护家庭、家族及家长等人荣誉、脸面、地位、利益等的工具，捍卫他们的绝对权威，并将性侵害行为合理化。换言之，孝道观念本身反映了留守儿童和成人之间的权力不平等状态，本质上是为了维护上下等级关系

---

① 访谈对象：编码 FM20200305，女，26 岁。
② 费孝通. 生育制度 [M]. 北京：北京联合出版公司，2018：162.

结构的稳定性和男性的优势地位，这种权力不平等状态对于维护留守儿童利益是没有助益的。此外，亲子关系情感疏离和紧张状态也使得受到性侵害的留守儿童缺乏向家长披露的动力。

在社会心理学领域中，杨国枢教授曾提出华人双文化自我的理论，该理论也许可以用以解释在孝道观念影响下，面对针对留守儿童的性侵害问题，受到性侵害的儿童本身、监护人等的自我维护途径和相关的反应。杨国枢指出，根据华人双文化理论，中国人自我可以分为两部分，一部分为社会取向的自我，另一部分是个人取向的自我①。社会取向的自我其主要特点是个体努力使自己内化宏观社会结构和传统文化与价值理念对自己的要求，使自己能够更好地参与进家族、单位等较大规模和组织中去，确保个体与社会和周围环境更好地融合，从而实现自我对"关爱、人际关系、美感经验、团体情操的追求"②。个人取向的自我则是反映了个体在与环境的互动过程中，个体努力扩展自身的活动区域和空间，以此来同化和控制环境，在此过程中个体能够获得"优越（superiority）、获得（acquisition）、探索（exploration）及成就（achievement）的追求"③，体现个人的独立、自主和自我尊严。社会取向自我又可再分为关系取向自我、家族（团体）取向自我及他人取向自我三种次级成分。不同层级的自我代表了个体与环境中的他人、家族等不同的互动特征。总体而言，社会取向自我、关系取向自我、家族取向自我及他人取向自我都强调个体在与他人和组织的互动过程中努力维持与组织和他人的关系，尽量抑制个人需求和主体性。

分别言之，关系取向的自我主要是通过与他人的符号互动增进彼此的理解，从而维护关系的和谐。关系取向的自我要求互动个体以彼此之间的义务为互动基础，同时它的需求类别是依赖、互相分享、关系性面子等。家族（团体）取向自我则是以增进家族或者团体的利益为互动的主要目的，个体以家族利益为主，同时强调自我对家族或团体的贡献，如对团体尊严、荣誉、利益的维护等。家族取向自我的需求类别则是团体对个人的认同、吸纳和接受。他人取向自我则是以概化他人为互动对象，需求类别是公众性面子、名誉及非特定他人的尊重。在传统乡村聚落中家族取向的自我在个体心理结构中仍然占据主导地位，受此影响，遭受性侵害的留守女童为了维护家庭、父母的荣誉、尊重等可能会主动或被动地拒绝披露相关性侵害信息。特别是对于来自家庭内部的性侵害者

---

① 杨国枢，陆洛．中国人的自我心理学的分析［M］．重庆：重庆大学出版社，2009：91-110.

② 杨国枢．中国人的社会取向：社会互动的观点［M］．台北：桂冠图书公司，1992.

③ 杨国枢．中国人的社会取向：社会互动的观点［M］．台北：桂冠图书公司，1992.

即在家内性侵害类型中，为了维护与性侵害者所述的亲属关系网络、其他成员的关系以及自己家庭的荣誉等，留守儿童监护人包括留守儿童等可能倾向于选择沉默、隐瞒相关的性侵害经历，以维持家庭亲属关系的团结与整合。

三、儿童无性论与儿童性权力的忽视风险

我国当前关于儿童性意识的相关文化和观念仍然受传统性伦理、性观念的影响。受此影响，儿童无性的观念在我国农村地区仍然十分普遍。由于儿童无性论的作用，监护人对与儿童性有关的问题往往采取忽视的态度，这种态度直接导致了对儿童性权力的漠视。由此产生的后果便是在现实生活中监护人对儿童遭受性侵害问题的忽略，或者对儿童性侵害问题缺乏敏感性。儿童也不能谈论与性有关的任何话题。

（一）传统性道德与儿童无性论

性道德是规范性行为和涉性互动的原则与规范的总和。具体而言，性道德通过设置善恶评价的方式来规范和限定人类个体性行为以及涉性交往，以调节不同性别之间的关系。在内容上，性道德主要借助社会舆论、传统风俗习惯以及个体内化的社会规范等来维系并发生调节作用①。性道德会随着社会发展而不断演变，在社会发展的不同阶段会呈现不同特点。从奴隶社会到封建社会以至当下，我国社会性道德经历了开放—禁锢—开放的历史发展阶段。不过就当前我国社会性道德而言，仍然受以传统儒家文化为主体的性道德的影响，属于保守的性道德和性观念②。这种性道德性观念主要体现在对性的污名化和工具性限定，以及对于儿童性权利的漠视。

一个社会的性道德和性观念与该社会普遍的道德观念和价值规范存在密切联系。同样关于性的价值和意义也受更为综合宏观的社会背景文化所规范和制约。李银河博士认为，性的价值和意义可以归结为七种不同类型，即性的生殖意义，性作为爱情的表征，性的权力象征，性的肉体快乐意义，性作为维持生计的工具，性作为维持健康的手段，性作为建立和维持某种人际关系的媒介等③。儒家传统性道德则主张性的工具性意义，将性看作生殖的工具，即性生殖目的论。儒家性道德将性严格限定在生殖范围内，这种对性的严格限定与儒家

---

① 门从国. 中国当代性伦理构建 ［M］. 成都：四川科学技术出版社，2006：6.

② 刘芳. 中国性犯罪立法之现实困境及其出路研究 ［M］. 沈阳：东北大学出版社，2015：38.

③ 李银河. 李银河自选集 ［M］. 呼和浩特：内蒙古大学出版社，2006：10-11.

对家庭伦理关系的强调存在密切关系。本质而言，儒家是以伦理道德为基础的人生哲学和规范体系。如韦伯（Weber）所指出的，"儒教只不过是种伦理罢了……儒教完全是入世的俗人道德伦理"①。韦伯将儒家及其学说定义为儒教自然是对儒家的误读②，然而他对儒家本质的界定凸显了儒家对伦理关系的强调。儒家对性道德和性行为的限定同样体现了儒家的伦理观念。儒家伦理观念强调"孝道"，即子女对父母的责任，而其中最重要的责任便是孟子强调的"不孝有三，无后为大"。性的生殖意义被赋予了传宗接代的伦理意义，除此之外，个人化的性、表达个人情感的性则是不存在的。如学者孙隆基强调的中国是没有个人性的"sexuality"③，性行为必须合乎儒家伦理，绝不是寻求性的快乐。性行为被嵌入儒家伦理体系，承担了生殖和传宗接代的功能，并通过婚姻的形式或者说在结成婚姻的情境中才是合理的，反对一切非婚性行为以及个体性享乐④，它们与生育无关，甚至破坏了生育⑤。

宋明理学对性的否定更是将与性有关的话语和事物压抑、扫除殆尽⑥。宋明理学将儒家、道家、佛教三种意识形态中关于反"性"的观点集中在一起，性的精神禁欲主义发展为理学禁欲主义的主要内容，无论是朱熹强调的"存天理、灭人欲"还是无视个体生命权力的"饿死事小、失节事大"等伦理思想都将性视为污浊、肮脏的，不利于社会、家庭稳定以及个体修身发展。儒家性的唯生殖目的论以及宋明理学对性的压抑和贬损，形塑了传统文化中对性的基本哲学态度和哲学理念。这种基本哲学理念一旦形成，其他关于性的任何话语都受其影响。正如巴格比（Bagby）所指出的，指导人们行为的有多种类型的文化观念和文化集结，其中典型观念和价值对人们行为的影响更为重要，因此可以将这些典型的观念和价值称为文化的基础观念和价值或者称为文化的基本态度和动向⑦。基于此，中国传统儒家性伦理特别是其中的宋明理学对性的贬抑使得中国

① ［德］马克斯·韦伯.中国的宗教：儒教与道教［M］.康乐，简惠美，译.桂林：广西师范大学出版社，2010：213.
② 陈彦军.从祠庙到孔教［M］.北京：知识产权出版社，2016：57.
③ 孙隆基.中国文化的"深层结构"：下［M］.西安：华岳文艺出版社，1988：259-262.
④ 在这里性伦理和性道德体现了明显的阶级性，这种对性的严格限制是适用于被统治阶级的，对统治阶级则体现为一种泛性论，统治阶级男性可以在家庭、婚姻之外寻求性资源，传统性伦理对这种行为保持宽容。参见：郑思礼.中国性文化：一个千年不解之结［M］.北京：中国对外翻译出版公司，1994：405.
⑤ 余和祥.中国传统性风俗及其文化本质［M］.北京：商务印书馆，2014：85-86.
⑥ 潘绥铭，黄盈盈.性社会学［M］.北京：中国人民大学出版社，2011：15.
⑦ ［美］菲利普·巴格比.文化：历史的投影——比较文明研究［M］.夏克，李天纲，陈江岚，译.上海：上海人民出版社，1987：50.

主体文化对性都采取否定的态度。这种对性否定的态度集中体现在伦理规范中性的压抑、性的专制、性的困惑，在现实生活中则是被扭曲、被扼杀的行为和实践。传统文化中体现的性伦理对性基本采取污蔑、扼杀、打击、否定等态度。"文化革命"时期，性逐渐成为革命的政治敌人，这一时期对性伦理和性道德的批判，产生了该时期的"无性文化"。这种无性文化与宋明理学对性的精神禁欲主义的强调合流并形成了性禁忌的巅峰①。这种性伦理和性道德深刻影响并形塑了民间习俗和生活中的性伦理和性观念。

　　禁欲主义的性道德以及性的生殖目的论等对儿童性伦理的影响是显而易见的。依照儒家性伦理，儿童并不承担婚姻内生育的功能，因此他们是无性的。儒家性伦理完全将儿童排除在外，换言之，儒家性伦理和性道德是围绕"成人"而设立的，在成人阶段并且只有到了适龄婚姻阶段才会被传授以性生殖为目的的所谓性生殖教育。性属于成人，儿童则完全是成人的附庸，儿童没有涉性的资格。儒家这种儿童无性论深刻影响了人们对儿童性观念的看法，在现实生活中，人们也认为儿童是无性的，当儿童出现了与性有关的行为如恋爱以及其他涉性的行为，都往往被认为是不合理的，需要通过外部力量的强势介入，消除儿童的性不正常状态。同样，儿童向监护人询问与性相关的知识也被监护人认为是尴尬的，儿童偶然显现的性意识也被监护人当成危险的，同样需要通过对儿童身体和意识的规训使其恢复正常。因此，这种身体和意识的规训在生活中体现为对儿童的责难和批评。这种责难和批评以及对儿童无性的认知并非随着儿童年龄的增长而消失，只要监护人或长辈等认为儿童没有"成婚"，那么与他们谈论性就是不被习俗所认可的。甚至，作为成年人的研究者，在田野调查访谈过程中，发现其他结婚的同龄人或者年长者自由谈性，并试图就相关议题与其交流时，当他们得知研究者还没有结婚便相互提醒，"这里还有没结婚的呢，大家不要谈这个了"。

　　同时农村社区中对男童、女童无性的认识以及性禁忌观念是不同的。在调研中发现，农村社区居民对男童在性方面往往采取更为宽容的态度，村落中的很多学龄前留守男童光屁股，有的男童甚至到了读一年级时候还光着屁股，这种现象在村落中很正常。然而，女童光屁股的现象比较少见，虽然同样处于幼年阶段，但是监护人很少让女孩光屁股。同时，村落社区居民也经常对男童生殖器开玩笑，但是对女童开玩笑则会引起监护人极大的反感，开玩笑的人也会被认为是下流的。女童的贞洁被农村社区的居民看得非常重，谈论女性的器官

---

① 李银河. 性的问题 [M]. 呼和浩特：内蒙古大学出版社，2009：29-30.

也被认为是无耻的表现，并且在农村人的话语体系中女性器官是与"骂人"的词汇连接在一起的。就此可以看出，虽然儿童无性论是居民普遍的认知，但是对于男童、女童，态度却存在根本性的差别。因为无性，所以男童可以光屁股；而因为"贞洁"观念，女童却不能保持类似的生活方式，或者说女童的生活方式更多与"耻感"连接在一起。同样对于性知识和性启蒙，对于男童有意无意流露出来的对性的了解，农村居民经常采取"善意"的看法，认为男童"很坏""很机灵"，但是对于女童而言她们任何流露出来的对性或性事了解得多一些的情况，就会被监护人认为是不正派的、学坏了、作风不好等。因此，儿童无性论更多的是一种禁忌和难以言说的失语状态。对这种禁忌的破坏，男童和女童面临的惩戒是不同的，男童破坏禁忌被认为是在社会化过程中出现的冒险行为，并不会给予其人格和尊严等方面的贬抑。女童对无性论的破坏不但被认为在社会化过程中行为的不端，同时也会对其人格、尊严、自我形象进行污名化。也就是说家长对儿童进行的是性观念的教育，而非性知识、性心理和性道德的教育。

如果说儒家性唯生殖目的论是压抑了儿童性权利，导致儿童无性论的出现，那么宋明理学对性的否定、压抑、排斥和灭杀导致的则是在家庭生活中对儿童性教育、性话语的无视和忽略。儿童性教育的无视和忽视造成儿童性知识的匮乏，面对潜在的性侵害者，儿童失去了对性侵害行为的基本辨别能力和自我保护能力，使其遭受潜在性侵害风险的可能性大为提高。总而言之，儒家对性伦理的强调和限定极大影响了人们现实生活中对性的认知，儿童无性论以及对儿童性意识的否定及身体的规训使得儿童羞于或畏怯与监护人谈论性有关的话题。因此，当留守儿童等出现被性侵害的情况时他们也害怕向监护人提及，即便是向监护人求助，监护人也往往缺乏性侵害敏感性，将其视为儿童的臆想或者胡言乱语。监护人或者会将性侵害者对儿童实施的性骚扰、性猥亵等合理化，认为是"不要紧""闹着玩儿""小孩儿什么都不懂"。在访谈对象的陈述中，这种监护人忽视儿童可能遭受性侵害的状况非常普遍，如一名访谈对象描述道："后来我初中又回去我父母那儿，有一次我和我妈说起这段恶心的经历，我妈说你哥只是和你玩的。"同时，留守儿童生活环境中监护人、父母等没有对其进行适当的性教育，也造成留守儿童缺乏性侵害问题的警惕性和自我保护能力。

（二）儿童性权利的忽视与剥夺

按照国际性学会 1999 年发布的《性权宣言》中对性权利的界定，性权利包括个体对自己身体的自主性以及确保身体完整不受任何侵害、胁迫和暴力的权利，平等和不受歧视的权利，生命、自由和人身安全的权利，免于酷刑和残忍、不人道或有辱人格的待遇或处罚的权利，享有能达到的最高健康标准的权利，包括性健康权、性隐私权，享受及应用科学进步利益的权利、性知情权、全面性教育权等方面①。性权利的基础是国际和区域人权文件、国家宪法和法律、人权标准和原则以及与人类性行为和性健康有关的科学知识所承认的普遍人权②。性权利是建立在所有人固有的自由、尊严和平等的基础上的，包括对保护免受伤害的承诺。

传统文化中长期存在的关于儿童无性论的认知同样影响了儿童性权利观念的发展，这种逻辑推演的一般结论是儿童既然没有资格涉及性领域，自然与性相关的权利也是缺失的。当前在《中华人民共和国刑法》《中华人民共和国未成年人保护法》中都制定了关于维护儿童性权利的相关法律规范，这些法律制度对于维护儿童性权利发挥了重要作用。然而正式法律制度对儿童性权利的强调并未在乡村社会生活中深入贯彻，换句话说在乡村社区和世俗生活中，人们的行为规范以及对儿童性权利的认识并非以国家正式制度为指导，而是以民间社会长期形成的文化、风俗、习惯等作为行为的指导原则。一般而言，民间风俗习惯指的是在特定社会环境下，在历史发展和延续过程中受不同历史阶段主流文化、地方性价值观的影响逐渐沉淀、积累而形成的行为方式和心理认同，其中包括人们饮食习惯、居住安排、婚姻观念、子女教养方式、人际互动模式等习惯性活动和观念③。相对于法律、法规、政策、条令等构成的国家正式制度，这种风俗习惯组成了民间非正式制度的主要内容。从历史延续的过程中，儒家性伦理和性道德以及关于儿童无性论的认知同样渗透于民间风俗和观念中，儿童无性论所导致的对儿童性权力的忽视造成家庭生活中监护人对儿童性权利的有意或者无意的消解。因此，虽然儿童在家庭生活中的地位得到普遍提高，儿童作为成人附庸以及没有话语权的状况得到改善，但是儿童性权利一直没有受到重视。

儿童无性论产生了另一种形式的对儿童的性虐待，这类性虐待的典型特质就是对儿童性权利的忽视，这种忽视无论是有意还是无意都显著造成对儿童有关身体自主性、身体安全需求、性认知和性活动权利的忽略，同时还会造成对

---

①　World Association for Sexuality. Declaration of Sexual Rights ［EB/OL］. World Sexual Health，1999-08-26.

②　赵合俊. 性权与人权——从《性权宣言》谈起 ［J］. 环球法律评论，2002（1）：97-103.

③　范忠信. 枫桥经验与法治型新农村建设 ［M］. 北京：中国法制出版社，2013：112.

儿童性愿望等需求的忽视，这种"剥夺性的性虐待"① 对留守儿童性权利的维护产生恶劣的影响，不但导致在家庭生活中监护人缺乏对儿童性权利的认知，同时也欠缺维护儿童性权利的敏感性。同样对于留守儿童而言，监护人普遍缺少他们有可能遭受性侵害的防范意识和警惕意识，在家庭生活安排和监护过程中监护人会无意地将留守儿童置于有可能遭受性侵害的情境中。在留守儿童遭受性侵害的过程中，监护人对留守儿童性权利的剥夺和性话语权的忽视，也是遭受性侵害的留守儿童选择对监护人隐瞒性侵害事实以及拒绝披露相关过程的重要原因。

在遭受性侵害过程中，以及遭受性侵害之后，留守女童对于相关性侵害经历的披露，无不受宏观上社会文化背景的制约。这种宏观文化背景构成了留守儿童性侵害风险和防范的文化条件，构成这种宏观文化背景的既有传统父权制文化，又有在父权制文化和儒家性道德及伦理观念基础上形成的儿童无性论和儿童性权力观念。因此，对留守儿童性侵害风险的考量不得不去我国文化的深层次结构中寻找相关答案。传统文化中的童贞观念、耻感、孝道以及在此基础上产生的对遭受性侵害留守儿童的污名化，以及对生活于乡村社区中留守儿童家庭、监护人的压力，无论是对于处于何种生活境遇的留守儿童及其家庭而言都是一致的，因此，对于留守儿童的保护应该采取具有普遍性的措施。同时也需要通过推动传统文化的变迁和采取精准性举措为保护广大留守儿童营造社会友好的氛围。同时文化背景在留守儿童性侵害风险防范中发挥的作用应引起社会工作者的重视，发展具有本土性和在地性的社会工作专业介入方法。

第二节　农村留守儿童性侵害的法律制度风险因子分析

专业化的、可及性较强的防止性侵害的专业支援服务以及健全的政策法规和制度是保护留守儿童免于性侵害风险的重要社会设置。自留守儿童问题成为国家和各级政府部门重要的关注领域以来，该问题也成为社会政策聚焦的重要议题。《国家中长期教育改革和发展规划纲要（2010—2020 年）》《关于深入推进义务教育均衡发展的意见》《中华人民共和国未成年人保护法》等政策和法律文件中规定了家长作为监护人在保护留守儿童方面的责任，同时明确了学校、

---

① 曾奇峰. 另类性虐待 [J]. 心理与健康，2006（4）：10-13.

国家、司法机关在留守儿童保护等方面应承担的义务。随着相关法律和政策的不断制定和完善，在政策层面围绕留守儿童的成长和发展逐步形成了较为完整的保护网络，留守儿童保护工作也被推进到新的阶段。

然而需要注意的是，留守儿童保护制度和政策在执行过程中是否能够得到切实有效的实施。特别是对于留守儿童性侵害问题，相关政策法规如果不能在留守儿童遭受性侵害方面进行明确的限定，或者限定的性侵害行为的范围较为狭窄以及惩罚的标准较低，就无法有效降低潜在性侵害者实施性侵害的动机，同时也无法有效避免遭受性侵害的留守儿童反复遭受性侵害。此外，政策法规也需要为遭受到性侵害的留守儿童提供制度保护和专业支援服务。当前制度中虽然规定了学校、家长等的责任，同时号召社会力量广泛参与留守儿童保护，但是在农村社会支持力量和社会资本较为缺乏的当下，如何保证遭受到性侵害的儿童能够及时披露或者举报，同时在他们遭受性侵害以后如何保证他们能够获得相应的专业化服务，这都是我们当前儿童保护制度存在的风险性问题。

一、农村留守儿童性侵害的法律制度风险

（一）儿童性侵害者犯罪司法惩戒力度较低

犯罪社会学从"经济人"假设出发，通过分析成本—收益来研究犯罪分子实施犯罪的动机[①]。犯罪社会学认为罪犯实施犯罪的主要原因在于实施犯罪的收益大于非犯罪行为的收益。犯罪收益一般特指罪犯通过实施犯罪活动而获得的功利性利益[②]。与此相对，犯罪成本则是指犯罪行为人在犯罪实施的不同阶段所要付出的不同形式的代价，根据代价的不同形式可以将其分为物质性成本[③]（包括在实施犯罪过程中要付出的物质方面的代价，如金钱的花费、工具的准备等）、行为性成本（如在犯罪行为实施的各个阶段犯罪人自身要承担的体力、行动等形式的成本）和惩处性成本（主要分为实施犯罪行为之前的心理性惩处，如预期自己会被法律制裁而产生的恐惧、焦虑等，此外现实性惩处则主要是指性侵害实施之后被法律施以处罚而对行为人所产生的成本）。

对于对留守儿童实施的性侵害犯罪而言，无论是物质性成本还是行为性成本都是很低的。调研中发现大多数针对留守儿童实施的性侵害都是熟人，如教

---

① 程荣. 论犯罪成本的经济学分析［J］. 内蒙古农业大学学报（社会科学版），2011，13（3）：31-32.

② 郭星华. 当代中国社会转型与犯罪研究［M］. 北京：文物出版社，1999：91-96.

③ 张凌，刘瑞榕. 立体化社会治安防控体系建设：中国犯罪学学会年会论文集（2016年）［M］. 北京：中国检察出版社，2016：11.

师、邻居、家族成员等，他们或者掌握对留守儿童普遍教化的权力，或者拥有针对留守儿童的全面的监护权。由于留守儿童家庭结构不完整，家庭功能不完善，留守儿童无法获得有效监护。同时，替代性监护人缺乏相应的监护能力，无法有效觉察留守儿童可能遭受的性侵害。此外，父权制文化的影响也使得面对针对留守儿童的性侵害时，家长、替代性监护人可能选择私了或者不披露等。最后，留守儿童自我监护能力较低，面对实施的性侵害行为缺乏自我保护意识或者主动请求帮助的能力。以上原因都使得性侵害犯罪者犯罪的物质成本、行为成本和惩处成本降低。

当前世界各国对儿童性侵害的法律惩处以重刑为主，同时兼顾儿童性侵害的家庭和社区保护及预防，通过严密的儿童保护网络和严格的法律制度提高犯罪人实施儿童性侵害的犯罪成本。以美国为例，美国各州虽然对儿童性侵害犯罪所施行的法律不同，但一般都会对犯罪人从重处罚。以美国犹他州为例，该州对猥亵 12 岁以下的儿童可判处 6 年以上 10 年以下有期徒刑①，韩国则会对性侵害者实施化学阉割等。在很多国家即使犯罪人未对儿童实施性侵害，只藏有儿童色情图片也会对相关人员处以重罪②。2003 年，美国国会通过《儿童性虐待和色情法案》（*Child Sex Abuse and Porn Act*）规定，无论是通过电脑传播还是下载真实或者虚拟的儿童色情图片都将视为犯罪，根据情节轻重被判处 5~20 年监禁。此外，《梅根法案》对于出狱的儿童性侵害犯罪人美国法律也出台了相应的监管措施③，如对犯罪人出狱以后相关信息会在网络上公布，以便于居民查询。同时对于犯罪人居家生活还会要求其佩戴电子监视器，受到终身电子监控④，电子监控主要被用作家庭拘留或软禁举措的一部分，这些策略涉及确保罪

---

① HUNTER J A , AURELIO J F. The influence of personality and history of sexual victimization in the prediction of juvenile perpetrated child molestation [J]. Behavior Modification, 2000, 24 (2): 241-241.

② KRONE T. A typology of online child pornography offending [M]. Canberra: Australian Institute of Criminology, 2004.

③ LEVENSON J S, LEO P C. The effect of Megan's Law on sex offender reintegration [J]. Journal of Contemporary Criminal Justice, 2005, 1 (21): 49-66.

④ 这有两种基本的技术：无线电频率和全球定位系统。前一种技术利用罪犯戴的脚镣或手镯与连接到固定电话的发射器之间发送和接收无线电频率信号。如果戴着脚镣或手镯的罪犯超出了无线电信号发射器的范围，则可以检测到这些信息，并通过电话连接与监测机构进行沟通。无线电频率设备为强制执行家庭拘留令提供了急需的信息。GPS 系统利用环绕地球的 24 颗卫星来传送罪犯佩戴的 GPS 接收器的精确时间和大致位置。引自 DOWNING . The emergence of global positioning satellite (GPS) systems in correctional applications [J]. Corrections Today Magazine, 2006, 68 (6), 42-45.

犯在规定的时间内待在家里，而不在其他地方（如工作或治疗）。

相对国外儿童保护法律对性侵害犯罪的严格性、严密性，当前我国法律制度还存在一定的缺陷。如我国现行的法律针对未成年人性侵害缺乏相应的惩戒力度，从而使得性侵害犯罪人面临的惩处成本降低，使他们实施二次性侵害的可能性提高。同时，在父权制文化的影响下潜在的性侵害者往往面临较低的心理压力，因此潜在性侵害犯罪者在实施性侵害前的心理成本较低。这在某种程度上增加了留守儿童以及其他儿童群体遭受性侵害的风险。详细言之，当前我国法律法规对儿童性侵害量刑存在以下问题。

第一，对儿童猥亵犯罪惩处力度较轻。《中华人民共和国刑法》第 237 条规定：对通过暴力、胁迫以及其他方法针对妇女实施性侵害犯罪的判处 5 年以下有期徒刑或者拘役，同时聚众或者在公共场所发生的针对妇女的性侵害犯罪从重处罚，针对儿童实施性侵害犯罪的同样从重予以处罚①。同时第 236 条规定针对不满 14 周岁的幼女实施奸淫等犯罪的应从重予以处罚 ②。然而在现实中大多数针对留守儿童的性侵害都是发生在较为私密的场合，针对留守儿童性侵害的分析可以发现，多数性侵害案件发生在教师或学生宿舍、受害留守儿童家庭内部或者实施性侵害者家庭内部。同时，针对留守儿童的家内性侵害而言，多数性侵害实施者都是儿童家庭关系网络中的熟人，有的甚至是替代型监护人。因此，在这些场域和环境中实施的性侵害大多不属于公共场所，针对私密场合实施的对留守儿童的性侵害只能对性侵害实施者处以最高 5 年的刑期，这显然不足以震慑犯罪分子。

第二，现行法律针对儿童性侵害年龄未全方位覆盖。儿童年龄是我国制定未成年人相关法律法规时所采用的重要指标。虽然我国现行法律法规中都未明确指出具体的儿童年龄划分，但根据《中华人民共和国刑法》《中华人民共和国未成年人保护法》等法律法规可知多将儿童解释为 14 周岁以下的人。基于该年龄限定，在我国规制性犯罪法条中，针对不同年龄阶段未成年人犯罪划分为 14 周岁以下或 18 周岁以下。针对 14 周岁以下未成年人的犯罪类型主要有奸淫幼女、猥亵儿童、嫖宿幼女、强迫幼女卖淫、引诱幼女卖淫五种犯罪行为。针对 18 周岁未成年人的犯罪类型主要有引诱未成年人聚众淫乱罪和传播淫秽物品罪两种犯罪类型，而针对 14 周岁到 18 周岁的未成年人犯罪缺乏相应的法律规范。从世界范围来看，大多数国家将有关未成年人保护的年龄设定为 14 周岁至 18

---

① 全国人民代表大会. 中华人民共和国刑法［EB/OL］. 中国人大网，2000–12–17.

② 全国人民代表大会. 中华人民共和国刑法［EB/OL］. 中国人大网，2000–12–17.

周岁，因此这是我国未成年人保护法律法规需要进一步完善之处。

当前针对留守儿童的性侵害在不同年龄段都有较多分布。调查中可以发现5~7岁、8~10岁、11~13岁、14~15岁等不同年龄段都存在留守儿童被侵害的问题。如犯罪人王某某（67岁，小学文化，农民，丧偶）在2013年多次将同一村落社区且为其邻居的留守儿童赵某（女，案发时年龄10岁，父母均外出务工）诱骗至其家中实施性侵害。同时研究者在访谈对象提供的访谈资料中发现，在留守期间曾遭受过不同形式的性侵害的20名访谈对象中，最低受害年龄可以追溯到4岁左右，最高年龄可以追溯到16岁。因此，现行法律只针对14周岁以下儿童犯罪追究刑事责任，而16周岁到18周岁的未成年人遭受到性侵害时缺乏相应的法律处罚依据，这也直接导致遭受到性侵害的14周岁以上留守儿童和家庭缺乏诉诸法律的前提条件和动力。

第三，对实施性侵害的犯罪分子实施制裁的过程中未做到"罪刑相适应"，并且相关量刑标准并不明确。"罪刑相适应"是刑法学理论中的重要原则，同时也是世界各个国家制定法律和相关刑罚措施时的主要指导和依据。具体而言，"罪刑相适应"指的是给予犯罪人的刑事处罚不但要根据其犯罪对被害人危害的严重程度来施行，还要和犯罪人本身的刑事责任相适应，即不但包括犯罪行为本身的危害程度，还要根据犯罪人实施犯罪行为时的主观恶性程度以及对社会人的人身、经济安全风险程度来实施相应处罚[1]，做到重罪、轻罪处罚各自适宜，罚当其罪。

针对留守儿童的性侵害犯罪除了造成留守儿童的身体伤害以外，对留守儿童的精神伤害、对受害儿童的影响更为深刻而且持续时间更久。国内已有研究发现遭受到侵害的留守儿童多会出现创伤性应激综合征（post-traumatic stress disorder，PTSD）[2]、失眠[3]、抑郁[4]等症状。同样国外研究也发现遭受到性侵害的儿童产生行为问题、自杀问题[5]、人格障碍问题、精神障碍[6]、酗酒和精神活

① 于世忠．中国刑法学总论［M］. 3版．厦门：厦门大学出版社，2017：33.
② 沈德咏．2017中国少年司法：总第34辑［M］．北京：人民法院出版社，2018：39.
③ 杭荣华．临床心理咨询案例解析［M］．芜湖：安徽师范大学出版社，2018：127.
④ 严励．刑法学前沿与热点问题研究［M］．北京：中国法制出版社，2017：149.
⑤ FOLLETTE V M. Cumulative trauma：The impact of child sexual abuse，adult sexual assault，and spouse abuse［J］. Journal of Traumatic Stress，1996，9（1）：25-35.
⑥ BROWNE A，FINKELHOR D. Impact of child sexual abuse：A review of the research［J］. Psychological Bulletin，1986，99（1），66-77.

性物质依赖①等严重症状，在此期间若缺乏家庭、学校、社区等层面的社会支持，相关症状会长期持续甚至在成年以后也会困扰性侵害受害者的生活②，从而严重影响他们的生活质量以及破坏他们自我成长发展的能力。在 Y 县的调研过程中，性侵害幸存者多次向研究者表示自己"有很深很深的自卑感，感觉自己很脏"。也有的被访者表示，"自己现在都不敢面对我的男朋友，虽然这件事情过去很多年了，但我内心觉得自己配不上他"。同时也有的受害者表示自己有过自杀倾向，"我现在就想死，自从那件事情发生后我就想死了，一了百了，只是想到我妈妈让我坚持下来，苟且偷生"。因此，针对留守儿童的性侵害需要在物质和精神方面都做出相应的赔偿，才能在最大程度上给予受害者及家庭公平正义。然而，按照我国现有的法律规定，虽然被害人可以采取刑事附带民事诉讼，或者待刑事案结束后单独提起民事诉讼的方式要求损害赔偿，但是我国法律只支持对受害者造成的直接物质损失部分进行赔偿，不支持对精神损失进行赔偿的要求。在 Y 县发生的一起针对留守儿童性侵害案中，受害者家庭在法庭中也曾要求赔偿精神损失费 50 万元，但法院并未支持被害人相关诉求。

> 目前对儿童性侵害主张进行精神损害赔偿，按照国家现有的法律规定很难实现。目前法院法官针对儿童性侵害在判决中也只是根据性侵害所造成的直接物质损失如医药费等金额进行判决，不支持精神赔偿，这个在司法实践中很难落实、操作。③

2013 年，最高人民法院、最高人民检察院、公安部、司法部四部门发布的《关于依法惩治性侵害未成年人犯罪的意见》（以下简称《意见》）中对未成年人性侵害相关赔偿问题进行了规定。在《意见》的第 31 条中指出，性侵害未成年人造成人身损害的民事赔偿主要包括由于侵害所产生的交通、护理、医疗、误工等方面的费用，同时还包括为侵害对象康复治疗所支付的合理费用。就此而言，性侵害实施者应赔偿的费用并不包含对性侵害对象产生的精神损害，换言之在民事赔偿相关法律中将精神损失赔偿排除在外④。虽然《中华人民共和

---

① FINKELHOR D, BROWNE A. The traumaticimpact of child sexual abuse：Aconceptualization [J]. American Journal of Orthopsychiatry, 1985, 55（4）：530-541.

② BRIERE J N, ELLIOTT D M. Immediate and long-term impacts of child sexual abuse [J]. The future of children, 1994, 4（2）：54-69.

③ 访谈对象：编码 FMLS20200608，律师，男，34 岁。

④ 四部门关于依法惩治性侵害未成年人犯罪的意见 [EB/OL]. 中华人民共和国最高人民检察院，2013-10-25.

国侵权责任法》中规定了侵权赔偿并不限于治疗费用还包括后续的康复费用①，但是现有的司法解释对精神赔偿的限定范围十分有限，并且精神损失的实际损害以及未来后果很难根据现有的司法规范进行量化，在具体司法实践中法官在行使自由裁量权时无法根据纯粹的心理伤害进行判定。现行法律规定中对性侵害犯罪者实施的相应法律惩处规范所存在的漏洞无疑会造成潜在的性侵害犯罪者犯罪成本降低、可能多次实施性侵害等现实性问题。对留守儿童而言也造成他们面临加害风险和受性侵害风险。

（二）缺乏专门针对留守儿童等未成年人性侵害的法律

通过立法的形式，针对涉及留守儿童等未成年人的性侵害以及其他形式的虐待进行风险防范是世界各国的通行做法。如加拿大《青少年刑事司法法》（"Juvenile Criminal Justice Law"）②，该法针对 12 至 18 岁儿童的犯罪行为具有管辖权，其他国家如英国等针对儿童性侵害制定了专门性法律，如 2003 年颁布的《性犯罪法》（"The Sexual Offences Act 2003"）对现行的性犯罪立法进行了广泛的修改。在该法案中不但规定了针对儿童的具体性侵害犯罪类型，如强奸或性虐待儿童、与儿童发生性行为、滥用信任地位对儿童实施性犯罪、通过自我装扮接近儿童实施性犯罪以及与儿童家庭成员发生性行为等，同时对涉及鼓励、安排或导致儿童参与卖淫或色情活动的都进行了详细规定③。日本政府除了在《日本刑法典》中制定专门针对性侵害未成年人的相关法条外，还相继颁布了《买春儿童、儿童色情处罚法》《儿童福祉法》《青少年保护育成条例》④ 等专门针对未成年儿童性侵害的法律条例。在西方发达国家中，美国针对儿童性侵害制定了系统严密的法律制度。美国与儿童性侵害的相关法律的制定和演进主要可以划分为两条进路：影视、网络作品制作传播过程中的儿童性侵害预防和针对现实生活中的针对儿童的性侵害保护。

早在 1977 年美国国会为防止影视作品中出现儿童性表演，制定了专门的

---

① 全国人民代表大会. 中华人民共和国侵权责任法 [EB/OL]. 中国人大网，2010-03-01.

② FELD B C. Violent youth and public policy：A case study of juvenile justice law reform [J]. Minn. L. Rev.，1995，79（5）：965-1128.

③ OST S. Getting to grips with sexual grooming? The new offence under the Sexual Offences Act 2003 [J]. Journal of Social Welfare and Family Law，2004，26（2）：147-159.

④ 刘建利. 日本性侵害未成年人犯罪的法律规制及其对我国的启示 [J]. 青少年犯罪问题，2014（1）：12-21.

《保护儿童免受性剥削法》（"The Protection of Children Against Sexual Exploitation Act"）①，1984 年进一步修订了上述法律，出台了防止儿童在参与影视制作时被性侵害的《1984 儿童保护法》（"Child Protection Act of 1984"）。1988 年的《儿童保护和淫秽执法法》② 禁止使用计算机发送、接收或传播儿童色情制品。此外，该法还要求色情材料的制作者获取和保留材料生产过程中使用的所有人员的年龄证明。1996 年，美国国会制定了《防止儿童色情制品法》（"Child Pornography Prevention Act"），该法旨在禁止计算机生成的虚拟儿童图像③。2003年《制止今天对儿童的剥削的检察补救办法和其他工具》（"Prosecutorial Remedies and Other Tools to end the Exploitation of Children Today Act of 2003"）④。修订现有的法律，对儿童色情制品进行更严厉的处罚，以打击儿童色情制品的违法行为，保护儿童免受性侵害。

为防止儿童性侵害犯罪者在被释放后重新犯罪，1994 年，美国国会通过了《雅各布·韦特林侵害儿童罪和性暴力犯罪登记法》（"The Jacob Wetterling Crimes Against Children and Sexually Violent Offender Registration Act"），这为后来制定的《梅根法案》奠定了基础⑤。此后，1996 年美国国会对《雅各布·韦特林法案》进行了修订，在此基础上制定了《梅根法案》和《帕姆·林切尔性罪犯追踪和身份识别法》（"The Pam Lychner Sexual Offender Tracking and Identification Act"）。《梅根法案》要求，如果性犯罪者居住在附近，每个州都要通知社区，各州如何通知公众的细节各不相同。《帕姆·林彻尔法》要求累犯和被判犯有严重性虐待罪或被认定为性暴力掠夺者的罪犯，必须在州性犯罪者登记处进行终身登记。2006 年，美国国会对《雅各布·韦特林法案》进行了修订，同年美国国会颁布了《亚当·沃尔什儿童保护和安全法》（"Adam Walsh Child Protection and Safety Act"）⑥。该法的目的是保护儿童免遭性剥削和暴力犯罪，

---

① Protection of Children Against Sexual Exploitation Act of 1977, Pub. L. No. 95-225, 92 Stat. 7 (codified as amended in 18 U. S. C. § 2251).

② Child Protection and Obscenity Enforcement Act of 1988, Pub. L. No. 100-690, 102 Stat. 4485 (codifiedas amendedin 18 U. S. C. § 2251).

③ The United States Supreme Court struck down two of the Act's provisions for being unconstitutionally overbroad. See Sue Ann Mota, infra note 30.

④ United States Department of Justice. Fact Sheet Protect Act [EB/OL]. USDOJ, 2003-04-30.

⑤ BOWATER B. Adam Walsh Child Protection and Safety Act of 2006: Is There a Better Way to Tailor the Sentences for Juvenile Sex Offenders [J]. Cath. UL Rev., 2007, 57: 817.

⑥ YOUNG C. Children sex offenders: How the Adam Walsh Child Protection and Safety Act hurts the same children it is trying to protect [J]. New Eng. J. on Crim. & Civ. Confinement, 2008, 34: 459.

防止虐待儿童和儿童色情制品，促进互联网安全。通过《亚当·沃尔什法》，美国建立了一个全面的全国性犯罪登记制度①，该法中建立了三级分类制度，以确定罪犯必须登记多长时间②。以上法律的制定目的是追踪对社区有潜在威胁的恋童癖者和严重性犯罪者，防止儿童遭受重复性侵害，同时预防犯罪者针对儿童重新实施性侵害。

美国制定的防止儿童性侵害的专门性法律为当前我国儿童性侵害风险防范法律的制定和修订，以及建立整合性、专门性的防止儿童性侵害法制体系提供了有益的借鉴。由此反观当前我国关于儿童性侵害的相关法律规定，可见我国目前与儿童性侵害的相关法律制度存在以下问题。

第一、缺乏专门性的儿童性侵害防治法律，现有法律存在规定较为分散等问题。当前我国与儿童性侵害有关的法律主要集中在《中华人民共和国刑法》《中华人民共和国未成年人保护法》《中华人民共和国反家庭暴力法》《中华人民共和国治安管理处罚法》等法律文本中。此外，在《中华人民共和国民法通则》《音像制品管理条例》《出版管理条例》《娱乐场所管理条例》中也涉及部分与未成年人相关的内容。然而，总体而言我国尚缺乏关于未成年人性侵害预防、惩戒、支持援助的专门性法律，同时现有的涉及未成年人保护和预防性侵害的法律相关条文也较为笼统，在专业性、系统性、完备性等方面与我国当前的未成年人保护和预防性侵害的社会需求并不相称。同时与美国等发达国家在影视娱乐、电脑网络、社区、家庭、学校等领域制定完善的未成年人性侵害预防、惩戒和支持性法律体系相比，我国未成年人性侵害法治体系建设尚有较长的路要走。

就目前我国与未成年人性侵害有关的法律法规的分析来看，现有法律存在规定较为分散等问题。《中华人民共和国刑法》中有关未成年人性权利和人身权利保护与防范的内容主要集中于对个人人身权利、民主权利保护以及维持社会管理秩序等条文中，性侵害未成年人犯罪相关的法律制度布局分散，也未形成专门的保护体系，并且专门针对未成年人的犯罪仅有3个罪名。《中华人民共和国未成年人保护法》中与未成年人性侵害直接相关的相关条文则分别见于该法案的第10条和第11条，只是对父母等监护人在维护未成年人性安全等方面进行了规定，并未对违反相关规定的监护人如何处置进行说明，降低了法律本身

① FABIAN J. The Adam Walsh Child Protection and Safety act: Legal and psychological aspects of the new civil commitment law for federal sex offenders [J]. Clev. St. L. Rev., 2012, 60: 307.

② Justice Policy Inst. Registering Harm: How sex Offense registries fail youth and Communities [R]. Wastington D. C. Justice Policy Institnte, 2008: 41-43.

的权威性和威慑性。

"当前国家有关预防针对留守儿童性侵害的整体立法是不足的，如我国台湾地区的相关立法就比较完备，而且我们法律有关对未成年人实体保护方面也存在诸多不足，与《儿童权利公约》的标准要求还有差距。这种立法方面的缺失所造成的是一种整体性的法制风险，对未成年人性安全保护是十分不利的。"①

第二，《中华人民共和国刑法》存在儿童保护不同性别区别对待、男童保护乏力等问题。《中华人民共和国刑法》中对性猥亵儿童违法犯罪进行了明确规定，这有利于对留守儿童等未成年人性自主权等法益进行普遍性保护。不过在刑法第236条中仍将强奸罪的对象只设定为幼女、妇女等群体，男童则被排除在法律之外。根据"女童保护"基金公布的性侵害儿童案例调查报告显示，2019年度媒体公开报道的与农村男童有关的为21起，并且其中不乏留守儿童，占比7.17%②。同样有学者对2002至2012年27项中国儿童性侵害的研究发现，男童遭受性侵害总体比率为13.8%。基于其中的12项研究的米塔（Meta）分析发现，男童遭受进入型性侵害的综合估计值为0.9%③。该研究也发现，女童遭受性侵害的总体比率为15.3%，相对而言两者之间差距并不大。同样在调研中研究者收到的男性受访对象的自述资料，很多研究对象吐露了幼年时期曾经被性侵害的经历："初中的时候大概12岁左右的样子，爸妈都出门打工了，我自己在乡下跟爷爷奶奶住一起，后来认识了一个哥哥，经常跟他一起玩，后来他带我去镇上网吧玩游戏，在玩游戏的过程中，与我发生了关系，当时还小只觉得疼。"通过网络交友然后被网友性侵害也是农村留守儿童被性侵害的其中的一种类型："当时我妈出门打工，我爸在县城干建筑，平时不回家，我自己跟爷爷一起住。平时无聊就在贴吧认识了一个离得特别近的男生，比我大几岁。那时候能遇到相同的人不自觉地就会多几分信任。他也特别照顾我，会接我一起放学，带我去吃饭。有一天他跟我说'中午来家吃饭吧，请你吃好吃的'。年少无知的我就这么蹦蹦跳跳地去了。去了之后一切正常，我开开心心地吃了一顿KFC，但之后的事情感觉就像自己从天堂被扔到地狱一般。他开始抱我亲我乱摸，我推开，他就把我狠狠箍在怀里。他开始脱我裤子，把我摁在床上。我反

---

① 访谈对象：编码MWJ20200912，36岁，未成年人刑事检察科助理检查员。

② "女童保护"基金会. 2019年性侵害儿童案例调查报告［EB/OL］. 新浪新闻，2020-05-18.

③ JI K, FINKELHOR D, DUNNE M. Child sexual abuse in China: A meta-analysis of 27 studies［J］. Child Abuse & Neglect, 2013, 37（9）: 613-622.

抗，他就把我手捆上。我感觉身体像被撕开似的疼。"① 类似的性侵害经历在研究者接待的访谈对象中屡见不鲜，因此，男童遭受性侵害的问题应引起我们的高度重视，然而由于自我保护、害怕报复、社区或同侪压力等，当事人并未披露或者向监护人求助。同时男童遭受强奸等性侵害对其造成的短期和长期伤害是极其严重的，除了身体受到严重伤害外，如严重的挫伤、骨折②等，在心理上会出现如性问题、强制或功能障碍（compulsion or dysfunction）③、性与性别认同迷乱④、亲密关系问题、羞耻、罪恶感和自责、低自尊和负面自我形象⑤、愤怒⑥、药物滥用和抑郁⑦以及严重的创伤性应激综合征⑧等问题。因此，针对男童也应设置相应的刑法处罚标准。当前强奸罪和猥亵儿童罪对未成年被害人造成的伤害并没有较大的差别，但强奸罪的法定最高刑为死刑，而猥亵儿童罪的法定最高刑仅为15年有期徒刑，并且猥亵儿童罪被发现和给予相应惩处之间所产生的漏洞等，减少了违法成本，这使得某些犯罪分子对其加以利用，以逃避法律惩罚。

（三）留守儿童的特殊人群缺乏相应的法律约束

在对留守儿童实施性侵害的群体中，来自家人、教师（包括辅导班老师）、长辈等人的性侵害最为隐秘，发现更为困难，对留守儿童的危害更大。留守儿童生活环境中，由于父母等监护人长期在家庭中缺场，留守儿童不得不依附于其他替代型监护人。同时在留守儿童与替代型监护人或者父亲、教师等人的互

---

① 访谈对象：编码 FM20200609，女，19 岁；性侵害者：邻村朋友。

② FRAZIER P A. A comparative study of male and female rape victims seen at a hospital-based rapecrisis program [J]. Journal of Interpersonal Violence, 1993, 8 (1): 64-76.

③ LISAK D. The psychological impact of sexual abuse: Content analysis of interviews with male survivors [J]. Journal of Traumatic Stress, 1994, 7 (4): 525-548.

④ GROTH A N, BURGESS A W. Male rape: Offenders and victims [J]. The American Journal of Psychiatry, 1980.

⑤ EMM D, MCKENRY P C. Coping with victimization: The impact of rape on female survi vors, male significant others, and parents [J]. Contemporary Family Therapy, 1988, 10 (4): 272-279.

⑥ ROGERS P. Male rape: The impact of a legal definition on the clinical area [J]. Medicine, Science and the Law, 1995, 35 (4): 303-306.

⑦ WATKINS B, BENTOVIM A. The sexual abuse of male children and adolescents: A review of current research [J]. Journal of Child Psychology and Psychiatry, 1992, 33 (1): 197-248.

⑧ 包括失眠、反复做噩梦和恶梦，食欲下降、体重减轻和消化困难、恶心和呕吐、便秘和腹痛。引自 PRETORIUS H G, HULL R M. The experience of male rape in non-institutionalised settings [J]. Indo-Pacific Journal of Phenomenology, 2005, 5 (2); JAVAID A. Male rape: The 'invisible' male [J]. Internet Journal of Criminology, 2014 (1): 1-49.

动关系中本身包含了社会交往的内容。监护人、祖父等替代型监护人或者教师等掌握了社会资源与权力，其中还包括感情、关注、称赞、奖励、照顾及权力等内容。在一般情形下，留守儿童为了个体安全和发展，期间不得不向他们表示尊敬、服从等，以获得他们的感情、关注、照顾及奖励等。换言之，留守儿童通过服从来交换监护人、教师或其他长辈所控制的资源，从而满足某些需求。同样在这种社会交换过程中本身包含了对对方的信任和情感维系。社会交换理论认为，交换关系的建立涉及对另一方建立某种责任关系的投入，社会交换需要相信别人会回报，因此初始的问题就是要别人相信自己会做出回报行为①。通过建立信任从而促进参与交换的双方或多方之间稳定的社会关系。

　　无疑，在日常生活中留守儿童与监护人、教师、替代型监护人等是建立信任关系的，这种信任关系主要体现在留守儿童对监护人、教师、替代型监护人的依恋方面。由于依恋关系的存在，留守儿童对他们做出的猥亵甚至强奸等行为缺乏明确的认知和警惕性，或许出于无知，更大程度上可能出于信任。在访谈中曾经遭受继父性侵害的留守儿童王某告诉研究者：“我很信任他，我们平时关系可好了，他对我很好，我要什么买什么，所以他让我照着录像中的样子给他做，我还觉得挺好玩儿的。”曾经遭受教师猥亵的留守儿童张某对曾经遭受的性侵害经历十分迷惑，她始终不理解老师为什么那样做，同时不明白自己当年为何缺乏警惕性。她说：“我上六年级，因为镇上离我们家太远了，而且我父母都在天津打工，家里就我跟我爷爷奶奶，他们也不放心下午放学让我老往家跑，尤其是冬天。所以那年我住校了。我们班主任特别关心我，主动给我办住宿，每天放学他们其他人都走了他就让我跟他去办公室或者机房，辅导我学习，要不就是给他帮忙，说实话我感觉很开心，被老师重视啊，我很愿意去。那个时候就感觉他有意无意地摸我。”②

　　利用留守儿童对自己的信任、依恋以及留守儿童自身由于缺乏自我保护和监护能力不得不依靠成年亲属或其他监护人等，这种信任和依附关系被监护人、亲属以及其他熟人利用，他们凭借自身的亲属、长辈、老师等可信赖身份与可亲近关系对留守儿童实施性侵害，使得监护异化。鉴于此，留守儿童特定关系人施加性侵害需要在《中华人民共和国刑法》等相关法律法规中进行特别说明或限制。作为我国刑事司法领域中极为重要的法律文本，《中华人民共和国刑

---

① ［美］彼得·M.布劳.社会生活中的交换与权力［M］.李国武，译.北京：商务印书馆，2008：154-155.

② 访谈对象：编码 FM20200610，女，18 岁，大一学生。性侵害者：教师。

法》尚缺乏"基于特定身份关系性侵害未成年人应从重处罚"的规定。最高人民法院、最高人民检察院、公安部、司法部四部门联合发布的《关于依法惩治性侵害未成年人犯罪的意见》①中虽然强调了对负有特殊职责的人直接实施性侵害、猥亵等行为进行从重、从严处罚，但是对于针对留守儿童及其他未成年人负有特殊职责的人员引诱、容留、介绍、协助他人对未成年人实施性侵害行为仍然不属于"从严""从重"的量刑范畴；介绍、帮助他人奸淫幼女者，本应定为重罚的强奸罪共犯，却常被独立认定为处罚相对较轻的"引诱幼女卖淫"。

二、农村留守儿童性侵害预防援助制度风险

2020 年修订 2021 年 6 月 1 日正式实施的《中华人民共和国未成年人保护法》中明确规定了对儿童实施家庭保护、学校保护、社会保护、网络保护、政府保护。基本涵盖了儿童生活的不同场域的风险保护以及不同社会主体和组织在儿童保护等方面的责任。然而能否提供配套的专业化支援服务，能否在留守儿童性侵害发生之前进行积极预防，性侵害发生之后能否及时为遭受性侵害的留守儿童及家庭提供专业的披露、举报和相应机制、能否在留守儿童遭受性侵害后及时进行保护性疗愈并提供专业化的配套服务，都会影响留守儿童及家庭是否披露、举报，同时也会影响犯罪者是否会实施二次侵害等问题。

（一）留守儿童性侵害事前预防制度存在风险

留守儿童性侵害事前预防是防止留守儿童遭受性侵害的重要举措。性侵害事前预防与风险评估存在紧密联系。预防针对留守儿童等未成年人的性侵害犯罪的前提可以看作通过风险评估将危险的犯罪人和犯罪人的危险识别出来并加以管控。风险评估（risk assessment）是新刑罚学理论中的重要概念，是一种应用解决社会冲突的风险分析技术和方法，它是风险管控和治理的前提和基础。1992 年，菲利（Feeley）和西蒙（Simon）创立了新刑罚学理论，不同于传统的刑罚学理论，新刑罚学理论主要根据福柯的治理理论即通过精密的规划来控制整体社会结构，它是一种新型犯罪治理技术②。新刑罚学理论强调以下三个方面：第一，新话语的出现尤其是概率和风险的语言越来越多地取代了早期的临

---

① 四部门关于依法惩治性侵害未成年人犯罪的意见 [EB/OL]. 中华人民共和国最高人民检察院，2013-10-25.

② SIMON J. Managing the monstrous: Sex offenders and the new penology [J]. Psychology, Public Policy, and Law, 1998, 4 (1-2): 452.

床诊断和报应性判断话语①，换句话说新刑罚学强调对危险的事前预防和发生概率的评估，而不是简单的事后控制和道义惩罚；第二，新的系统目标的形成，即由传统刑罚学理论强调对犯罪行为的惩罚到通过内部系统过程的有效控制来对犯罪人员进行有效识别和管理，从而减少"累犯"的形成②；第三，新技术的应用，新刑罚学理论主张用概率计算和适用于人群的统计分布的精算语言取代对个人的道德或临床描述③。这些新理论建立在精算的思维方式上，即如何"管理"事故和公共安全，它们使用的语言是社会效用和管理，而不是个人责任。刑罚制度的目标是类别和亚群体，而不是个人。新刑罚学的话语不仅仅是一种更为量化的话语，它还具有强调系统理性和形式理性的特点。

新刑罚学既不是关于惩罚，也不是关于改造个人，它是关于识别和管理不守规矩的群体，关注的不是个人行为甚至社区组织的合理性，而是管理过程的合理性，它的目标不是消除犯罪，而是通过系统的协调使其变得可以容忍。新刑罚学强调的是整体控制和制度管理，而不是个人的成败。新刑罚学理论的话语和策略体现了对危险人口管理的追求。根据 Feeley 和 Simon 的新刑罚学理论，风险管控的策略在于如何最有效地管理潜在的犯罪者。因此，该理论认为对所有人的信息收集、分析、处理以确定高犯罪率倾向的个人十分重要。这一套技术的组合被 Feeley 和 Simon 称为精算司法 。

基于新刑罚学理论观照我国当前的留守儿童性侵害事前预防措施，我国目前缺乏对留守儿童等未成年性侵害犯罪人以及潜在犯罪人的管理和预防犯罪制度，如登记与公告制度。依据埃里克森（Ericson）和霍利迪（Haggey）提出的"知识—风险—安全"模式，登记与公告制度在于通过掌握性罪犯的行踪并管理这些风险，将公众与性侵害犯罪者实施有效的隔离，从而来增加大众的安全感④。美国颁布制定的《梅根法案》是性侵害犯罪者信息公开制度的滥觞，在该法案中规定了执法机关应将犯罪人的相关信息公开。根据《梅根法案》各州

---

① SIMON J, FEELEY M. The form and limits of the new penology [J]. Punishment and social-control, 2003, 2: 75-116.

② FEELEY M, SIMON J. The new penology: Notes on the emerging strategy of corrections and its implications [J]. Criminology, 1992, 30 (4): 449-474.

③ KEMPF-LEONARD K, PETERSON E S L. Expanding realms of the new penology: The advent of actuarial justice for juveniles [J]. Punishment & Society, 2000, 2 (1): 66-97.

④ 牛旭. 性侵害未成年人犯罪及风险治理——个新刑罚学的视角 [J]. 青少年犯罪问题, 2014 (6): 35-45.

有权制定披露标准，但必须向公众公开已登记的性犯罪者的私人和个人信息①。《梅根法案》的前提是，如果社区知道高危性犯罪者的描述和行踪，社区公众将能够更好地保护他们的孩子。同时，向社区通报性犯罪者信息有助于执法部门调查，为拘留已知的性犯罪者提供法律依据，可以阻止性犯罪者犯下新的罪行，并向公民提供可用于保护子女的信息。当前我国浙江省慈溪市②、江苏省淮安市淮阴区③等市区探索制定了本地域的性侵害犯罪者信息公开条例，但是就全国而言还缺乏统一的关于性侵害犯罪者的信息登记和公开制度。

此外各地区针对可能对留守儿童等未成年人实施性侵害的群体也缺乏相应的管理和介入措施。调研中发现，熟人性侵害是对留守儿童等实施性侵害的主要群体，这一发现也被其他学者④和公益组织的相关研究所证实⑤。

《中华人民共和国未成年人保护法》以及《关于依法惩治性侵害未成年犯罪的意见》中对于对留守儿童等未成年人实施性侵害进行了较为严格的制度约束和防范规避，尤其是《关于依法惩治性侵害未成年人犯罪的意见》中更是强调要对在留守儿童等未成年人生活中负有特殊责任者实施性侵害依法从严惩处。然而，在现实生活中由于现有政策法规在实际执行和法制普及方面存在弊端，对潜在犯罪人难以形成有效震慑。同时，性侵害案发生后，由于留守儿童无法维护自身正当权益，他们往往选择不报案，这使得许多业已发生的犯罪成为隐案。此外，在针对留守儿童性侵害的群体中还有很大部分属于中老年犯罪群体，该群体总体而言法律意识淡薄、对性侵害认识不充分，针对该群体如何进行犯罪风险评估和识别以及如何进行介入服务，是我们在农村基层社区性侵害防范治理中应该重点考虑的问题。

在留守儿童性侵害预防方面，《中华人民共和国未成年人保护法》《关于加强农村留守儿童关爱保护工作的意见》中对有关部门、组织在农村留守儿童保护方面的职责进行了规定。然而现实当中以上法律在规范、指导和约束地方政

---

① BROOKS A D. Megan's Law: Constitutionality and policy [J]. Criminal Justice Ethics, 1996, 15 (1): 56-66.

② 2016年6月，慈溪市检察院联合法院、公安局等司法部门共同制订了《性侵害未成年人犯罪人员信息公开实施办法》。

③ 2017年12月1日，江苏省淮安市淮阴区宣布启动《关于性侵害未成年人犯罪人员从业禁止及信息公开制度》。

④ 苏春景.监护人性侵害未成年被监护人现象分析及受害人生态重塑之路 [J].东岳论丛，2019，40 (4):168-175.

⑤ "女童保护"基金公布2019年性侵害儿童案例调查报告：熟人作案超七成 [EB/OL].新浪新闻，2020-05-18.

府部门和组织工作执行方面缺乏强制力，使得有关农村留守儿童的关心、关爱和保护工作难以切实有效执行。不同部门之间工作机制、协调机制、评估机制不规范且各部门之间工作缺乏合力，农村村委会缺乏专职工作人员并且现有的工作人员缺少应对和预防留守儿童性侵害的工作能力。现有的农村留守儿童性侵害预防工作具有强烈的运动性特点，儿童保护流于形式，缺少长期性与规范性。

（二）留守儿童性侵害法律援助服务缺失风险

法律援助制度是我国社会救助制度的重要组成部分，指的是在我国有关法律援助部门指导和协调下，律师、法律机构和组织通过组织化、制度化的方式为经济困难或特殊案件的当事人提供法律协助，以帮助其维护合法权益的法律制度①。国家为保障未成年人合法权益，创设未成年人法律援助制度，保障了法律赋予的未成年人各项权利的实现。在法律援助制度保障下，通过协调法律援助机构、律师等机构和人员为由于经济、家庭困难等自身权益无法保障的未成年人提供免费的法律服务，以确保其法定权利和相关利益得到维护②。

针对留守儿童性侵害问题施以法律援助具有必要性。首先，法律理念的基本要求。著名法学家古斯塔夫·拉德布鲁赫（Gustav Radbruch）指出法的理念主要包含三部分，即正义、功效和确定性。其中正义要求法律必须符合基本的道德价值，在《关于法思想的箴言》一书中，拉德布鲁赫指出法的理念仅仅是正义。对遭受性侵害的留守儿童施以法律援助能够体现法律维护社会公平正义的目的价值，这是法律除了形式价值之外的基本使命。在农村遭受性侵害的留守儿童缺乏维护自身合法权益的能力和手段的状况下，法律援助的形式能够使留守儿童获得社会支持，能够有效维护他们的合法权益。其次，针对留守儿童实施法律援助也体现了维护基本人权的需要。留守儿童遭受性侵害本身即反映了其基本人权遭受损害的风险，在"儿童最大利益"原则前提下，对遭受性侵害的留守儿童进行法律救助使他们能够在法律武器的保障下维护自身的生存权、发展权和健康权等方面的权益。

尽管如此，当前我国针对留守儿童进行法律援助还存在诸多困境。首先，针对留守儿童性侵害进行法律援助缺乏专门的法律制度。当前我国针对儿童法律援助的相关规定见于《中华人民共和国未成年人保护法》《中华人民共和国刑

① 刘白明. 留守儿童社会救助制度研究［M］. 长春：吉林大学出版社，2015：161.
② 马新文，张勇赛. 河南省未成年人法律援助的理论与实务研究［M］. 北京：中国社会出版社，2015：1.

事诉讼法》《中华人民共和国律师法》① 等法律条文中，缺乏专门面向留守儿童的援助法律。其次，现有的针对未成年人进行法律援助的相关制度法令存在立法分散问题。在《中华人民共和国未成年人保护法》《中华人民共和国刑事诉讼法》中的法律援助制度相对分散，未建立统一的法律制度。2013 年 3 月 1 日实施的最高人民法院、最高人民检察院、公安部、司法部《关于刑事诉讼法律援助工作的规定》并没有将在犯罪过程中作为被害一方的未成年人及其相关的法定代理人纳入国家法律援助的范围内。《法律援助条例》中虽然规定了被害人可以申请法律援助，但是并未考虑到未成年被害人的特殊性，在申请程序、流程等方面将其与成年被害人相等同，并且也缺少针对未成年被害人的强制辩护制度规定。同时，当前被害人申请法律援助的门槛较高，现有规定既包括被害人自身存在身体、心理残疾，也包括经济状况较差等前提条件，限制了留守儿童、监护人等申请法律援助的机会。现实情境中，大量遭受性侵害的农村留守儿童及监护人缺少对法律援助的认知，他们在缺乏法律援助的情况下，可能面临较高的维权经济成本、时间成本。这种在维权过程中产生的高额成本问题也成为阻碍农村留守儿童及其监护人通过法律途径维权的重要原因，为了求得问题的较快解决，许多遭受不法侵害的家庭选择私了和经济补偿，而不是通过法律途径维权。另一角度言之，这种选择私了的方式也使得大量潜在犯罪嫌疑人被隐藏，他们在某些情境下极有可能再次作案。

再次，政府作为维护留守儿童等未成年人合法权益的责任主体在制定法律援助制度的相关法律中只保障了未成年犯罪嫌疑人的辩护权，却没有保障未成年人受害者的诉讼权。一方面，未成年人受害者及其监护人对相关法律程序并不熟悉，缺乏寻求法定代理人和代理委托人的意识；另一方面，经济层面的困难使他们缺乏相关资金聘请代理人。

> 我对 2015 至 2017 年未成年人刑事案件诉讼权利行使情况进行了分析，发现有一半的未成年人性侵害被害人诉讼权利保障方面既无法定代理人也无诉讼代理人出庭，未成年人诉讼权利保障受到很大限制。②

在现实中这使得遭受性侵害的留守儿童及家庭在维护自身合法权益过程中面临更大的困境。在调研中发现有的遭受性侵害的留守儿童及家庭经济状况都较为困难，因此他们宁可选择私了而不是诉诸法律。曾经遭受过性侵害的留守

---

① 沈红卫. 中国法律援助制度研究 [M]. 长沙：湖南人民出版社，2006：43-50.

② 访谈对象：编码 FM20200823，女，检察官。

儿童张某告诉研究者，当年被学校教师侵害后在外务工的母亲在母亲所在的城市进行了咨询，母亲主张打官司，然而找了三个律师都因为要价太高而作罢，最后在村里、乡里和学校的说和下，涉事老师赔了 5 万块钱被调离原单位，她则转学，事情最终私了。最后，乡村社区居民法律意识淡薄，法律援助宣传力度低。由于在我国农村村民发生纠纷时往往选择私下解决，对法律宣传和普法教育需求不强，"法律不构成人们日常生活的真切部分，普通人对法律是陌生、隔膜的"①，虽然经过"一五"（1986—1990 年为一五普法期间）到"六五"（2011—2015 年为六五普法时期），但农村居民受知识水平和文化习俗等的影响对法律认知的效果仍有待提高。"徒善不足以为政，徒法不足以自行"②，法治必须是"良法"和"守法"的结合③，普法的目的在于使公民"守法"以及通过法律维护自身合法权益，即实现知法—维权—守法三者之间的逻辑联系命题④，这是普法的意义之一。当前我国在农村实施的普法教育仍以政治动员方式为主⑤，并且体现为作为一种社会控制的方式或者说作为一种国家权力深入基层村落社区的形式而存在⑥，这种政治动员方式无疑在短时期内能够自上而下地使全国或者某个地域内的农村社区得到法制教育和训练，然而运动式的协作推广虽然适应当下农村社区居民普遍缺乏法治意识和法制观念的现实，然而短期内的动员式运作很难使农村居民普遍理解相关法律文本背后的意义和制度理念。法律制度和农村居民日常生活经验的隔膜使得农村留守妇、女儿童等接受宣传的意识和能力不强。

　　现在农村普法就是拉横幅、贴宣传海报，其他形式很难开展，农民都忙着自己一亩三分地的事情，他们也不愿意花时间来村委听这些宣传，他们感觉跟他们生活太远。就是说村民组织难，我们的普法形式也很僵化，大家也提不起兴趣学。⑦

　　此外，需要注意的是法律话语和相关文本的精英主义，中国当前的法律话

① 刘海燕，贾焕银. 乡村社会普法运动的民间法解读［M］//许章润. 普法运动. 北京：清华大学出版社，2011：171.
② 曾国藩. 曾刻孟子要略译注［M］. 合肥：安徽人民出版社，2013：241.
③ ［古希腊］亚里士多德. 政治学［M］. 吴寿彭，译. 北京：商务印书馆，1965：199；转引自：凌斌. 普法、法盲与法治［J］. 法制与社会发展，2004，10（2）：126-140.
④ 吕明. 在普法与守法之间——基于意识形态"社会黏合"功能的意义探究［J］. 南京农业大学学报（社会科学版），2012，12（3）：118-123.
⑤ 凌斌. 普法、法盲与法治［J］. 法制与社会发展，2004，10（2）：126-140.
⑥ 苏力. 送法下乡：中国基层司法制度研究［M］. 北京：北京大学出版社，2011：23.
⑦ 访谈对象：编码 MCZ20200326，男，54 岁，村主任。

语结构所内含的是西方法治模式传统，这种模式的内容是由类似宗教/僧侣成员的法律精英掌握法律的解释和注释①。由于我国法治建设的先天不足，在创制我国本土法律的过程中不得不走对西方法律话语、条文的移植之路②，这也使得西方法律传统的精英模式被引介至域内。显然我国法律文本的内容和结构以及背后所蕴含的法律意义，与包括留守儿童及监护人在内的农村社区居民生活场域，以及他们的生活经验和处理相关纠纷的礼俗秩序是不一致的，"以现在村民的文化水平，他无法理解法律援助这些法条的含义，在行业人士看来法条也很枯燥、抽象，（这些）跟村民生活太远了"，这使得我国法治的对象，就本研究而言指的是需要法律援助的留守儿童及监护人，都全然不理解移植自西方法律传统的那些知识分类和话语结构。这进一步使我国的普法教育无法实现相关制度设计所要达到的目标。因此受到性侵害的留守儿童及利益受损的家庭缺乏法律维权的意识，不会主动寻求法律援助，"现在说的这些法律援助、找律师啊，那个时候都不懂，我爷爷就知道骂，我妈就是流泪叹气了，后来我自己都害怕待在家里，我觉得是我害他们成这样"，同样面对自身权益受损的状况只能重新选择传统礼俗秩序所认可的处理方式，或者沉默或者选择私了，"村里的人当着你的面不讲，背后都在瞎讲，再闹到了别的村都知道了，我们家就商量找个中间人把这事儿解决了"。当然对于法律援助的需求是受害者和受害者家庭一直存在的，他们希望的是能够真正帮助他们的律师和外部力量。

此外，现行的法律援助制度还存在从事法律援助的专业工作者数量少以及援助经费不足等问题。由于法律援助是公益性质较强的工作类型，在律师服务已经市场化的今天，面对可能完全无法产生收益的法律援助，相关从业者往往缺乏工作动力和服务积极性。因此，这使得法律援助机构和相关从业人员在执行法律援助过程中面临案件数量多、专业工作者不足等问题，有的工作人员身兼数职。在法律援助需求和援助资源供给方面存在较大的张力和矛盾，虽然某些基层司法机构建立了专门的法律援助工作站，但工作站内工作人员不足，严重限制了相关业务的开展。以Y县公共法律援助中心为例，该中心2018年共办理350件案件，但在编工作人员只有6人，工作人员工作超负荷运行③。2019年以来Y县相关法律援助部门接访案件和服务人数都有较大幅度增长，2019年1月份至11月份共接待法律援助案件412件，同比增长20.6%④。此外，当前针

---

① 凌斌. 立法与法治：一个职业主义视角［J］. 北大法律评论，2004（0）：247-264.
② 凌斌. 普法、法盲与法治［J］. 法制与社会发展，2004，10（2）：126-140.
③ Y县法律援助中心内部资料。
④ Y县法律援助中心内部资料。

对法律援助的经济支持不足，限制了法律援助开展的条件。目前，我国法律援助服务工作主要依靠政府拨款来保障。近年来，中央和省级地方政府对法律援助工作都投入了相应的经费，在经济保障力度和额度方面都有所增加。不过与此相对，基层区县政府并未将法律援助经费纳入地方预算，导致法律援助工作常常遇到尴尬或者是寸步难行，人民群众现实生活中对法律援助的需求仍然难以有效满足。因没有经费，为降低服务成本、提高自身收益，在法律援助过程中有些律师出现了有偿服务和变相收费。在针对 Y 县留守儿童性侵害法律援助调查过程中发现，某律师明确要求受害者家庭给予赔偿金额的 25%，后经受害者家长多次讨价还价最终将金额降低为 15%。不过，后来该律师以法律援助影响其他工作为由，推辞掉了相关援助工作。前前后后该家庭共换了四名法律援助律师，然而最后都因服务费用等问题而没有坚持提供服务。

我国目前对被性侵害农村留守儿童的补偿是以加害人和国家的一次性经济补偿为主，国家在长期心理修复上的投入较少，亦尚未将对留守儿童的精神损害赔偿纳入补偿范畴。事实上，相较于身体伤害，留守儿童遭受性侵害给其自己和家庭所造成的精神伤害往往更难弥补。研究显示，受到性侵害的儿童相比遭受其他虐待形式的儿童及遭受非虐待创伤事件的儿童，引发 PTSD 症状（创伤后应激障碍症）的概率更高，进而引发抑郁、暴躁、强迫行为、滥用精神药物，甚至是自残、自杀、违法行为等严重现象。农村留守儿童由于和父母长期分居两地，监护人普遍文化水平较低，在不幸遭受性侵害后，留守儿童往往无法及时、有效地获得疗伤止痛，以化解性侵害带来的负面影响。与此同时，留守儿童遭受性侵害被披露后，家庭往往会面临很多困难和压力，比如周围人不友善的眼光和讨论，卷入司法程序后缺乏相应的法律援助，为改变环境带来的搬家、择校、择业等经济压力，这些困难和压力都鲜少被社会关注。

第三节　留守儿童安全保护政策执行风险因子分析

自国务院《关于加强农村留守儿童关爱保护工作的意见》颁布以来，我国各地区展开对留守儿童全面的关爱帮扶工作，落实政府主导、家庭监护、社区保护、学校保护等责任，促进留守儿童全面健康发展。为落实国务院出台的相关政策和意见，Y 县也制定了该县《关于加强农村留守儿童关爱保护工作的实施意见》，本节将对该县有关留守儿童性侵害预防的相关政策执行和实施情况进行分析，以期阐明当前留守儿童性侵害政策执行和留守儿童保护过程中存在的问题。

一、预防留守儿童性侵害的政策执行

国家关于留守儿童关爱保护和预防儿童性侵害的政策制定以后，政策执行成为政策目标能否实现的关键，而组织合理、协调顺畅、职能健全的公共政策执行主体的建立则是相关政策顺利实施的重点。公共政策执行主体是在政策实施过程中具体负责政策实施运行、落实政策目标的部门、组织和相关工作人员，主要包括国家和地方行政机关、司法机关、被赋予相关工作职能的公共机关、事业单位、群团组织以及供职于上述各机关的公职人员①。作为国家政策执行过程中的主要环节，在中央政府政策执行压力和基层社会政策需求的影响下，县级政府等基层行政机关通过学习中央政府政策，在考量自身部门利益以及地区发展需求的前提下制定适合本地区的目标选择。Y县留守儿童关爱保护工作的特点主要体现为政府主导总体工作布局，其他部门共同参与，同时引导社会其他组织和机构联动，强调家庭做好留守儿童监护，从源头预防留守儿童侵害事件的发生。联席会议的主要工作任务是针对留守儿童的助养、助医、助困、关爱服务、救助保护，即"五位一体"的救助。Y县在实际工作中通过不断扩大留守儿童救助的内涵，将本地域留守儿童关爱保护与困境儿童关爱保护工作融为一体，使救助对象的范围由留守儿童扩展为其他特殊困难家庭的儿童。由县财政出资，向困境儿童每月补助938元生活费。目前Y县建立了三所私立留守儿童寄宿制学校，是Y县利用社会力量举办的留守儿童教育机构。同时，Y县还孵化有一家"手拉手"社会工作服务中心以及设有Y县慈善总会。

（一）Y县留守儿童关爱保护工作组织架构及工作内容

2017年7月Y县出台了《关于加强农村留守儿童关爱保护工作的实施意见》（下文简称《实施意见》），根据该《实施意见》建立了县留守儿童关爱服务工作联席会议机制，由县长担任组长以协调各组织部门资源更好地推进和开展工作，联席会议具体负责人则是副县长。在县委、县政府领导下，县级各政府部门如民政局、卫生局、公安局、发改局、卫计局等十几个部门相关负责人任成员，在各政府部门的参与下逐渐构成了多部门参与和联动的工作机制。Y县留守儿童关爱保护工作主要包含以下四个方面，如：构建留守儿童监测预防体系（主要内容包括建立农村留守儿童动态档案、对留守儿童生活居住和心理健康状况进行分类评估、构建留守儿童强制报告制度）；构建完善的留守儿童监

---

① 赵丽江. 政治学：[M]. 2版. 武汉：武汉大学出版社，2012：198.

护体系（主要工作包括落实家庭、政府对留守儿童的监护责任，建立留守儿童相关紧急事件应急处置机制）；建立留守儿童关爱保护体系（构建司法保护体制、营造关爱留守儿童社会氛围、落实留守儿童紧急救助服务、加强留守儿童学校保护）；建立健全源头预防体系（通过发展县域和地方部门经济，创造就业，就会减少留守儿童父母向外流动。同时通过开展帮扶工作，帮助贫困留守儿童家庭摆脱贫困）；等等。

（二）Y县留守儿童关爱保护工作各部门职能

不同类型方面的工作，具体政策执行主体各不相同，在上述政策执行主体和工作内容中县民政局、县教育局、县司法局、县公安局、县人民法院、县人民检察院、县妇女联合会及县关心下一代工作委员会、县共产主义青年团、县扶贫开发领导小组办公室等部门承担了主要工作内容。根据访谈资料，这些部门的工作内容如表4-1所示。

表4-1　Y县留守儿童关爱保护相关部门及工作内容

部门	留守儿童关爱保护相关工作内容
县民政局	建立留守儿童基本信息档案信息库；掌握农村留守儿童变动情况；困境儿童救助工作；特殊困难家庭救济工作；留守儿童救助保护工作
县教育局	保障留守儿童受教育权；建立留守儿童就学、监护、身心健康状况基本档案；建立心理健康专业师资队伍；建立寄宿制学校，确保留守儿童全部入学；完善学前教育资源分配制度，确保适龄留守儿童能按时接受幼儿教育；满足留守儿童亲情沟通需求
县公安局	针对留守儿童无人监护及其他突发情况给予及时处置；确保留守儿童能够得到及时有效的监护，对留守儿童不法侵害能够及时处置并做出相应处罚
县人民法院	法制进校园；预防留守儿童等未成年人犯罪；对困难家庭留守儿童犯罪人给予法律援助；设立少年法庭
县检察院	送法进校园；预防未成年人犯罪；对困境服刑人员家庭进行帮扶
县妇女联合会及县关心下一代工作委员会	定期举办主体活动，加强农村留守儿童关爱帮扶；建设儿童之家等农村留守儿童关爱服务阵地；加强留守儿童心理健康教育；预防未成年人犯罪；村妇女主任关注困境和留守儿童
县共产主义青年团	开展普法工作，宣传未成年人的关爱保护；管理志愿者团队，开展关爱留守儿童活动
县扶贫开发领导小组办公室	加强对贫困留守儿童家庭救助；构建企业帮扶留守儿童及困境儿童机制

除了县级各政策执行主体外，乡镇、农村村委会等政府部门、组织也承担了众多留守儿童关爱帮扶工作责任。如在留守儿童关爱保护工作中乡镇承担了责任落实的"最后一公里"的任务。具体而言主要包括承担具体的留守儿童属地管理责任，确保留守儿童能得到有效监护；建立留守儿童服务工作专干；构建乡镇党员干部、学校教师等"一对一"的留守儿童关爱帮扶制度；针对留守儿童心理健康和教育状况及家庭监护情况进行评估，根据留守儿童不同评估状况施行适切的关爱帮扶策略等。村委会承担的责任主要为定期走访和排查留守儿童居住、监护和教育状况；发挥村（居）基础设施作用，设立儿童活动中心，为留守儿童与父母通过电话、视频等方式联系提供便利。

二、留守儿童安全保护工作机制风险

（一）留守儿童性侵害预防相关政策缺失

制定公共政策并实施、监督和评估政策是达成政策目标、解决社会问题的关键。作为动态的活动过程，公共政策的制定是由不同环节和功能性活动形构的过程。在公共政策制定过程中根据不同的工作内容可以将其划分为不同阶段，如建立政策议程、通过调研讨论形成政策、政策采纳后实施政策，在此基础上对政策进行评估，从而进一步完善政策①。在这一过程当中政策议程的建立是政策形成和执行的关键。而政策议程的建立与政策问题的形成存在密切关系，按照公共政策问题形成的一般逻辑即"私人问题—社会问题—公共问题—公共政策问题"这样一个逐级的逻辑顺序②。政策问题产生的逻辑顺序暗含下一预设，即问题是否客观存在，问题是否属于个人无法解决，问题本身是否成为社会性问题从而转化为社会性诉求，问题是否需要权威部门认定而成为政策问题。

在 Y 县政府机构各职能部门的视野中留守儿童性侵害问题显然并未成为政策性问题，在他们看来也不会分配资源聚焦于该问题的解决。在现有的留守儿童关爱工作联席会议制定的各部门工作内容中只有少数工作内容涉及留守儿童性侵害问题，如留守儿童监护、留守儿童强制报告等。在强制报告制度具体规范内容方面，该县主要强调对监护人缺乏监护能力无力监护的留守儿童，以及缺乏监护人监护的留守儿童和监护人不履行监护责任的留守儿童③等情况进行

① ［美］威廉·N. 邓恩. 公共政策分析导论［M］. 谢明，伏燕，朱西宁，译. 北京：中国人民大学出版社，2002：13.
② 杨成虎. 论政策问题构建的逻辑与程序［J］. 学习与实践，2010（2）：95.
③ 《Y 县人民政府关于加强农村留守儿童关爱保护工作的实施意见》。

强制报告，虽然规定了对遭受家庭暴力等不法侵害的情况进行报告①，但是对不法侵害的类型也并未详细规定，同时对没有履行强制报告的相关责任人也缺乏详细的惩处意见。同样该县也并未制定关于从事留守儿童教育、医疗、救助、看护等工作的人员的禁入机制，也并未形成针对性侵害犯罪人信息查询的相关工作机制和查询平台。

虽然近年来 Y 县检察院、法院对留守儿童性侵害案的公诉、审结数量持续上升，但在政府有关部门看来该问题并未成为具有重大社会利益关切的问题，因此也没有必要成为社会政策或者专门制定相关工作机制加以解决。在 Y 县，民政局主管领导认为的是，"留守儿童性侵害这类事件太少、太私人性了，民不举官不究""主要是留守儿童的生存问题，不要出现没人看管的情况，让孩子能吃好、学习好、有人照顾这是最重要的""您说的这种性侵害的情况，在我们看来还是比较少，现在主要的问题是留守儿童的监护"。对县级政府部门来说，政策执行压力主要来自上级主管部门的监督。在我国，行政体制的特点是纵向层级授权，中央通过自上而下的权力流动使中央意志能够直达基层社会，在此过程中国家通过体制使政府各部门以及基层社会认可国家政策意向和治国理念②。为防止中央政策和权威在权力层级传递过程中被弱化，中央和各级党委政府在权力让渡过程中不断强化对下级政府政策执行的监督和责任压力，如"属地管理""自己的孩子自己抱"，以及不断增强、量化的考核指标等都是中央政府和各级政府为强化权力传达和中央政策落实而采取的指导方针和行动举措。就此而言，县级政府政策执行的压力其中很大一方面来自中央政府和上级政府的监督、考核，在 Y 县上级行政机构 B 市尚未对留守儿童性侵害进行政策布置的前提下，显然 Y 县自身缺乏执行相关政策和建立行动机制的动力。

此外，从公共政策议题稀缺性假设分析角度也能够厘清 Y 县政府所做出的政策安排逻辑。公共政策议题稀缺性假设认为，公共政策是通过对有限的社会政策资源进行优化配置从而解决社会公共问题的过程③。公共政策作为正式的制度安排，其目的在于通过对资源和利益的重新配置从而实现社会公共利益。作为政策制定的逻辑起点，政策议题的产生、选择和认定的过程也是利益选择和表达的过程。众所周知，在社会生活的某一领域和社会生活的某一地域，内部

---

① 《Y 县人民政府关于加强农村留守儿童关爱保护工作的实施意见》。
② 马翠军. 中国行政层级关系微观研究［M］. 郑州：河南人民出版社，2016：239.
③ 刘倩. 公共政策问题确认中政府行为研究的前在预设［J］. 西北农林科技大学学报（社会科学版），2011，11（1）：94-98.

不同利益群体其所代表的利益诉求存在种类的多样性和利益表达的多元性，相对于政策资源调动的有限性，利益诉求的多样性、多元性可谓无穷，两者相比益发凸显公共政策问题的稀缺性。因此，在某一时期只能锚定有限的政策议题，在公共政策问题的确认过程中涉及对政策问题的正式选择、确认工作更为谨慎。

此外，公共选择理论（theory of public choice）认为通过经济学领域中的"经济人"假设、交换行为和个人主义范式能够分析研究政府的政策行为①。詹姆斯·布坎南（James Buchanan）作为公共选择理论的领袖人物，其发表的《社会选择、民主政治与自由市场》一文被认为是公共选择理论的经典著作。布坎南认为，"经济人"假设是公共选择理论中体现的第二个选择和方面②。"经济人"假设指出，个人无论处于何种社会境遇，都会追求自身利益最大化，或者使自身利益边界不被侵害，同时确保成本小于利益增进③。在政治学中"经济人"假设可以用来解释政府政策选择、政府行动等方面的议题。同时布坎南等将政府政策行为和相关行动利用经济学中的交换行为来进行解释，布坎南指出政治过程与市场过程类似，同样是一种交易过程，所不同的是市场交易过程涉及的是商品而政府交易过程涉及的是公共产品。公共选择理论将政府政策行为视为政府内部集体与行动者之间的交换行为，重视集体决策与私人决策之间的博弈。方法论的个人主义则是将行动者个体看作决定个体行动和集体行动的唯一决策者，主张在政策分析中通过个人动机、目的来解释相关政策行动。政策过程中的集体行动被看作个体理性选择的结果，政府行动只是上述行动的过程。对于 Y 县政府和各级行政机关来说在政策资源有限的前提下，重新分配资源进行留守儿童性侵害的预防，或者说在现有的留守儿童关爱保护政策执行过程中细化相关保护标准，将留守儿童性侵害专门作为政府政策行动的重要内容和各部门工作的分支类型，对县政府各部门来说，并非必需的政策布置和政策选择。这种政策考量也体现在政府各部门负责人对留守儿童性侵害问题形成的某种统一性认识，"父母、老师对留守儿童都很关爱，爷爷奶奶溺爱的更多，不存在或者很少存在性虐待、性侵害这种问题"，因此他们工作的重点是"落实国家的留守儿童关爱工作，主要是监护，别出那种特别极端的情况"。此外，Y 县作为 M 省脱贫攻坚重点县，县委县政府近年来将更多的精力和资源集中于本地区的脱

① 施建刚，徐奇升．地方政府土地供应结构偏向行为及其对城市增长的影响研究［M］．上海：同济大学出版社，2019：51．

② ［美］詹姆斯·M．布坎南，［美］戈登·塔洛克．同意的计算——立宪民主的逻辑基础［M］．陈光金，译．北京：中国社会科学出版社，2000：497．

③ 朱成全．社会思潮视野中的经济学［M］．大连：东北财经大学出版社，2016：97．

贫工作中，在有限的人力、物力资源的限制下，就留守儿童性侵害预防和救助成立专门的领导小组和做出政策安排，非当前工作的重点。换言之，面对经济发展的政策优先地位，留守儿童性侵害预防似乎成了政府工作的非重点事项。

　　当然在 Y 县并非没有任何一个部门不留意留守儿童性侵害预防工作，在访谈中，民政局、妇联、检察院、公安局等部门相关科室负责人均向笔者表示"未成年人性侵害问题也是我们工作的其中一部分内容"，只是"在工作中我们主要做的就是留守儿童的动态管理、法律宣传，还有就是救济、救助，突发应急情况处理等"。然而对于具体的留守儿童性侵害预防保护等工作由哪个行政机构主导和协调并没有一致性的认识，用民政局办公室王主任的话来说就是："我们主要负责我们联席会议上分配的任务，同时做好跟其他部门的有效配合。"关于留守儿童性侵害工作的具体任务："一是联席会议上还没有形成政策议程，所以现在还没有哪个具体部门负责和协调。只是联席会议办公室设在我们民政局；二是性侵害算是刑事伤害，应该公安局、检察院它们负责管理，我们负责进行救助和预防……现在存在的主要问题就是领导注重抓典型，缺少对留守儿童关爱到位、关爱到边，很多工作开展得比较零散，偶尔搞一些慰问、写点新闻、拍点照片。"相对应的检察院未检科的工作人员则强调民政局、共青团等部门在留守儿童关爱、保护等方面的责任。同时，在 Y 县民政局、公安局等部门缺乏留守儿童性侵害关爱预防资金，现有的留守儿童专项资金也是各部门在自身经费的基础上划拨而来。虽然 2019 年 Y 县筹措了 26.38 万元留守儿童专项资金，然而这部分资金主要用于困难儿童救助、儿童主任（儿童督导员）安排工资等方面，用于留守儿童性侵害教育、预防等方面的资金阙如，缺乏资金和相关资源也使得各部门只能在有限条件下开展工作。根据公共选择理论，政府部门一旦形成也会产生自己的部门利益，在政策执行过程中也会选择自身部门利益最大化，或者防止自身部门利益受损。社会学家马克斯·韦伯指出科层组织会形成政府中的独立群体，拥有自身独特的利益、价值和权力基础①。因此，在 Y 县与留守儿童性侵害预防保护工作相关的各部门之间存在职权交叉重叠、工作权责对应问题，在这种情况下，为维护自身部门利益、减少行政工作压力和责任，联席会议的有关各部门之间出现相互推脱工作责任、减轻本部门相关工作内容等问题。

　　（二）留守儿童关爱保护政策执行力不足

　　当前虽然 Y 县成立了由县领导任组长的留守儿童关爱保护工作联席会议制度，但在调研中发现当前的留守儿童关爱保护工作仍存在诸多问题。在调研中

---

　　①　杨冠琼．政府治理体系创新 [M]．北京：经济管理出版社，2000：317-319.

笔者亲身经历了以下留守儿童监护事件，此事件虽然不涉及留守儿童性侵害，却涉及与其安全密切相关的监护、社会支持等问题。通过该事件可以综合考察Y县在留守儿童关爱保护工作中存在的不足。

笔者在Y县W镇某村调研中发现，该村留守女童张月①（年龄12岁，小学六年级）独自在家照顾6岁的妹妹张欣②，目前已经辍学在家两个多月了。张月、张欣的爸爸因为盗窃罪被派出所拘留，母亲早就与父亲离婚，现在在外地生活，爷爷奶奶、外公外婆等都已去世（见图4-2留守儿童家庭结构图）。此前两个孩子跟着父亲一起生活，自从父亲被拘留以后张月便辍学在家独自照料妹妹。调查发现，村里的好心村民经常给两个孩子送饭，平时两个孩子的姑姑会来照顾孩子，但生活中大部分时间都是张月独自在家照料张欣。张月的老师一周会来一次给孩子补课。但是无论是邻居、老师还是孩子姑姑，他们都有各自的工作和家庭生活，因此目前都无法经常性地来照料孩子。留守儿童无人监护的情况，村委会、本社区居民、派出所都知情，然而除了邻居、老师还有孩子的姑姑偶尔来照顾外，大部分时间都是儿童自己监护自己。笔者了解到相关情况后将两名留守儿童缺乏监护的情况在媒体进行了曝光。舆论监督的效果很好，曝光以后派出所、乡民政所、村妇联、县共青团、县教育局等部门负责人来村里调查核实情况，并做通孩子姑姑工作，希望她能代为监护，每个月每个孩子600元抚养费，孩子的教育费用全部减免。同样，该事件曝光以后孩子的母亲给笔者打来电话，从电话中得知孩子母亲一直希望自己能够跟两个孩子一起生活，然而孩子的姑姑不答应，后来孩子母亲提出自己可以单独跟大女儿一起生活又被孩子的姑姑拒绝，孩子母亲自离婚后到该事件曝光前一直没有见过孩子。从孩子母亲口中进一步了解到，孩子家庭相关情况派出所、村委会、亲属等全部知情，但一直没有采取相应措施。

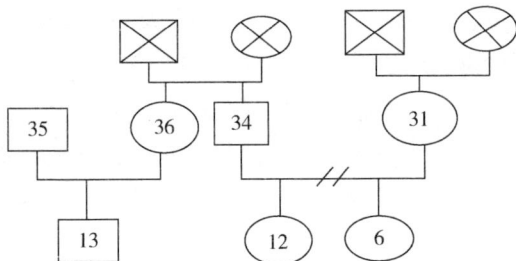

图4-2　留守儿童家庭结构图

---

① 张月、张欣均为留守儿童化名。

② 张月、张欣均为留守儿童化名。

　　该留守儿童家庭结构已经不完整，父母离异，母亲在家庭缺场，父亲承担子女监护责任，然而盗窃犯罪被拘留的突发事件使得留守儿童的生活环境迅速恶化。同时祖父、外祖父辈的离去，使得该家庭获得祖辈家庭支持的可能性消失。在父亲一支的家庭亲属网络中，姑姑成为唯一可能承担留守儿童监管的亲属成员，然而出于对个体和自身家庭利益的考量，姑姑缺乏抚养留守儿童的动机和动力。因此，社会支持、政府支持、社区支持成为留守儿童家庭摆脱困难处境主要资金来源和求助途径。从该案例目前的情况看，自事件发生到最后的阶段性解决，媒体、网络的力量发挥了重要作用，在事件曝光过程中网络舆论给 Y 县各部门及 W 镇各基层工作人员等造成了较大的工作压力，迫使他们迅速采取行动。从该事件的发现处理的过程中也可以看出目前 Y 县当前的留守儿童关爱保护工作仍存在漏洞与短板。

　　第一，对留守儿童保护的认识普遍不足。对政策议题形成正确认识和对相关议题达成"共识"将有益于政策的推进和实施。就留守儿童保护问题而言，相关政策实施部门对留守儿童保护和性虐待等问题并未形成明确认识。究其原因，长久以来的惯性理念认为儿童保护、儿童虐待等属于家庭私人领域内部事务，公权力不便于介入①。依据公权力理论，人类社会生活的范围可以将其分为私人领域和公共领域，由此权力也可以划分为作用于公共领域的权力即公权力以及作用于私人领域的权力即私权利。"公权力是人类共同体组织以共同体的名义，代表共同体作出某种行为的能力或力量"②，按照行使公权力的公共组织的不同可以将其划分为国家公权力、社会公权力和国际公权力三种③，其中又以国家公权力对公民生活影响最为深远。家庭并非属于公共领域而是以个人情感表达和个人人格为基础形成的私人空间。根据政治哲学家查尔斯·泰勒（Charles Taylor）的观点，当"现代自我观念的发展既包含趋向于私人性，又内含对人之本性中的动机、欲望、理想的实现的强调。一个人一旦以这个视角来审视世界，那么家庭生活就不可避免地处于生活的中心位置"④。个人情感的私密性表达需要家庭提供相应的空间，这种家庭生活的私密性与公权力是疏远的，并尽量排斥公权力对私密领域个人生活的干扰。同样，在家庭自治理论看来，家庭是有

---

① 刘昱辉. 公权力介入家庭暴力的法理思考［D］. 北京：中共中央党校，2010：68-70.

② 王宗文. 权力制约与监督研究［M］. 沈阳：辽宁人民出版社，2005，11：13.

③ 姜明安. 公法学研究的几个基本问题［J］. 法商研究，2005（3）：4-10.

④ TAYLOR C. Philosophy and the Human Sciences［M］. New York：Cambridge University Press，1985：262；宁乐锋. 现代私人领域及其结构——关于查尔斯·泰勒的私人领域概念的解析［J］. 广西社会科学，2017（7）：62-66.

个体自治权的个人自我组织生活和选择生活方式的载体，作为个人自治联合形成的家庭具有正当性。因此，给予家庭自治权力是维护个人自由和对其私生活进行保护的必然要求。

此外家庭作为以情感、血缘为纽带形成的初级组织，国家公权力的介入并不能必然促成家庭的团结，所以国家公权力对私人领域事务的介入是谨慎的，"只有当国家秉持对家庭弱者的权利保障时，家庭秩序才处于公权力的监控之下"①。国家通过制定相关政策的形式对未成年人、妇女、老人进行保护，体现了国家公权力对家庭私人领域的有限介入。然而，在政策具体实施过程中相关政策执行者并未对国家公权力对家庭私人领域介入的正当性形成明确认识，同样也并未对本部门具体实施何种介入策略达成共识。由此，可以进一步推论，在家庭政策具体执行过程中不能忽略政策实施背景中的社会文化历史及心理条件。在本案例中，虽然派出所民警、民政所工作人员、村妇女主任、村委会的相关人员明确知道该家庭中存在留守儿童监护问题，但并未积极作为，派出所的工作人员抱怨道："清官难断家务事，我们派出所过去了也只是劝，没有更好的办法。"笔者对该事件的曝光也使得该村村委会王主任感觉很委屈："你不用在网上曝光，这件事我们都知道，村里也没想到更好的办法，谁管啊，一管那不是一两年的事儿。"当笔者提到现在政府可以代为监护，不用村里操心，王主任很无奈："咱把孩子弄到福利院，万一哪天人家她妈回来跟我们要孩子，说我们没经过人家同意就把孩子弄走了，我们咋说，老百姓有时候不跟你说理儿，她就跟你闹。"理查德·蒂特马斯（Richard Titmuss）指出，"社会政策不可能离开社会整体来研究"②，留守儿童关爱保护政策的实施应充分考虑相关执行者对政策本身的认识和理解情况，提高他们对该问题的认识，同时也能进一步强化他们对留守儿童性侵害、暴力虐待等问题的敏感性。

第二，政策执行的动机和动力不足。动机指的是有目的的行为，最终指向包容性适应的基本目标③。由于缺乏对留守儿童关爱保护政策的认识，因此，这也部分影响了民政局、公安局等相关部门在政策执行层面的动机和行动力，不过这与政策执行模式和政策执行者的利益考量存在更密切的关系。客观来看，

---

① 蔡琳. 家庭秩序：国家法的构造与限度 [J]. 浙江学刊，2020（5）：20-28.
② ［英］理查德·蒂特马斯. 蒂特马斯社会政策十讲 [M]. 江绍康，译. 长春：吉林出版集团有限责任公司，2011.
③ BERNARD L C, MILLS M, WALSH L S, et al. An Evolutionary Theory of Human Motivation [J]. Genetic, Social, and General Psychology Monographs, 2005, 131（2）：129-184.

公共政策的执行过程遵循的是"自上而下"的模式①，其中上级政府既是政策制定者同时也是监督考核者，下级政府是政策的执行者。在政策的具体运行过程中，上级政府与下级政府是垂直的领导与被领导关系，下级政府对上级政府负责。这种政策执行模式有助于上级政府颁布政策的实施和推动，不过容易导致下级政府执行政策时的主动性弱化、主体性消解等问题，因此下级政府部门在政策执行过程中动力不足、主动性不强，存在"上级推一推，下级动一动""上级不推，下级不动"②的政策执行怪象。与这种低效率的政策执行现象相伴生的是对政策缺乏深入理解，选择式政策执行或者在政策执行中相互推诿。Y县政府虽然建立了留守儿童关爱保护工作联席会议，但并未对如何施行相关工作设定量化标准，同样缺乏的是对执行情况的考核机制。本案例中，虽然该村出现了留守儿童无人监管的问题并且该问题持续两个多月，但相关部门仍然缺乏积极主动解决问题的动力。研究者发现镇民政所、村委会等主要应对上级部门交代的任务，但自己并不愿意主动查找问题并妥善解决。村委会负责人认为，"对我们来说，村里的责任有限，能力也有限，整个村委会就我们几个人，除了我比较年轻，其他都是 65 岁以上的老人，还有一个网格员，年轻人都打工去了。再一个就是他们家的事儿不好管也管不过来，我们现在只能先安排人给孩子们做饭，别出大事"③。

公共选择理论代表学者布坎南认为，在政府政策执行过程中各政府相关部门及成员的行为动机能够在很大程度上影响政策的执行④。依据公共选择理论个人主义范式，分析在政策执行过程中政府、村委会等部门和组织的工作人员执行留守儿童关爱保护政策的动机可以发现，相关人员都具有自己的利益考量或者说在政策执行过程中维护自身利益最大化，抑或有保证自己的利益不会受损的动机。同样，由部门和组织行动者形成的政策执行机构和团体组织基于"经济人"的权衡，防止本部门利益受损，这就形成了政策执行者及其政策执行机构独立于政策之外的利益。因此，为了防止政策执行过程中部门和个人利益干扰政策目标的实现，选择恰当的政策执行者非常重要。在政策具体执行阶段，政策决策部门往往选取与政策执行利益密切相关的部门受益者作为政策执行者，

---

① 余玉花. 科学防范现代危机的公共政策：理论与实践［M］. 上海：上海社会科学院出版社，2017：168.

② 景天魁. 社会发展的时空结构［M］. 哈尔滨：黑龙江人民出版社，2002：441.

③ 访谈对象：编码 20200611，男，54 岁，村主任.

④ 贺翔，唐果. 公共选择理论对我国政府管理的几点启示［J］. 科学学与科学技术管理，2005，26（2）：89-91.

以便于政策受益者能够正确平衡部门自身利益与政策目标实现之间的关系，从而增强相关部门的政策执行动力，减少政策在执行过程中被扭曲或异化等问题。

具体考察 Y 县留守儿童关爱保护工作机制可以发现，在政策具体运作过程中，民政局、教育局、发改局、公安局、财政局等部门并非政策的直接利益相关方。由于留守儿童关爱保护资金欠缺，虽然 Y 县积极筹措留守儿童保护相关资金，但是仍无法给予参与留守儿童保护的各部门足够的资源支持[1]。因此，相关部门在具体执行留守儿童保护的工作中往往动用本部门资源来运作。同时相对于公安局、民政局等部门，妇联、共青团等群团组织在资源占有、部门地位方面更为弱势，人力资源的支出对于妇联、共青团等部门来说产生较大的工作压力，县妇联主任向研究者表示："在留守儿童关爱保护方面，全县各职能部门基本都参与了，我们妇联作为群团组织参与进来。具体工作我们开展得不多，因为从上到下，从我们县妇联到下面的镇妇联再到下面村里的妇女主任，我们人员非常有限，而且能够让我们使用的资金也不多，所以整体上来说，在整个关爱留守儿童工作中我们本身不具备相应的功能。你刚才问的留守儿童性侵害这些更加专业了，对这方面我们能做的更少。目前就是没有资源，没有专业指导，没有监督考核这些，详细的实施方案我们现在也还在摸索。性侵害防护问题是很好的点，但我们现在没有资源做，我们妇联整体上就是做好留守儿童排查，然后六一儿童节的时候去走访一下。"[2] Y 县留守儿童保护工作中缺乏相应的激励与监督考核机制，进一步使得相关部门在政策执行中的动力不足。政策激励与监督考核机制是促进政策执行的有效策略，然而 Y 县政府并未构建健全的留守儿童关爱保护工作激励、考核、监督机制，或者说现有的相关考核机制存在考核指标模糊、奖惩措施缺位等问题。各相关政府部门也未建立本部门的详细的考核指标，这在很大程度上使 Y 县留守儿童关爱保护工作难以形成闭环式的监督、评估、奖惩体系，从而影响了留守儿童关爱保护政策的具体落实。

处理 Q 村留守儿童监护工作过程中由于缺乏相应的监督和考核机制，留守儿童监护工作迟迟得不到解决。在走访中研究者也得到数件发生在其他乡镇的留守儿童问题的消息。一个男孩自出生至今就被遗弃在县中医院，现在孩子快 8 岁了，并未有相应的解决策略。还有一对姐弟常年住在亲戚家，父母均不履行抚养义务，但是也没有被剥夺监护权。这些儿童既可以称作困境儿童同时也可以归为留守儿童。这些信息虽然相关村委会负责人和村民都知情，甚至基层乡

---

① Y 县民政局负责人访谈资料。

② 访谈对象编码 FMFL20200612，女，41 岁，Y 县妇联工作人员。

镇府也知晓相关情况，但基层政府的行动逻辑是能够保证"不出事儿"而非彻底地解决相关问题。

第三，政策的象征性执行问题。象征性执行指的是在政策执行过程中采取政策执行敷衍的方式，政策名实之间出现分离，即政策理念、目标等回应社会问题和社会需求，然而实际执行过程只是对文件进行宣传学习，未制定具体的执行措施。特别是当政策施行的路径模糊，缺乏明晰性，政策本身实施所能带来的利益和效益较低时，基层政府在政策执行中往往采取象征性执行策略。在此情形下，加之对政策执行的问责和激励机制缺失，相关政策执行部门就会将政策停留在形式性、仪式性的活动方面，而不开展具体的行动。Y县B镇Q村施行留守儿童"一人一档案"管理制度，其中包括《留守儿童登记表》《帮扶责任书》《监护协议书》《风险等级评估表》《家访记录》等相关表格，然而Q村村委在执行过程中仅仅对表格更新了一次，即对本村留守儿童第一次普查时进行了登记，此后只是针对相应表格重复填写，并未实际检查留守儿童居住和健康状况的变动情况。在对该村附近的村中心小学的走访过程中发现，该校规定一名教师要带两名留守儿童，在家访时针对留守儿童学习情况、心理健康状况进行监督和评估，要保持一周一更新。然而现实的情况是很多教师教学任务繁重，无法及时更新留守儿童的相关信息，因此只能采取家访一次重复填写数份资料的形式应付。在走访中，中心小学的校长告诉研究者："（留守儿童的）资料一定要完整，你去几次家访，去一次或者每次都去，时间上自己来把握，但是资料一定要全，上级检查主要就是检查这些资料做得如何，一般不会问你去了几次。"校长、教师疲于应付留守儿童资料的完整性、齐备性，具体的工作难以开展。

在访谈中调查者发现，该校提供给研究者关于留守儿童关爱保护（暑期防溺水）的相关活动资料已经是2017年的，最近几年并未开展相关活动。"留守儿童之家"是Y县人民政府2016年主推的项目，然而几年过去了全县留守儿童之家的建设仍然没有完成。从研究者走访的几所学校来看，某些建设有留守儿童之家的学校往往只设置一间办公室或者教室，图书或活动设备虽然配备齐全，但大多只是闲置。在学校走访中针对留守儿童的调查发现，多数留守儿童表示没有去过留守儿童之家，有的表示去过但只是拍了几张照片，并没有开展具体活动，一些留守儿童甚至表示不知道有留守儿童之家。这种对政策的象征性执行的情况一方面降低了政策执行的效率，另一方面也使得留守儿童关爱保护政策难以取得实际目标效益。

（三）留守儿童关爱保护工作机制缺失

Y 县目前留守儿童关爱保护工作缺乏明确的政策执行主体，当前工作的主要机制是该县成立的联席会议。该联席会议每年召开两次会议，以规划部署 Y 县相关留守儿童关爱保护工作。联席会议办公室设在 Y 县民政局，由民政局副局长任办公室主任，留守儿童关爱保护联席会议的日常性工作由民政局主持开展。不过在留守儿童关爱保护工作具体开展过程中主要负责单位多达十几个，每个单位都承担与留守儿童相关的支持型、保护型或服务型任务（见图4-3）。

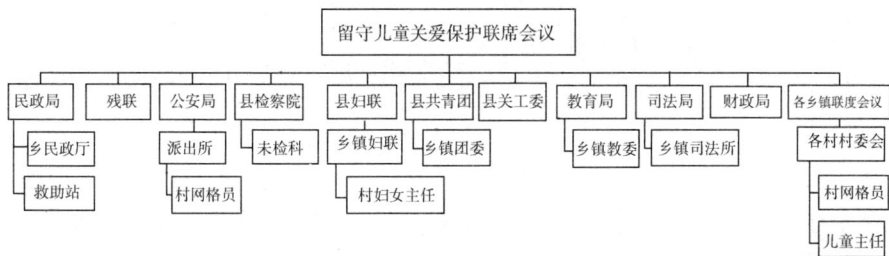

图4-3　Y 县留守儿童关爱保护组织架构

如扶贫办负责贫困留守儿童的建档立卡、精准帮扶以及为贫困留守儿童家庭落实帮扶责任；教育局则保障留守儿童能够按时入学；残联则是重点关注残疾留守儿童以及其他困境儿童等。虽然 Y 县形成了留守儿童关爱保护工作联席会议，然而联席会议一年召开两次，这种会议召开的低频率难以有效应对不同部门在留守儿童相关工作中产生的沟通协调问题，这也造成留守儿童关爱保护工作主管和协调部门缺位问题。在联席会议机制下，联席会议涉及的每个部门都"承包"了留守儿童关爱保护工作的某一方面任务，这使 Y 县留守儿童关爱保护工作呈现明显的条块式治理特征。

在条块式治理格局下，留守儿童关爱保护工作也被分割了，留守儿童问题被分割后，依靠单独任何一个部门都无法解决，而且容易导致部门之间相互推诿、缺乏联动等弊端。依据部门协同理论，在多个部门共同参与政策执行的背景中，政策目标的实现需要多个不同组织之间的协调才能促进资源整合，提高集体行动的效力①。然而部门协同需要某一政策执行主体或主管部门，统一指导各部门工作。主管部门的沟通协调，有利于不同部门在政策执行过程中进行有效的沟通与合作，减少由于信息沟通不畅导致的机构内部成员思想缺乏共识、

---

① 李爱芹. 浅谈农村留守儿童权益保护存在的问题及对策［J］. 农村经济与科技，2014（10）：131-132.

行为难以互动配合，产生组织内聚力弱化和政策执行力减弱等问题。然而由于缺少留守儿童关爱保护主管部门，在日常政策执行过程中不同部门之间信息沟通不畅导致部门之间形成信息堡垒，难以实现彼此之间的沟通和协调以及组织结构的功能互补和结构优化，不但造成资源浪费还容易形成服务的碎片化以及运动式保护等特征。在上述案例中留守儿童张欣问题不仅涉及教育、民政还涉及司法、公安等部门，然而上述部门无一部门能够主动介入该留守儿童和家庭关爱帮扶工作。这种多部门参与、权责交叉的留守儿童关爱保护工作机制缺乏明确的主管部门，只能进一步造成留守儿童关爱服务的碎片化和管理的混乱化，使留守儿童权益无法得到有效保障。

社会文化、法律制度等是留守儿童宏观社会生态系统中的重要组成部分，对于保障留守儿童性安全、防止留守儿童性侵害发挥重要作用，而基层政府部门作为留守儿童关爱保护体系中的中坚力量，对于关爱保护政策落实更是承担主要责任。无疑，当前我国社会文化中存在的传统性别文化、父权制观念等对留守儿童性侵害的发生发挥着潜在性影响，而法律制度的缺失和不完善降低了犯罪人实施犯罪的成本，在现实性层面造成留守儿童性侵害风险的加剧。在政策执行中，基层政府是否切实贯彻执行相关措施，将很大程度影响政策本身的有效性，同样也影响留守儿童面临性侵害风险的大小。

第五章

农村留守儿童性侵害生活环境风险分析

按照查尔斯·扎斯特罗（Charles Zastrow）社会生态系统理论的观点，本章中中观系统指的是留守儿童生活场景中的家庭、学校、社区系统①。其中家庭监护能力降低、家庭不合理的生活安排等都会增加儿童遭受家内或家外性侵害风险的机率。对于农村留守儿童而言，家庭所在社区安全状况，以及学校是否形成有利于留守儿童性安全的环境，都会影响留守儿童的遭受性侵害风险的概率小大。因此，本章关于留守儿童性侵害家庭风险问题的研究，将借助日常活动理论和生活方式理论等理论观点，通过案例分析的方法聚焦家庭内部风险和家庭外部风险。其中家庭内部风险主要分析留守儿童家庭环境，包括家庭功能健全状况、家庭生活安排与留守儿童性侵害风险的关系等；家庭外部风险状况主要分析家庭所在社区风险状况与留守儿童性安全的关系、留守儿童所在学校环境与留守儿童性安全之间的关系等。

第一节　农村留守儿童性侵害的家庭风险因子分析

家庭是留守儿童主要的生活场域，同时也是为其提供生存发展条件和安全保障的主要场所。然而，对于留守儿童而言家庭中也存在监护人能力不足、监护人暴力侵害等风险性因素，这些因素导致部分留守儿童家庭的生活处境异常艰难。

一、家庭监护与农村留守儿童性侵害风险

一般而言，家庭监护是留守儿童的主要保护性因素。在家庭中，监护人为

---

① 范燕宁，席小华．矫正社会工作研究［M］．北京：中国人民公安大学出版社，2009：50.

留守儿童提供各种支持，同时家庭凝聚力、家庭规范以及完善的家庭结构等都为留守儿童的成长发展、免于遭受性侵害风险等提供了多种保护①。然而，家庭监护人监护能力缺失、家庭失灵、监护人腐败等问题也容易造成留守儿童面临性侵害等各种风险。

（一）监护能力与留守儿童性侵害

监护指的是，由家庭成员对本家庭内部与监护人具有血缘关系的未成年人或者失去自我保护和生活能力的成年人实施的监督与保护②。监护人则是为了确保监护制度的切实执行而通过监护制度专门指定的相应人员，他们负有监督和保护被监护人的职责③。通过监护制度，监护人代理被监护人行使民事权利确保被监护人的民事权益得以实现，同时约束被监护人的行为，从而使被监护人能够按照法律规范行事，避免犯罪行为的发生。根据生活—日常活动理论，在留守儿童遭受性侵害风险问题中，监护人的监护能力一方面指的是监护人能否为留守儿童提供有效的保护，另一方面指的是监护人是否能够及时发现儿童遭受性侵害的状况，或者称为留守儿童监护人能实时觉察儿童遭受性侵害的能力或者对留守儿童性安全等保持敏感性。根据生活—日常活动理论，有监护能力的监护人是确保留守儿童免于性侵害的主要因素。就此而言，家庭监护是确保留守儿童免于遭受性侵害的主要力量，家庭中主要监护人监护能力缺失将导致留守儿童缺乏保护，从而面临遭受性侵害风险的可能。留守儿童监护人对留守儿童遭受性侵害状况缺乏敏感性，将导致留守儿童遭受性侵害后不能够及时进行介入，从而造成性侵害问题难以被发现，使得留守儿童有可能持续遭受性侵害。

身体和精神等客观因素导致监护人无监护能力。留守儿童的保护需要监护人提供相应的条件，同时要求监护人具备一定的身体素质和能力，此是从事留守儿童保护工作的重要保障④。家庭过程模式理论认为，家庭成员生理、心理、社会性等方面的发展为家庭功能运作发挥了重要作用，家庭功能的发挥需要家庭成员承担相应的功能角色，同时不断完成家庭任务。其中家庭对留守儿童等未成年人的保护功能不但是保障他们基本社会化，而且应为留守儿童提供基本的安全支持。在留守儿童生活中，虽然大多数监护人具备一定的监护能力，能

① ［美］杰克·瑞启曼，［美］马克·弗瑞瑟．青少年暴力理论：抗逆力，危险和保护［M］．穆光宗，孙梦雪，赵雪萍，等译．北京：中国人口出版社，2007：4.

② 王歌雅．扶养与监护纠纷的法律救济［M］．北京：法律出版社，2001：206.

③ 郭明瑞．民法总则通义［M］．北京：商务印书馆，2018：58.

④ 韩嘉玲，张妍，王婷婷．农村留守儿童的家庭监护能力研究［J］．南京工业大学学报（社会科学版），2016，15（2）：82-91.

够为留守儿童提供一定的保护，然而那些遭受性侵害的留守儿童，其生活中的多数监护人则因身体和精神状况等缺乏相应的监护能力，无法为留守儿童提供保护，这是导致留守儿童遭受性侵害的主要原因之一。同时，根据生活—日常活动理论，在留守儿童生活的时间和空间中风险无时不在。基于此，监护人的监护和安全支持应为留守儿童在家庭和社区中的活动免予性侵害等风险提供基本的保障。然而，监护人身体和精神状况的缺陷使得他们难以承担基本的照护者角色，因此家庭自身的保护和抚育功能等无法有效发挥，这使得留守儿童在社区和家庭生活中极易遭受外部性侵害风险。在访谈中研究者曾接触如下案例："女生家很穷，她爸爸因为穷，所以娶了个智力障碍者，生了她哥哥和她，两个人差不了几岁好像，她哥也是傻傻的，她也是傻傻的，家里都管不上他们，结果孩子就被人家糟践了。"①

在如下的案例中，留守儿童监护人虽然具备一定的监护能力，然而不完整的家庭结构和沉重的家庭负担使监护人缺乏足够的人力资本照料留守儿童，最终导致留守儿童遭受社区中犯罪人的性侵害。"肥肥外婆带她去医院检查，医生说……这辈子都不能生育了，她爸爸早前离异过……那时出外打工，家里剩她妈妈和瘫痪多年的奶奶。妈妈也得忙家里的活，还得照顾奶奶，所以她自己基本上没人管。"② 总之，监护人监护能力是确保留守儿童安全的首要因素，同时也是考察留守儿童生活状况的重要指标。当前，对于无监护能力的留守家庭，政府出台相关救助政策，通过指定其他人监护帮助留守儿童改善生活境况。然而，监护人的监护能力和留守儿童监护状态是多变的，需要及时检查家庭监护情况，以确保留守儿童监护状况完好。

（二）监护人缺场导致留守儿童风险暴露

生活—日常活动理论认为，有能力的监护人缺场是导致犯罪的主要因素。由于有能力的监护人的长期或者短期缺场改变了家庭情境，家庭环境成为有利于犯罪实施的场所。该理论同时提出，侵害风险在于侵害者实施侵害发生的当下的即时情境（immediate situations）与潜在的侵害对象活动场所和区域的重叠。换言之，侵害事件发生于侵害者活动空间（activity space）与被侵害者活动空间重叠的场所或区域。重叠的场所或者区域对于侵害者而言非常熟悉，进一步降低了实施侵害的成本。这在某种程度上也说明了，侵害实施者多数属于与被侵害者处于同一社会环境中的人员。同时，在这种重叠的地理空间、区域或者即

---

① 访谈对象编码 FM20200615，女，32 岁，Y 县社会公益组织工作人员。
② 访谈对象资料：Y 县公益组织工作人员。

时情境内，侵害对象的监护人缺失造成侵害者实施侵害时的犯罪成本降低，阻止性侵害者的外部抑制减弱，从而对目标实施侵害。因此，侵害实施的时间和空间等必然与被害者活动的空间相重合，同时被侵害者的监护人缺失，导致被侵害对象遭受侵害的风险增大。

留守儿童监护人在家庭场域和社区中的活动方式，以及是否能及时在场都对留守儿童的性侵害风险产生重要影响。调研和其他研究发现，农村社区中的留守儿童监护人并非全职照料留守儿童而不从事其他工作，而是在照料留守儿童的同时仍然需要兼顾多种家庭劳动①，如料理家务、饲养牲畜②、农业劳动等③。虽然父辈在外务工会通过经济反哺的方式补贴留守家庭，然而多数情况下祖辈或者其他监护人仍然需要参加工作减轻整个家庭的负担。

同时对于那些父辈与子辈代际关系较为紧张，对留守儿童的照料纯粹出于代际交换的原因，照料儿童本身增加了家庭负担，对留守儿童生活质量没有改善的监护人而言，他们可能在留守儿童照料和保证家庭基本生活与自我生活质量之间面临更大的矛盾，这使他们在留守儿童身上难以投入太多时间和精力，"这孩子爷爷奶奶都不大管她，管她也是没办法，孩子的爸爸疯了，妈妈改嫁了。平时老两口子跟他儿子儿媳妇就不对付（关系不好），现在这种情况爷爷奶奶不管也不行了，你看看管得啥样，孩子衣裳也不知道按时给她换换"。

此外，经济资本薄弱和脆弱性较强的留守家庭监护人也会将多数时间用来工作，在留守儿童监护方面投入时间较少，甚至可能将其委托其他人代为监护，这导致监护人在留守儿童生活情境中缺场的时间增长。以上原因都会造成监护人在留守儿童性安全监护中的功能失灵，使留守儿童暴露于潜在的性侵害风险之中（如表5-1所示）。

表5-1 部分留守儿童性侵害时监护人状况

序号	性侵害时年龄	性侵害者	监护人	性侵害发生地点	性侵害时监护在场状况
1	10岁	远房表哥	外祖母	留守儿童家中	打麻将、忙农活

① 卢宝蕊. 家庭社会关系网络与留守儿童生存风险研究——以闽南地区A镇留守儿童为例 [J]. 龙岩学院学报，2013（6）：81-96.

② 郑佳然. 代际交换：隔代抚养的实质与挑战 [J]. 吉首大学学报（社会科学版），2019，40（1）：113-119.

③ 国家卫生健康委员会. 中国流动人口发展报告（2018）[M]. 北京：中国人口出版社，2019：215.

序号	性侵害时年龄	性侵害者	监护人	性侵害发生地点	性侵害时监护在场状况
2	9岁	邻居	奶奶	留守儿童家中	短暂外出，留邻居与其在堂屋看电视
3	9岁	村口门卫	爷爷奶奶	村里偏僻的空房子	农忙，请门卫照看
4	9岁	邻居	外公外婆	村内的小树林	外公外婆地里太忙，平时自己照顾自己

通过对相关定性资料的分析发现，大多数性侵害者为留守儿童生活环境中的成员，如邻居、同一村落社区的村民、朋友或者亲属关系网络中的成员。这部分人员由于与留守儿童生活在较为类似的场景中，他们对留守儿童生活方式、家庭安排等较为熟悉，因此，他们极易在留守儿童缺乏监护的某一即时情境内实施性侵害。同时，针对访谈资料的分析发现，某些潜在性侵害者针对留守儿童的性侵害往往是短时间内实施的。这一方面说明犯罪即时情境的瞬时性特征，另一方面也说明监护人缺场的极为短暂时间，都有可能使留守儿童遭受性侵害风险的可能性瞬间增大。

同时，在农村生活场景中，留守儿童同样会承担一系列的家务劳动、生产劳动等，这就造成留守儿童的生活方式和活动空间会在家庭、社区、田野等不同场景中转换。在此，监护人无法时刻对留守儿童进行监管，对留守儿童社区和生产场所等地域中面临的潜在性侵害风险难以及时提供协助。这种风险性侵害既与留守儿童监护人缺场有关，同时也是社区环境风险性的体现。

（三）监护人对留守儿童忽视与性侵害风险

儿童忽视是最常见[①]和最难以被理解的儿童虐待形式[②]。一般来说，儿童忽视是指在照料者在经济方面能够为儿童需求提供支持的情况下[③]，未能为儿童提

① DUBOWITZ H, BLACK M, STARR R H, et al. A conceptual definition of child neglect [J]. Criminal Justice and Behavior, 1993, 20 (1)：8-26.

② PECORA P J. The child welfare challenge：Policy, practice, and research [M]. London：Routledge，2018.

③ DUBOWITZ H. What is neglect? [M] //DUBOWITZ H, DEPANFILIS D. Handbook for child protection practice [M]. Thousand Oaks, CA：Sage, 2000：10-14.

供基本的、必要的、与儿童年龄相适应的照护①。儿童基本、必要的需求和照护指的是充足的庇护设施、食物、健康照护、衣物、教育、保护、营养②、情感③等。监护人忽视是导致儿童陷入危险状态或者使儿童面临更高的风险伤害概率的重要因素。

监护人对留守儿童的忽视存在多方面因素，既包括监护人家庭自身因素，同时也与留守家庭所在的社区经济状况和社会结构有关。就监护人而言，一方面监护人及家庭自身的经济状况、就业状况、教育水平、生活方式等会对留守儿童监护产生重要影响；另一方面，监护人及留守家庭所在社区的贫困状态也会影响他们能够获得外部支持的程度。监护人及家庭经济状况和教育水平一方面影响对留守儿童的照护时间，另一方面也会影响他们对留守儿童权利以及照护的重视程度和互动方式。由于家庭经济状况较差，留守儿童父母等不得不外出务工，将留守儿童交予祖辈等抚养。同时，祖辈为了保证家庭基本的生活功能，只能通过务工或兼职的方式获得额外的经济资本用以照料家庭，"一天不干活就都不行，到处都得花钱"。这种客观存在的贫困现实造成监护人无法给予留守儿童充足的照料时间，客观上造成留守儿童忽视。同时外出务工父母不能及时对留守儿童进行关心，即使打电话沟通，父母等人也不会主动询问留守儿童性侵害、安全等方面的问题。一名接受访谈者在遭受性侵害之后，无法对其他人倾诉，当在外务工的父亲打电话时谈的最多的是让她好好学习、听话，正如她自己所说："我以前很开朗的，（遭受性侵害）后面越来越沉默。我想告诉我父母，但他们认为对我关心就是督促我学习。"

此外，若留守家庭所处的社区及社会环境较为贫弱，则意味着祖父母之外的其他委托监护人自身的经济状况也较为脆弱。对他们而言，一方面与留守儿童关系较为疏远，在对留守儿童监护方面可能更加被动，很难对留守儿童照料投入较多时间、物质资本。生活—日常活动方式理论中，学者科恩（Choen）曾经提出对于被照料者来说，对他们监督最为负责的是存在直接关系者。同时，由于与被监护人或监护对象关系疏远，监护人的能力和责任随之变弱。基于此，

---

① DEPANFILIS D. Child neglect: A guide for prevention, assessment, and intervention [M]. Washington, D C: U. S. Department of Health and Human Services, Administration on Children and Families, Administration for Children, Youth, and Families, Children's Bureau, Office on Child Abuse and Neglect, 2006.

② DUBOWITZ H, BLACK M, STARR R H, et al. A Conceptual Definition of Child Neglect [J]. Criminal Justice and Behavior, 1993, 20 (1): 8-26.

③ HILDYARD K L, WOLFE D A. Child neglect: Developmental issues and outcomes [J]. Child Abuse & Neglect, 2002, 26 (6-7): 679-695.

对直系亲属之外的其他监护人而言，对被监护人的忽视便是可以预见的。另一方面，现实的贫困状况也使他们缺乏照料的时间和精力。在访谈中，一名幼年时被委托姑姑照料的访谈对象向研究者表示："外人眼里觉得我姑父一家人心地是多么的善良啊，自己家的负担重还帮着养弟兄的孩子，可是我爸爸每个月都有按时汇钱啊，而姑姑却每次都在我问她要钱买铅笔和本子的时候碎碎念，怎么又买，你爸爸一共就没寄多少钱，我那时候变得胆怯自卑，害怕念叨，后来再也不问她要钱了。"① 除了父母之外，对于寄养在其他家庭中的留守儿童而言，委托监护人不能及时给予照料，那么留守儿童失去了基本的外部支持，这导致留守儿童需要自己单独面对外部各种风险的伤害。一名访谈对象这样描述了她曾经的留守经历，在她被委托给阿姨照料后，在他们家自己受尽了表哥的欺负，无奈之下只能离家出走："于是趁他们都不在家时留下一封信，写了表哥经常打我，然后出走了，一个人爬山，想回老家，又害怕被他们找到，决定去爷爷的坟旁边睡，想去外婆家找姐姐，可惜路太远，不知道怎么走，遇到一个同村的叔叔请他帮忙给爸爸打电话，让爸爸回来接我，爸爸说他没有钱，要给我们挣钱，叫我好好听话，还托人叫姑姑把我接回去。"② 访谈中透露的信息可以发现，这种监护人以及外出务工父母对留守儿童安全、生活等方面的忽视，以及无法提供及时支持既存在客观方面的困难限制，同时也与其主观层面对留守儿童权利的忽视有关。

总之，无论是监护人、留守儿童父母还是委托监护人，其主客观方面的忽视造成留守儿童基本处于监护不足的状态，大大提高了他们遭受性侵害风险的可能性。这种忽视使得监护人无法确保在留守儿童日常生活中及时在场，造成留守儿童自身脆弱性增强，进一步导致留守儿童面临潜在的性侵害风险。而监护人忽视和缺场也使得犯罪情境更有利于性侵害者，为那些潜在性侵害者降低了外部抑制性，进而使他们更容易向被忽视的留守儿童实施性侵害。监护人的忽视同时也造成留守儿童遭受性侵害之后监护人不能及时发现性侵害问题，从而不能为留守儿童提供救助和支持，导致留守儿童进一步陷入性侵害风险中，使得他们长期遭受性侵害者加害。

（四）监护人缺乏儿童性侵害风险意识

与监护人缺场、忽视导致留守儿童性侵害风险相关的另一项重要因素，即留守儿童监护人本身缺乏儿童可能遭受性侵害的风险意识，或者不具备对性侵

---

① 访谈对象：编码 FM20200616。女，22 岁，性侵害时年龄 11 岁，性侵害者为邻居。
② 访谈对象：编码 FM20200627。女，19 岁，目前职业为自由职业，性侵害者：姑父。

害风险的敏感性。对留守儿童而言，安全需求与生理需求、情感需求等同样是必须加以满足的需求。其中确保留守儿童生理需求和安全需求等更是处于需求阶梯中的最基础层级，生理需求和安全需求具有刚性特质，其中性安全需求与生命安全需求一样都是留守儿童健康成长必然需要确保的需求之一。在马斯洛需求层次理论看来，人的需求是不断产生的，一种需求满足之后会产生新的需求。在这些不断满足的需求背后都有相应的动机。因此动机理论需要研究这些动机之间的相互联系，"这种动机的出现实际上总是取决于整个机体所可能具有的其他所有动机的满足或非满足状态"①。基于此，在《动机与人格》一书中亚伯拉罕·马斯洛（Abraham Maslow）提出了人类动机的五个层次需求理论，即生理需要、安全需要、归属和爱的需要、自尊需要和自我实现需要②，其中生理需要是产生其他一切需要的基础。在当前留守儿童监护过程中，监护人对留守儿童的监护基本上以满足他们的生理需要为主，换言之监护人主要照管留守儿童的吃饭、穿衣，保证留守儿童吃饱、穿暖。此外，在安全需求的满足方面监护人则主要聚焦于防止儿童溺水、车祸、触电、拐卖等，大多数监护人缺乏基本的对留守儿童可能遭受性侵害风险的防范意识。

进一步言之，监护人对留守儿童可能遭受的外部风险意识仅针对"陌生人"可能造成的伤害，即强调"陌生人"危险。这种对陌生人风险的警惕与乡土社会成员彼此之间的"熟习"存在密切关系。本质而言，当前中国农村社区仍然是熟人社会。正如费孝通先生指出的乡土社会中社区成员长久的交往和互动形成彼此熟悉的交往和互动方式，使乡土社区成为一种熟悉的、没有陌生人的社会③。在长期的乡土生活中，人们之间通过婚姻、亲属、工作等关系形成了建构于血缘、亲缘、地缘关系基础上的关系纽带，在此基础上进一步形成了具有差序格局特征的熟人社会。或者说，乡土社会在很大程度上是以伦理为本位的社会。在这种伦理本位为特色的熟人社会中，人们之间根据血缘、地缘关系的远近在亲属、朋友、邻居之间进行互动④。在长期交往过程中逐渐建立、深化了既熟悉又亲密的关系，在此基础上建构起信任关系，由此也塑造了乡土社会中人们的本体性安全感。在这种乡土熟人社会中，人们对村落中出现的不属于他们

① [美]亚伯拉罕·马斯洛. 动机与人格 [M]. 许金声，译. 北京：中国人民大学出版社，2017：9.
② [美]亚伯拉罕·马斯洛. 动机与人格 [M]. 许金声，译. 北京：中国人民大学出版社，2017：19-29.
③ 费孝通. 乡土中国·生育制度 [M]. 北京：北京大学出版社，1998：44-45.
④ 陈柏峰. 熟人社会：村庄秩序机制的理想型探究 [J]. 社会，2011，31（1）：223-241.

熟悉的生活场景中的陌生人①往往抱有一种警惕性。这种警惕性既来源于对陌生人相关背景知识的缺乏，同时也包含对陌生人可能带来风险的恐惧。在对留守儿童的日常照料中，某些监护人也对留守儿童进行了风险教育。同时监护人也尽量确保留守儿童能防范来自陌生人的伤害，如在村落调研中发现某些监护人将留守儿童锁在家中禁止其外出，以确保留守儿童安全。

因此，对留守儿童监护人而言，他们缺乏对熟人可能对留守儿童造成性侵害和其他各种风险的警惕性。这种对熟人性侵害意识的缺乏体现在以下三个方面。

第一，监护人将留守儿童委托其他男性代为照护，自身轻易脱离留守儿童生活情境，降低了潜在性侵害者实施侵害的外部抑制性，导致留守儿童遭受性侵害风险的可能性提高。"幼儿园附近有亲戚，我叫他叔叔，我奶奶经常让他照看我……有一次，那个叔叔接我去他家之后，他直接把我抱上了床……他把灯关了，房间瞬间变得漆黑一片……我趴在他的身上，感觉他拉开了裤子拉链……掀开了我的衣服，肚子上热热的，我整个人僵了。"②

第二，监护人缺场使留守儿童与其他男性同处。监护人基于对村落社区和亲属关系网络中的邻居、朋友、亲属等的信任，往往使留守儿童与他们处于家庭活动场景中，而自己从事其他活动或者参与其他事务。监护人在场意味着监护人为留守儿童建立了一种安全基地，然而监护人缺场则意味着安全基地的消失。对留守儿童而言，生活场景中的熟人、朋友、亲属、邻居等与其存在显著的权力不对等关系。同时，家庭生活场景作为私密性的活动空间本身缺乏外部监督，这使得潜在犯罪人在整体缺少外部抑制性因素的条件下，可能对留守儿童施加性侵害。

第三，监护人对留守儿童性侵害缺乏识别能力。多数留守儿童性侵害受害者在身体和心理方面都遭受了严重的创伤。这种创伤体现在身体方面则是走路、

---

① 关于陌生人的解读，社会学家齐美尔在《社会学：关于社会化形式的研究》一书中做了如下界定，即陌生人的社会学形式指的是"脱离任何既定的地域空间的漫游与固定在一个地域空间点上的统一""既不是指今天来明天走的流浪者，而是指今天来和明天留下的漫游者，可以说是潜在的流浪人，他虽然没有继续游移，但没有完全克服来和去的距离"。参见：［德］格奥尔格·齐美尔. 社会学：关于社会化形式的研究［M］. 林荣远，译. 北京：华夏出版社，2002，1+512. 本书中此处研究的陌生人是，陌生人不与村落中任何人发生关系，或者说陌生人不属于村落中其他人的伦理关系中的一员，既不是某个人的亲属、朋友，也不是同学熟人，他们是完全的陌生者。

② 访谈对象：编码 FM20200619，女，25 岁。

坐下、躺下行动困难①；生殖器或口腔喉咙等处有瘀伤、肿胀或出血等。精神层面则表现为精神压力大、敏感、紧张以及暴躁易怒②。同时，日常生活中也常表现出容易生气、厌恶自己及他人，感到羞愧等负面情绪③，并且还表现为紧张、焦虑、自卑等情绪异常状况④；睡眠困难，容易做噩梦、失眠、梦游⑤；进食障碍⑥；学业出现问题，如学习困难、精神不集中等⑦；出现自我伤害、自毁等危险行为⑧。行为层面，受到性侵害的留守儿童表现为互动中出现较多与性相关的词汇、热衷于性话题、熟知性行为；身体受到接触之后反映强烈；对于更衣、脱衣等感到恐惧；极度厌恶某人，或者逃避与某人单独相处；对某些人有害怕、恐惧、紧张、焦虑等情绪。

以上留守儿童遭受性侵害后出现的生理、心理层面的反常是普遍的。对于遭受性侵害的留守儿童来说，他们可能并未意识到自身已经遭受性侵害，然而身体、心理层面已经出现了异常行为。在访谈过程中，多名在留守期间遭受性侵害的访谈对象都表示自己在遭受性侵害后，在生理、心理层面已经出现明显的反常，然而监护人未能及时发现。有的访谈对象表示，"结果被折磨得这个过程疼得生不如死，接下来很多天走路和上厕所都有困难，从此留下了巨大的心理阴影"⑨。在心理层面则变得暴躁、易怒，愤世嫉俗等，"我以前性子一点也不急，活泼开朗但温和，之后，我脾气慢慢地暴躁起来，情绪来得很快，有时

① HEY F, BUCHAN P C, LITTLEWOOD J M, et al. Differential diagnosis in child sexual abuse [J]. Lancet (London, England), 2019, 1987 (8527): 283.

② DORAHY M, MIDDLETON W, SEAGER L, et al. Child abuse and neglect in complex disso-ciative disorder, abuse-relatedchronic PTSD, and mixed psychiatric samples [J]. Journal of Trauma & Dissociation, 2016, 17 (2): 223-236.

③ DUBOWITZ H, BLACK M, HARRINGTON D. The diagnosis of child sexual abuse [J]. A-merican Journal of Diseases of Children, 1992, 146 (6): 688-693.

④ PARAS M L. Sexual abuse and lifetime diagnosis of somatic disorders: A systematic review and meta-analysis [J]. Jama, 2009, 302 (5): 550-561.

⑤ PILGRIM D. Child sexual abuse: From diagnosis to formulation [J]. Educational & Child Psy-chology, 2017, 34 (4): 40-49.

⑥ FROTHINGHAM T E. Follow up study eight years after diagnosis of sexual abuse [J]. Archives of Disease in Childhood, 2000, 83 (2): 132-134.

⑦ SAULSBURY F T, CAMPBELL R E. Evaluation of child abuse reporting by physicians [J]. American Journal of Diseases of Children, 1985, 139 (4): 393-395.

⑧ SUMMIT R C. Abuse of the child sexual abuse accommodation syndrome [J]. Journal of Child Sexual Abuse, 1993, 1 (4): 153-164.

⑨ 访谈对象编码：FM20200630，女，23岁。

还会有些极端，比以前更疾恶如仇了"①。此外，有的访谈对象则出现愤怒、自责、内疚等负面心理情绪，并进一步产生自杀、自毁等自伤行为念头，"愤怒让我觉得自己很脏、觉得自己活着很恶心，可我又觉得好久没有见到爸爸了，想在临死之前再见爸爸一次，等爸爸回来了我就自杀"。然而，留守儿童监护人却明显缺乏性侵害相关知识，或者忽视留守儿童表现出的反常行为，致使性侵害问题长期未被发现。监护人对性侵害问题认识不足、对留守儿童身体和心理层面反常行为的忽视是造成留守儿童性侵害问题长时间没有被觉察、干预的风险因素之一。

二、家内环境与农村留守儿童性侵害风险分析

家庭是留守儿童生活的主要场所，有能力的处于留守儿童生活情境中的监护人是确保留守儿童免于遭受性侵害的主要力量。本小节主要从家庭内环境风险以及留守儿童监护人权利滥用角度，对留守儿童家内性侵害问题进行梳理、分析。

（一）家庭居住安排风险与留守儿童性侵害

家庭居住安排与家庭生活空间存在密切关系。中国传统儒家文化强调家族和家庭聚族而居，子女成家之前一般与父母同住②。在村落社区中，未成年人与父母同住或者"疏而不离"状况是较为普遍存在的居住状况③。这种居住状况反映了在家庭生活空间中几代人之间的隐私性较弱，不同家庭成员之间的居住空间安排区隔性不明显。很多访谈对象表示在童年时期自己曾经与父母、祖父母等在一个房间休息。一方面，这种居住状况与家庭居住空间紧张存在密切关系。在家庭居住空间紧张的前提下，无法确保并满足家庭成员对各自生活的独立空间、家庭公共空间的需求。另一方面也反映了家长对未成年子女隐私权、独立平等权利等的忽视。

在田野调查中研究者发现，虽然调研村落居民的家庭居住条件已经得到很大改善，然而留守儿童等与监护人同住的情况并未发生显著改变。对于一些婴幼儿，监护人为了便于照料往往与婴幼儿同住。然而，对于并不需要监护人密

---

① 访谈对象编码：FM20200633，女，24岁。

② 赵莹，柴彦威，MARTIN D. 家空间与家庭关系的活动—移动行为透视——基于国际比较的视角 [J]. 地理研究，2013（6）：1068-1076.

③ 李俏，付雅雯. 代际变动与农村养老：转型视野下的政策启示——基于江苏省如东县农村的调查简 [J]. 农村经济，2017（8）：62-69.

切照料的儿童仍然存在与监护人同住的状况。在调研的 Q 村中，留守儿童与监护人同住的状况也较为普遍。尤其是北方冬季，农村家庭中为便于取暖，几代人往往聚住于同一张大床上（极少数家庭还睡炕），这种居住空间对儿童而言是完全没有隐私性的，同时这种居住安排所隐含的风险是同住者有可能对儿童在休息的情况下实施性侵害。在与外界隔离、私密性的家庭居住空间中，监护人的行为完全缺乏监督。一般而言，监护人中的女性照料者是防止留守儿童性侵害的重要力量，同时也是发生性侵害之后留守儿童主要求助对象。然而，当家庭中女性监护人缺场，或者对留守儿童性权利忽视以及自身缺乏监护能力时，发生在家庭私密空间中的监护人针对留守儿童的性侵害则完全失去了外部监督力量。因此对由父亲、继父、祖父以及委托寄养家庭中的单身男性监护的留守儿童而言，监护人若实施性侵害，那么家庭中第三方干预力量是完全失灵的。同时由于缺乏个人生活空间，留守儿童在发生性侵害后在家庭中无法找到庇护性场所，以确保自身性安全。在访谈资料中，多数在幼年时期曾经遭受监护人性侵害的留守儿童，其家庭中都存在家庭居住安排和家庭生活空间不合理的问题。

> 我那时六七岁吧，我爸妈出去打工了，我就跟着姨父他们一起生活，晚上跟他们住一起。一天晚上我姨出去工作没有回家，我睡着了之后被摸醒了，然后发现我裤子不知道怎么被脱掉了，我就知道肯定是我姨父了。后来晚上我吓得不敢睡觉，一直在那里看电视。①

> 每天晚上我感觉有人摸我，因为我睡在爷爷这边，所以我知道肯定不是奶奶，是爷爷。有了那么几次以后，我甚至不敢再和爷爷奶奶睡一起了，每次都会坚持睡沙发。②

随着年龄的增长，留守儿童逐步由幼年阶段走向青春期，伴随的是儿童自身对隐私性和独立空间要求的产生③。留守儿童对家庭独立生活空间的需要也体现了其希望获得对空间的掌控感，以此来规避监护人在家庭中无所不在的监督和规训④。然而，获得自己独立生活空间的同时，留守儿童并未获得对自身生活的私密空间自主权的统制，换言之其隐私权和安全权仍然没有得到尊重。监护

---

① 访谈对象资料：编码 FM20200620，女，26 岁。
② 访谈对象资料：编码 FM20200622，女，27 岁。
③ 姜冉冉. 留守儿童权利意识研究——以苏皖地区为例［A］//王成荣. 社会工作专业教育教学改革：探索与实践［M］. 武汉：武汉大学出版社，2018：60-67.
④ 石艳. 我们的"异托邦"：学校空间社会学研究［M］. 南京：南京师范大学出版社，2009：297.

人仍然拥有留守儿童独立生活空间的掌握和控制权利，他们可以随时闯入儿童的生活空间。

> 发生了那件事之后，我晚上都吓得不敢早睡着，把门关上，穿着衣服躺在那里闭着眼睛，因为关门也不管用，没有锁。后来熬不住了我就睡着了，结果我早上醒来裤子已经被脱下来了。我给爸爸打电话，我就哭了，我说在爷爷奶奶家哥哥每天晚上趁我睡了去我房里还上我床上……我都不好意思说后面的话。①

> 他趁我睡觉的时候，他打开我的蚊帐，那个时候我就醒了。我从小睡眠，睡觉不是很深，而且蚊帐的拉链声很大。他进来之后我就装睡，我以为他是检查我有没有睡着，很快就会走的，结果没想到他不但没有离开，反倒蹑手蹑脚地上了我的床。②

（二）监护人权利滥用风险与留守儿童性侵害

监护人在留守儿童日常生活中应该扮演保护角色，以帮助留守儿童规避可能的性侵害、溺水、触电等风险。然而在家内性侵害问题中监护人扮演了侵害者的角色。这种由监护人角色向侵害者角色的转变可以在某种程度上称为角色失败，即监护人在角色扮演过程中，由于多种原因的影响无法进行成功的表演。监护人虽然没有退出所扮演的角色，然而已经困难重重，其表现也已经证明是失败的。监护人角色扮演的失败在很大程度上与其权利滥用存在密切关系。

权利滥用是十分抽象的法律概念，不同学者关于权利滥用的界定也存在诸多不同之处。史尚宽教授认为权利有其所运用的界限，超过相应限制即为权利的滥用③。据此，徐显明指出权利滥用应包含以下三个特征。首先，权利滥用的过程与权利行使密切相关，或者说权利滥用具备行使相关权利的表征。换言之，权利滥用只能发生在权利行使过程中，其与权利行使是一体两面的关系，具有时间和空间的共时性。其次，权利滥用意味着权利行使超越了必要的正当的界限。权利行使本身是具备正当性的行为，然而权利行使的正当性必须满足相应的条件，只有在某种范围内行使才能确保其不超越"度"。如果超越了相应的条件和"度"，那么权利行使就由正当性质变为违法性，成为权利滥用。最后，权利滥用本身意味着该行为是违法行为，这是权利滥用的法律特征④。

---

① 访谈对象资料：编码 FM20200623，女，20 岁。
② 访谈对象资料：编码 FM20200625，女，21 岁。
③ 史尚宽. 民法总论 [M]. 北京：中国政法大学出版社，2000：713.
④ 徐显明. 人权研究：第 4 卷 [M]. 济南：山东人民出版社，2004：240-241.

《中华人民共和国民法通则》指出作为监护人应负有对被监护人的监护职责，以保护未成年人的人身、财产以及其他方面的合法权益不受侵害。依据《中华人民共和国民法通则》的相关规定，我们可以将监护人对留守儿童的监护权利分为人身监护权以及财产监护权两类。具体而言，监护人对留守儿童的人身监护权包括：指定留守儿童居住场所的权利；当发生留守儿童被拐卖、隐藏等事件时监护人有权要求归还留守儿童；留守儿童从事某种社会行为以及事项的同意权，对于留守儿童不能独立行使身份和决定事项的情境，监护人应负责代理行使相应权利；监护人负有为留守儿童提供教育、医疗、生活基本条件的义务，即监护人应承担抚养义务，同时监护人还负责对留守儿童行为进行监督，即行使监督权①。由此可见，监护人基本掌握了留守儿童有关生存、教育、居住等各个方面的权利。事实上，在家庭生活中留守儿童由于生理、心理等方面的脆弱性，其必然在经济、教育、医疗等方面依赖监护人的支持。然而，在家内性侵害问题中监护人滥用对留守儿童的监护权利对留守儿童施加侵害。

监护人滥用监护权利对留守儿童实施性侵害与以下几点存在密切关系。首先，家庭本身的私人领域特征使外部力量很难对家庭成员的行为实施监督。同时，家庭中监护人和儿童之间权力的不对等和不平衡性，以及儿童对监护人的依附性和亲密性降低了犯罪人的犯罪成本。其次，监护人在留守儿童监护过程中其监护权利较少受到监督和限制，为其滥用监护权利提供了现实性条件。虽然我国出台了《关于依法处理监护人侵害未成年人权益行为若干问题的意见》，其中设定了关于撤销监护人监护权的若干条件，然而，该意见本身属于性侵害发生之后的事后补救措施，对事前风险防范则缺乏相应的规制。再次，家庭内其他成员无法为儿童提供保护。家庭成员缺乏儿童性权利意识，对潜在性侵者可能施加的侵害行为缺乏警惕性，并且家庭成员往往基于对家庭及侵害者荣誉、名声、面子的考量，否认性侵害行为，或者仅仅对性侵害者进行警告，抑或采用其他有别于报警、诉讼等正式手段的非正式措施，这些措施对性侵害者而言很难发挥相应作用。同时，作为留守儿童主要求助对象的母亲，以及其他女性监护人在家庭中的缺场造成儿童无法获得支持。最后，留守家庭是儿童主要的生活场域，在侵害行为未被发现的情况下，他们缺乏外部支持，同时也无权随意变更居住场所，这导致他们长时期遭受家内性侵害。按照以上对滥用监护权利原因的梳理，下文将分别加以详细分析。

---

① 中国法制出版社．新编常用法律词典：案例应用 [M]．北京：中国法制出版社，2016：152．

第一，基于生活—日常行为理论，潜在性侵害者往往在日常生活情境中对侵害对象进行理性选择和犯罪成本评估。在选择性侵害对象过程中，潜在性侵害者通常希望降低犯罪成本，即追求"最少的努力"，他们希望能够最大限度压缩在行动路线、时间消耗、犯罪手段等方面的成本投入。在这种犯罪成本考量背景下，对于潜在性侵害者而言，他们会依靠感官追求最明显的目标，而忽略附近更好、更具吸引力的性侵害对象，并倾向于选择更直接"在他们鼻子底下"的目标①，即最省力、省时、自身侵害行为最难被发现的目标很可能是最理想的目标。因此，在亲密关系中寻找侵害对象，并在具有较高隐私性和私密性的家庭内部施加侵害，对于家内性侵害者而言无疑是最佳的目标和最理想的侵害场所。

在家庭外施加性侵害的犯罪者，他们需要依据一系列的犯罪路径对留守儿童实施性侵害。这种犯罪路径通常按照以下步骤进行：认识潜在的留守儿童受害者，建立朋友关系，通过给予礼物或者许诺的方式与留守儿童建立亲密关系，涉及性话题的讨论，或者发送性图片及视频以降低留守儿童的性敏感性，评估实施性侵害的风险，实施性侵害，脱离犯罪情境，等等。然而，相对于家庭外的性侵害者而言，家内性侵害者不必离家，在潜在性侵害对象的常规生活路线中进行跟踪。同时，家内性侵害者也可以避免使用暴力或武力相威胁，而采用更温和、暴力程度更低的方式诱骗性侵害对象，利用留守儿童对自己的依赖、信任、尊敬、崇拜等优势地位和特殊感情，对留守儿童的性权利进行剥削，或者通过威胁、许诺奖励，或将性侵害重新定义为一种爱和安慰来操纵他们，以上措施能够最大限度降低犯罪者的犯罪成本和提高性侵害的概率。

第二，家庭是留守儿童主要的生活和为他们提供庇护的场所，然而家庭的私人性特征，降低了外部力量干预的可能性。因此，一旦监护人滥用监护权利对留守儿童施加侵害，那么家庭本身必然由庇护所成为对其危害最大的犯罪场域。在家庭之外，在公权力较少干预的情况下，家庭内部其他成员的干预和介入成为留守儿童求助和规避侵害的主要力量，同时也是阻止监护人权利滥用的重要势力，其中母亲或其他女性扮演了重要角色。然而，当留守儿童向他们求助时，家庭中的其他人员往往采取合理化其行为的方式，或者采用劝告等非正式的社会控制手段来预防，更正式和次要的社会控制手段，只有在非正式控制失效或不充分时才使用。然而基于家庭网络中成员之间亲密的血缘关系和情感

---

① FELSON M. Routine activities and crime prevention in the developingmetropolis ［J］. Criminology, 1987, 25（4）: 911-932.

关系，用于调节家庭成员关系的更多的是"纲常""人情"等伦理原则①，现代法律制度和控制手段很少被家庭成员所使用。这就造成性侵害事实很少通过家庭内部成员的披露而被发现，使得国家公权力无法及时干预家庭内部发生的针对留守儿童的性侵害，以致监护人滥用监护权利造成对儿童的性侵害难以被及时揭露并制止。

（三）家庭女性角色缺场与"懂事"教育风险

母亲等成人女性缺席或被动的女孩，比母亲在场且积极的女孩更容易受到性侵害②。在对访谈资料的分析中发现，童年时期受到性侵害的留守儿童所在家庭，也存在家庭结构不合理的状况。在这样的家庭中，受到男性监护人性猥亵的留守儿童事实上更倾向于住在没有女性监护人在场的家庭中。换言之，女性监护人是防止留守儿童遭受虐待的重要屏障。因此，无论是由祖父母、外祖父母照护，还是由（姑、舅、叔、伯）委托监护等照护的家庭中，女性在场对防止留守儿童遭受其他男性家属的性侵害具有重要作用。在单亲家庭监护中，如由父亲对留守儿童实施监护的家庭中，夫妻关系的好坏对父亲是否会对女童施加侵害具有重要影响。在婚姻不和、母亲在家庭内缺场，并且父母之间性关系较差的家庭环境中，父亲不愿在家外寻求性关系，母女的角色颠倒了，女儿成了家中的核心女性人物，承担了满足父亲需求的责任。父亲角色的混乱、对母亲的不满，以及生活照料的负担有可能使父亲将外部压力转移至家庭内部，而酒精、药物的使用进一步降低了外部抑制性，从而对儿童施加性侵害。

访谈中发现，家庭内由继父照料的留守儿童也会增加遭受性侵害的可能性。继父对留守儿童施加的性侵害大多发生在家庭内部，并且在这样的家庭中母亲失去了保护留守儿童的能力，或者其自身暂时性的缺场使留守儿童暴露于性侵害风险的环境中。对访谈资料的分析发现，针对留守儿童的性侵害发生在浴室、儿童卧房，时间一般发生在晚上。在这样的风险环境下，留守儿童在家庭内部缺乏自我保护的能力，并且家庭的私密性、隐私性以及性侵害发生的时间，隔断了外部力量可能对性侵害施加的干预。

> 令我害怕的事情并没有这样结束，有一段时间我妈妈在外面工作，一

---

① 苏力. 纲常、礼仪、称谓与社会秩序建构和维系追求——对儒家的制度性理解 [M] // 张文显，徐显明. 全球化背景下东亚的法治与和谐：第七届东亚法哲学大会学术文集（上）[M]. 济南：山东人民出版社，2009：446-460.

② ULLMAN S E, SIEGEL J M. Victim-offender relationship and sexual assault. Violence and Victims, 1993, 8 (2): 121-134.

般不回家。有一天晚上我迷迷糊糊睁开眼睛看到继父弯着腰从我的房间走出去，我看了看我的身上，因为穿的是睡衣，很长，只系了一个扣子，没有穿睡裤，下身只穿了内裤，我低头看了一下我的内裤发现中间是湿的。①

在发生性侵害的家庭中，母亲往往扮演了依附性角色，即母亲需要依附于继父提供的经济和生活资本，缺乏独立维持和照护自己与女童生活的能力，因此默许了现实中继父对女童的性侵害。同时，女童为了维持母亲的依附状态往往会选择忍受继父的性侵害行为，"我心里想的也是这样，但是还有没到一岁的妹妹，妈妈带着我和妹妹又很辛苦，所以和继父说了对我妈好就行，我真的没有选择"。

在关于继父实施性侵害的原因方面，国外学者罗素（Russell）给出了以下解释：第一，作为一种文化保障的乱伦禁忌对继父的约束力较弱或者完全不存在；第二，继父与女儿很难形成如亲生父亲与女儿那样的亲子关系，因此他们更有可能将他们的关系"性化"；第三，继父与女童之间年龄差异小于女童与父亲之间的年龄差异，因此当父母和子女之间的年龄差异较小时，性关系可能不那么难。

此外，寄养或者委托照料的家庭中，成年女性缺场同样会使留守儿童失去保护自己免受性侵害的外部屏障。同时由于留守儿童对家庭的依附性，他们与潜在性侵害者长期生活于同一环境中，这种情境增加了犯罪人施加侵害的机会，并且家庭自治性特点以及隐私性质同样降低了侵害者施加侵害暴露的可能性，从而削减了他们的犯罪成本，减少了对性侵害的外部抑制性，增加了男性对家庭中的女童施加侵害的风险。

有了第一次，便有第二次，姑父经常会趁姑妈不在把我抓住性侵害，还警告我不许告诉别人。后来我意识到这是不好的事情，可我却不知道该怎么办，我不知道报警会不会流言四起，我不知道我是不是能够真的把他送进监狱……这一次是我自己送上门了，因为家里除了姑父没有其他人，姑妈去县城照顾她女儿了，很长时间不在家了。②

委托照护家庭中的留守儿童缺乏父母的支持，同时为了降低在外务工父母对自己的担忧，他们"被迫坚强"，而不向父母透露自己遭受的性侵害状况，

---

① 访谈对象：编码 FM20200626，女，21 岁，性侵害发生年龄 12 岁，目前职业公司白领；性侵害者：继父。

② 访谈对象：编码 FM20200627，女，19 岁，目前职业为自由职业；性侵害者：姑父。

"我不敢告诉爸爸，我怕他担心，说我不懂事，我也害怕报警，我害怕报警之后爸爸知道这件事情之后会有多自责。我想把那个人杀了然后自杀，想在临死之前再见爸爸一次，等爸爸回来了我就自杀，但是后来又想自杀了我爸爸就失去了女儿"。

在访谈中发现，大多数童年遭受性侵害的留守儿童都是很"懂事"的，正如上面引述的访谈资料所展示的那样，这种"懂事"的状态就体现在她们虽然遭受外部侵害，但为了照顾父母的情感和利益选择忍受或者保密。"懂事""听话"是身处基层的父母对留守儿童的期待，正如安妮特·拉鲁（Annette Lareau）在《不平等的童年》中所指出的，家庭所处的阶级结构影响了监护人对子女的教养方式①，监护人自身所拥有的文化资本、经济资本，以及出身阶层和社会地位决定了他们子女可以利用的资源，以及他们对子女的期待与教育方式②。工人阶级或者贫困家庭的监护人更期待子女能够听话、顺从以及体验父母的辛苦劳动③。在工人阶级和贫困家庭中，由于经济资本薄弱，家庭经济状况窘迫的局面出现在生活的各个方面，并且也越来越公开化，儿童过早地体会到金钱的匮乏以及对其生活的影响。因此，物质的匮乏让处于社会底层的儿童更能体会父母的艰难，使他们更容易感受父母劳动的意义以及家庭脆弱的生活条件，导致他们更加"懂事"，也更考虑他人。在中国文化传统中，儿童教育的成人化④使儿童能够体悟成人制定的规则和命令，使其动作、行为、观念能够类似成人，这种"少年老成"的教育使儿童行动、想法更多体现了成人的意志。因此，家庭教育中监护人往往将"懂事"作为评价儿童的品质、操守的标准，在与儿童的互动中通过语言交流和奖惩的方式使儿童潜移默化地接受"懂事"的合理性，最终内化到伦理自觉中去。

留守儿童在与监护人的沟通和互动中，能够体会监护人对留守儿童"懂事"的角色期待。祖父母等监护人也不断地向留守儿童强调父母外出务工对于他们改善家庭生活以及教育条件的意义。在外出务工的父母与留守儿童的交流中，父母也向其反复灌输要听祖父母等监护人的话，"要懂事"。随着留守儿童年龄的增长，他们角色采择能力的发展水平也随之提高，他们能够不断领会父母及

---

① 张建国．家庭教养的逻辑与《不平等的童年》［J］.鲁东大学学报（哲学社会科学版），2018（3）.

② ［美］安妮特·拉鲁．不平等的童年［M］.张旭，译．北京：北京大学出版社，2010.

③ 管宁．家庭、教育与不平等的再生产——读《不平等的童年》［J］.教育观察（上旬刊），2013，2（18）：71-73.

④ 孙隆基．中国文化的深层结构［M］.桂林：广西师范大学出版社，2004：196.

监护人所说的"懂事""听话"的意义。父母在家庭中的缺场，以及来自父母、祖父母等监护人的反复教育和强调，使儿童一方面能够认知父母外出务工对改善自身家庭脆弱经济状况的意义，另一方面也能够体会哪些是父母所赞赏的观念和行为。基于此，留守儿童希望通过自己"懂事"的讨好型的行动模式和思想观念获得父母更多的认可和关注。因此在与父母的沟通中，留守儿童倾向于报喜不报忧，将委屈藏在心底，特别是意识到父母的辛劳时更是如此。这些体谅懂事的举动，显示了留守儿童的行为和观念的早熟，在他们遭受性侵害风险时往往选择隐瞒。

第二节　农村留守儿童性侵害学校环境风险分析

学校是留守儿童中观生态环境中的重要组成部分，在留守儿童遭遇的性侵害类型中，源于学校教师的性侵害占了相当大的比例。因此，研究校园内师源性侵害发生的风险因素对留守儿童性权利保护等具有重要意义。

一、学校环境与监护人角色失败风险

在留守儿童遭受的校园性侵害问题中，教师实施的性侵害占据了其中的主要部分。留守儿童在校园内遭遇的性侵害风险与多种因素有关，其中监护人对留守儿童保护的失败是导致性侵害风险的重要因素，同时也是校园性侵害风险最终发生的外在要素。

监护人角色失败指的是监护人在留守儿童预防校园性侵害风险过程中没有发挥应有的保护作用。监护人角色失败是由多种原因促成的。首先，监护人承担多种角色，这些角色之间相互联系、相互交织、相互补充形成一个角色集。留守儿童监护人除了在家庭中照护儿童外，也会承担其他的生产、生活等多种角色。这些角色对监护人都提出了相应的角色要求，导致其无法有足够的时间和精力监督留守儿童在学校内的表现。虽然手机等通信工具的普及突破了留守儿童和监护人之间的地域和时间限制，然而监护人无法经常性监督儿童在校内的相关活动。同时，数字代沟问题使得祖父母等监护人在手机使用方面面临障碍①，他们也无法经常性与留守儿童沟通。

---

① 李静爽. 手机对农村老年人的行为影响研究——以河南省某村庄为例 [J]. 新闻研究导刊, 2019, 10 (7): 48-49.

其次，学校空间的排他性。学校是专门为儿童青少年社会化设置的学习机构，同时也是对儿童进行监督和规训的场所。学校空间与留守儿童在家庭中的空间是两种不同的社会设置。在家庭中监护人通过监护权力和家庭空间安排对留守儿童进行监督和规训，学校内部则是通过建筑、校规校纪、校服、围墙等构建不同于家庭的社会空间。在学校空间内教师通过权力运用等方式对儿童进行监督和制约。同时，学校存在本身以及学校空间的安排就是将其他社会力量排除在外，既保证学校空间安全，同时也能够全方位对儿童进行监管。这种社会空间的完成类似英国功利主义思想家杰里米·边沁（Jeremy Bentham）所说的全景式监狱，监狱的外部设置是环形的，用于监督犯人的瞭望塔安置在中心位置，监督人员的视线可以从瞭望塔随时投到监狱的任何一个角落①。为了确保学校空间的排他性，学校设置了专门的门卫或门岗以及围墙，如此便可以将外部力量的干预降至最低。监护人要进入学校空间内必须经过门岗的检查，接送儿童上学也只能止步于学校大门外，同时儿童的活动范围也被严格限制在校园内部。据此，学校空间完成了自己的排他性设置，从而确保了学校的"纯净"、安全以及不受监护人或其他力量的干扰。

这种学校空间的设置将作为留守儿童保护者的监护人排斥在学校空间之外，却增加了教师与留守儿童的接触机会。大多数情况下学校环境对留守儿童来说是安全的，但它们有时确实为潜在的教师性侵害者提供了接触儿童的机会。同时出于对学校环境安全和教师的信任，监护人一般不会主动询问儿童在校内安全的情况，更多的是关心儿童的学习。因此，留守儿童在校内的安全完全依赖于教师的个人素质和学校机构本身的监督。从时间因素方面看，中小学教师与学生在正常上课及课余时都有较多的时间待在一起，教师往往会找到进行侵害的时机。在许多农村，由于学生寄宿在学校，教师与学生可以待在一起的时间更长。从空间因素方面看，中小学教师有相当多的机会可以与学生单独待在办公室或宿舍中，很多案件也发生在教师办公室或宿舍。不少农村学校的教师住校，办公室兼作宿舍，学生因交作业等会经常到教师办公室去，这些都为教师实施侵害提供了比较便利的空间条件。有些别有企图的教师，也常常以叫学生补做作业，为自己打扫卫生、洗衣服等借口把学生留下来，实施侵害行为。

同时，教师在乡土生活中所拥有的权威地位使得监护人对教师产生了普遍性的信任，因此监护人缺乏教师实施性侵害的意识。教师在乡村社会中的地位

① 张一兵. 资本主义：全景敞视主义的治安—规训社会——福柯《规训与惩罚》解读[J]. 中国高校社会科学, 2013（7）：20-29, 154-155.

一方面来源于教师本身的工作属性。在乡村社区中教师仍然是大多数社区居民所尊重的职业，作为乡村中唯一以知识传授和文化传承为职业目标的群体，教师在乡村社区的各项事务中扮演了重要角色。在乡村节日活动、婚丧嫁娶以及其他仪式性生活中，教师仍然会扮演某种程度的指导者角色。虽然近年来乡村学校逐渐萎缩，学校在乡村公共服务中的角色逐渐被抽离[1]，学校和乡村越来越成为两种不相干预的组织和场域[2]，然而，由于乡村学校本身在农村社区中生存和发展，乡村教师在某种程度上也具备社区居民的身份。在长时间的与村落居民互动过程中，教师自身也会被纳入乡村居民差序格局和人际关系网络。基于对熟人的信任，监护人往往不会对教师可能施加的侵害保持警惕。此外，随着乡村社区居民对子女教育的重视，作为知识传授主体的教师在村落居民的评价中也享有较高的声誉地位。

这种监护人对教师名誉和地位的重视使得监护人对儿童教育也强调对教师的服从和尊重。因此，教师本身从留守儿童和监护人那里获得强大的信任纽带，并有很多机会与处于亲密关系中的儿童接触。基于对教师的信任，监护人愿意将留守儿童托付给教师照顾和监督。在留守儿童与教师的互动中，监护人也较少质疑教师的动机，这使得潜在性侵害者能够与留守儿童长时间地亲密接触。

基于上文提及的原因，监护人基本放弃了对留守儿童在学校内生活以及与教师互动的正常监控。监护人对教师的信任以及对教师权威的重视使得在留守儿童向监护人披露在校内遭受到的教师性侵害时，监护人往往拒绝相信孩子们的故事。

> 这个孩子跟他爸爸还是爷爷提到老师总是摸她，一开始家长就是不相信，后来孩子老是这么说，学生家长就注意这个问题了。然后这个学生家长跟其他孩子一打听，其他孩子也被这个老师摸过，后来家长就把这事儿告到教育局了。[3]

理性选择理论指出，个体是有自由意志的[4]，选择犯罪行动之前会对行动的后果进行分析，并确保在行为选择时保证以自身利益为前提[5]。同时，犯罪人在

---

[1] 王勇. 城乡文化一体化与乡村学校的文化选择 [J]. 中国教育学刊, 2012 (3): 46-48.

[2] 邬志辉, 杨卫安. "离农"抑或"为农"——农村教育价值选择的悖论及消解 [J]. 教育发展研究, 2008 (4): 52-57.

[3] 访谈对象：编码 MLS20200514, 小学老师, 男, 33岁.

[4] [美] 詹姆斯·S. 科尔曼. 社会理论的基础 [M]. 邓方, 译. 北京：社会科学文献出版社, 1992: 4.

[5] 江山河. 犯罪学理论 [M]. 上海：汉语大词典出版社, 2008: 17.

犯罪过程中尽量降低犯罪成本，增加相应利益①。犯罪人在实施犯罪行为之前、犯罪过程中以及犯罪过程后②会在自身所能掌握知识的有限理性条件下对自己的犯罪行为进行充分评估，以做出不同的犯罪决策。一般而言，当犯罪人在评估自身犯罪行为的成本和受益时能够得出犯罪收益大于成本则会继续犯罪，相反则停止犯罪。同时，机会（opportunity）在犯罪过程中扮演重要角色。当犯罪情境中机会较多时，犯罪人则倾向于运用机会进行犯罪。同时，犯罪情境中机会越多犯罪人选择进行犯罪的可能性越大。机会对具有犯罪倾向、没有犯罪倾向以及没有犯罪前科的人都会产生较大的反向抑制作用，即具有犯罪倾向的人会不断利用犯罪机会实施犯罪，而那些没有犯罪倾向的人遇到容易犯罪的机会时也可能选择犯罪。其中特别是那些由于职业而容易遇到犯罪机会的人，他们实施犯罪的可能性会相应提高，即接触特权型犯罪（crimes of privileged access）。

在学校空间中教师实施性侵害的条件相对而言更为充分。一方面，如上文所指出的教师有大量可以接触学生的机会，并且在师生关系方面教师处于优势地位，他们能够通过教师权力防止儿童泄密，就此降低了性侵害行为被发现的机会，换言之降低了他们实施犯罪的成本。由于教师性侵害事件较难发现，导致针对留守儿童的性侵害长期无法得到外部力量的干预。另一方面，教师在对学生进行班级管理以及教学活动中，较为全面掌握了学生的相关信息，有的教师会选择监护人缺场或者无力实施监护的儿童施加侵害。因此，那些父母等监护人外出务工，在家庭中由祖父母或者其他监护人照护的留守儿童就更容易成为他们实施侵害的目标。

> 老师专挑父母不在身边的孩子下手，施暴者认为缺乏父母保护的留守女童处于社会视线的死角，小女孩无力反抗，容易得手。得手后再威胁利诱一番，只要不东窗事发，还能继续暴行，他们不怕被追责，不怕被发现，就是吃准了这一点。③

> 这个老师借批改作业、考试还有让学生打扫办公室的机会多次猥亵女生，持续时间长达 3 年，邓某曾多次借批改课堂作业、考试等时机猥亵女生，专门欺负爸妈在外面打工的学生。④

---

① 曾赟，孔一，张崇脉．犯罪原因分析［M］．武汉：华中科技大学出版社，2010：49.
② 吴宗宪．犯罪心理学总论［M］．北京：商务印书馆，2018：178.
③ 访谈对象：编码 FMJC20200516，派出所民警，30 岁。
④ 访谈对象：编码 FMJCG20200521，Y 县未检科工作人员，女，29 岁。

二、师—生权力失衡与性侵害风险

教师与学生之间的关系应是平等的，然而由于教师本身掌握了对学生的教育权利，以及其他客观制度层面对教师权力的确认，教师在与学生互动过程中处于优势地位。换言之，师生权力不平等既与微观层面教师和学生之间身份的不平等有关，同时也与学校空间权力背景存在密切关系。

（一）权力的内涵与教师权力

权力是社会学、政治学、法学等领域的重要和关键概念，著名社会学和政治学家马克斯·韦伯曾对权力做了如下定义："权力意指行动者在一个社会关系中，可以排除抗拒以贯彻其意志的机会，而不论这种机会的基础是什么。"① 同时，韦伯指出权力既与个人的某种特质有关，同时也与其所处的环境相关，"一个人所有的可想象的特质与所有可能的环境组合，都可以让他置于一个能够贯彻自己意志的情境中"②。权力是一种关系，它是人与人之间的关系，同时也包含了人与其他有生命或无生命的物体之间的关系③。权力的运作意味着其中一方将自己的意志强加于另一方的可能性，权力本身也意味着互动的双方之间形成的关系的不对等性。关于权力的本质，权力意志论和权力关系论都有各自不同的视角和论点。权力意志论更多地强调个体的意志、行动和能力，换言之权力的主体是人。如哲学家伯特兰·罗素（Bertrand Russell）所强调的，权力是人有意努力的产物，类似于物理学中的能量，希望能够对外界无论是人还是物产生影响④。权力关系论则认为权力是在社会关系中产生的，只有当人与社会、国家以及人与人之间形成意志—行动关系结构时权力才会形成，同时个体能否拥有权力以及权力的大小则取决于非人格化的社会结构⑤。本研究认为权力的产生既与个体的意志和能力以及相貌、声音等其他特质存在密切关系，同时与社会结构也存在紧密联系，不能偏离其中一方面单独强调另一个侧面。

关于权力的特征，学者约瑟夫·劳斯（Joseph Lawrence）在《知识与权力：

---

① ［德］马克斯·韦伯. 社会学的基本概念［M］. 顾忠华，译. 桂林：广西师范大学出版社，2011：94.
② ［德］马克斯·韦伯. 社会学的基本概念［M］. 顾忠华，译. 桂林：广西师范大学出版社，2011：95.
③ GUZZINI S. The Concept of Power：a Constructivist Analysis［J］. Millennium Journal of International Studies，2005，33（3）：495-521.
④ ［英］伯特兰·罗素. 权力论：一个新的社会分析［M］. 靳建国，译. 北京：东方出版社，1988.8：215.
⑤ 王莉君. 权力与权利的思辨［M］. 北京：中国法制出版社，2005：17.

走向科学的政治哲学》一书中做了解读。首先，他认为权力的占有和行使主体存在多样化特征，即人、机构、阶层、团体等都可以占有和行使权力；同时，权力占有和行使者往往占据机构、组织、阶级和国家的重要和核心地位，并可以发散式地运用权力①。其次，权力的占有和行使者在运用权力的过程中往往超越权力原处价值设定的范围和作用对象，或者说权力使用者可以将权力扩张。权力扩张的范围和限度则取决于权力使用者本身的合法性。最后，权力的使用可以改变人们的信念、行为方式，但无法改变世界本身，即权力只能影响个人的意志，不能确保其产生的理论的真实性。

基于以上分析，我们重点解读教师权力的来源和内涵。教师权力的来源具有双重性特征。这种双重性体现在国家的相关法律制度的规定与传统师道尊严的相互结合。一方面，国家在《中华人民共和国教师法》中规定了教师所拥有的针对学生的教育权、指导权，如第二章教师的权利和义务中规定"进行教育教学活动，开展教育教学改革和实验；指导学生的学习和发展，评定学生的品行和学业成绩"。这种教育权利的法定性使教师在学校教学场域中获得了对学生教育的正当性。同时，相关法律条文的抽象性和灵活性使得教师在如何使用教育权利、教育方法方面获得了更大的权宜性。教育权利的法定性也产生了某种程度上的强制性，对学生而言服从教师也是对国家和社会赋予教师权利的尊重。另一方面，我国传统文化中长期存在的"师道尊严"文化，即将教师置于与父母相同甚至高于父母的权威地位，这种文化强调学生对教师的尊重和服从。虽然，随着近年来家长监护人对学生权利认识的不断提高，学生在学校环境中权利没有得到应有重视的现象在某种程度上得到改善，然而传统的师道尊严文化仍然发挥一定作用，对教师服从也是监护人对儿童进行规训的内容之一。教师权力与教师个人特质也存在密切关系。教师个人特质如性格、气质、长相、品质等都会对学生产生较大的感染力和影响力，从而使学生对教师的意志产生服从的倾向。

如果说教师的权力仍然体现了对学生的一种强制性的话，那么权力转化为权威则凸显了教师对学生权力使用的合法化。教师权威具有外部依附和内在生成的统一特征。由于教师权力是权威的基础，因此教师权威具有外部依附的特质，即首先教师的权威要依靠法定的权力、约定的传统、社会制度和规范。外部依附权威主要体现在教师运用自己掌握的教育资源对学生进行管理、批评、

① ［美］约瑟夫·劳斯. 知识与权力：走向科学的政治哲学［M］. 盛晓明，邱慧，孟强，译. 北京：北京大学出版社，2004：14.

命令等，这表现了教师权威的外在压制特质。同时这种外部依附性使教师更类似于某种制度性领导，即他们对学生的权力来源于社会制度所规定的教师职位，而非教师的内在能力和个人素质，学生与教师之间形成的这种制度性的"支配—服从"关系，使得学生在与教师的互动中处于被动服从的不利地位。

在符号互动论者看来，不同于社会中其他互动参与者基于彼此意愿而展开互动，教师在与学生互动中可以忽视学生的互动意愿强迫学生互动，同时教师可以选择互动的方式、地点、时间等，而学生只能被动服从。此外，教师与学生之间的互动是两个不平等的互动主体之间的互动，教师的成人形象、教师角色、知识权威地位等都赋予教师能够评价、惩罚学生的权力。因此，在与学生的互动中教师能够始终扮演规训者角色，并能够设定互动情境、确定互动行为的含义等。

教师权威的内在生成性主要依托教师自身的学识、才能、素养等内部特质，教师内生性权威对学生的影响是由内而外的，内生性权威的师生关系更多体现为学生对教师的主动服从以及彼此之间的平等对话、主动交流。此外教师权威的形成也不能忽略教师个人魅力的影响，有学者提出教师魅力是教师权威的核心。教师在与学生互动中体现出的个人品格、能力、素质等会对学生形成巨大的感召力，能够获得学生内心的认可和服从。

（二）教师性侵害的脚本及角色类型

教师性侵害的过程都是按照一定的脚本完成的，包括性侵害的对象、方式、时间、地点等，选择不同的脚本意味着教师在性侵害过程中借助不同的角色。当然任何一种脚本的选择都与教师的权力、权威存在密切关系。换言之，教师对学生所拥有的权力和权威是教师选择性侵害脚本的基础。教师权力、权威以及外部依附性权威、内在生成性权威等都是相互影响、相互形成的。在教师对学生权力运作的过程中，每种类型的权力都会产生相应的影响。从权力的类型看，教师对学生具有四项主要的权力。第一，学术及专业权威。在学校场景中教师一般占据一定的学术地位，他们在某个领域具有发言权和裁判权，能够决定学生获得相应的专业标准所认可的能力和素质。第二，知识与智慧。教师是以传授知识为目的的职业，在教学活动中通过指导学生获得对学生的权力，滋养学生心灵的权力。第三，教师不但通过学术资源掌握对学生的教育权，同时还通过教化权获得对学生道德和价值进行引导的权力。第四，提升或贬低学生自尊的能力。通过语言、惩戒等方式教师获得提升或贬低学生能力、人格等方面的能力。以上几种权力形式相互交织共同形成了教师与学生在互动中的不平等的权力结构。正如学者约瑟夫·劳斯（Joseph Rorse）指出的权力本身具有扩散性，对于掌握和使用权力的教师而言他们扩展权力的范围取决于其权力使用的合法性，如果权力使用本身不合法，那么其权力扩散使用的范围是没有明确的底线的，因此对于潜在教师性侵害者而言，他们完全可以利用手中掌握的权力对儿童实施性侵害。通过对相关访谈资料的分析发现，在校园中教师往往借助自身的权力和权威通过五种角色作为性侵害的脚本：辅导—协助者、情感照护与知己、威逼引诱者、权利中介者、智识诱惑者。

第一，辅导—协助者。根据国家相关法律赋予教师的权力以及教师本人在教学过程中的职业角色和身份地位等，辅导和协助学生是教师主要的职责。然而，对于潜在教师性侵害者而言，通过利用辅导和协助学生的时机对学生实施性侵害，无疑是较好的身份和目的隐藏手段。由于教师可以在与儿童的互动中自由确定互动的情境和时间，儿童没有选择互动时机和方式的自由，因此，通过协助—辅导学生的方式，潜在教师性侵害者可以将儿童与其同辈群体隔离。在互动情境选择上，潜在教师性侵害者一般会选择教师宿舍、教师家里、学校办公室、学校教室等相对独立、封闭的场所，以此将儿童与其他人隔离，同时规避其他人和力量的监视。在时间选择上，潜在教师性侵害者也会选择午休、放学等时间进行。这种方式将可能出现的外部监护者排除在外，从而降低其犯罪被发现的可能性，进而降低其犯罪成本。在这种情况下，潜在教师性侵害者、作为被性侵害标的物的儿童、时空环境三者相互交错，性侵害风险成为现实危害的可能性大为提高。

> （老师说给我辅导）我也没觉得奇怪，毕竟老师一直跟我说的在学校给我辅导。但是那一天，我出了门，给老师打电话。老师突然莫名其妙地说，学校因为什么什么什么不方便，让我去他家里。我当时听了，感觉脑子有点崩塌。让我一个人去他家里是什么意思？何况又是老师，我也不敢拒绝啊，老师给我辅导，本来就是为了我好。[①]

第二，情感照护与知己。潜在教师性侵害者通过对学生实施情感照护以及交心的方式与学生建立亲密关系，是教师性侵害者在实施性侵害过程中的主要方式之一。对于那些缺乏父母监护、情感交流以及与祖父母等监护人没有充分情感沟通的留守儿童而言，教师的情感照护具有较强的吸引力和自我伪装（self-grooming）效果。情感照护的过程同时是与学生建立信任和依恋关系的过

---

① 访谈对象：编码 FM20200628，女，21 岁，大学三年级学生；性侵害者：教师。

程，赫威特（Hewitt）指出：情感沟通和表达的过程是与身体的感觉和反应联系在一起的，它们是对情境的生理反应；同时，情境是被定义的，情境定义的形成以及含义能够在某种情况下决定我们如何体验它们①。教师的个人魅力和权威以及对儿童的情感上的关心和关爱很容易使儿童产生对教师的亲切感和信任感，与教师形成极为紧密的情感关系，并将教师视为他们生活和学习中的知己。这种信任关系的形成对潜在性侵害倾向的教师而言往往被他们用作对儿童进行性剥削和虐待的工具。此外，教师的教学环境和学生在校内长时期的生活安排使教师有更多的机会接触学生，教师也可以利用他们的教学、管理权利自行定义与学生的互动时间、情境等。在互动过程中，教师利用自己在知识、专业、个人魅力等内部与外部的权威特质等与作为互动另一方的学生形成一种较为平等的互动情境，使学生能够在互动中感受到情感能量②，并进一步塑造了学生与教师的信任关系。

帕森斯（Parsons）的模式变量理论指出，行动者在与其他行动者的互动过程中，这种互动模式采用的选择可以概括进五对范畴内，帕森斯将其称为"模式变量"③，即普遍性与特殊性、扩散性与专一性、情感性与中立性、先赋性（身份）与自获性（成就）、私利性（自我取向）与公益性（集体取向）④。不同的行动选择模式意味着互动中的行动者采取不同性质的行动。扩散性与专一性指的是行动者之间的关系是狭窄的还是扩散的；先赋性与自获性意指识别对方的标准是其先赋性的身份、名望还是其行动表现⑤。普遍性与特殊性的行动模式分别对应着行动者遵循的是普遍性的行动标准还是行动标准因人而异（是否重视私人关系）。情感性和中立性的行动则意味着互动中的行动者是富于感情的还是情感中立的。互动目标是为了促进集体利益还是个人利益则是私利性取向与公益性取向的内涵⑥。

① HEWITT J P. Self and society. A symbolic interactionist social psychology [M]. Newton, MA: Allyn and Bacon, 1976；吴鹏森. 青少年犯罪与社会矫正研究 [M]. 上海：上海三联书店，2017：14.
② 赵方. 互动仪式链理论视域下师生关系建设研究 [D]. 开封：河南大学，2016.
③ [英] 帕特里克·贝尔特，[葡] 菲利佩·卡雷拉·达·席尔瓦. 二十世纪以来的社会理论 [M]. 瞿铁鹏，译. 北京：商务印书馆，2014：84.
④ [美] 乔治·瑞泽尔. 古典社会学理论 [M]. 6版. 王建民，译. 北京：世界图书出版公司北京公司，2014：452.
⑤ [澳] 马尔科姆·沃特斯. 现代社会学理论 [M]. 杨善华，李康，等译. 北京：华夏出版社，2000：120.
⑥ 庞文，孙影娟，奚海燕. 西方社会学理论概要 [M]. 哈尔滨：东北林业大学出版社，2011：146.

　　显然，在这种情感互动式和知己型的师生关系中，教师往往超越自身的角色限定，使自己在与学生互动中的行动采取了情感性、特殊性、扩散性的角色行动模式。由于教师在师生互动中居于主导地位，因此教师这种行动模式也将互动中的另一方——学生裹挟进此种类型的角色行动模式中，使双方超越了学生、教师的普遍性和情感中立性、专一性的角色要求。在这一系列的互动模式中，教师与学生之间的情感涉入程度不断提高，教师和学生赋予各自角色的内容也不断扩展，互动过程中所包含的互动内容和领域由学习不断转向生活、价值观念、个人隐私等领域。随着互动过程的不断深入，学生不但将教师视为学业方面的指导者，而且可能将其视为"朋友""知己"；潜在教师性侵害者则可能利用学生对自己的这种信任剥削学生或者对学生实施性侵害等。

　　　　有一天晚自习快下课的时候单独把我叫出去，说是要跟我聊聊，后来时间比较晚了，他就提议说让我跟他一起回家，路上可以继续聊。当时我也没想这么多，加之当晚可能的确聊得比较投机，我又对这一位对我关爱有加的班主任非常信任，我就跟随他一起回到了他家中……后来发生的事情具体情况我不记得了，整个都是浑浑噩噩，迷迷糊糊。①

　　此外，教师性侵害者为了正当化自己的性侵害行为通常会将其扭曲为对儿童的"爱"与"关心"。同时，为了与性侵害对象保持这种性剥削关系，作为教师性侵害者同样会以威胁儿童会失去这种"特殊"关系以及其他利诱手段保证自身对儿童的控制。

　　第三，机会主义者。机会主义者指的是潜在教师性侵害者不会刻意选择性侵害对象，或者针对某个、某几个儿童实施性侵害，而是利用任何接触学生的机会实施性侵害。相对于选择其他性侵害脚本需要投入较多的时间、精力而言，教师扮演随机性侵害者角色可能花费更低的时间成本、物质成本。这种机会主义者针对儿童实施的侵害在犯罪地点、时间、对象等选择方面有较强的随机性，如有的教师利用上课时间对教室内的某个儿童实施侵害，由于儿童性侵害意识较为缺乏，因此他们一般不会反抗或者揭露。另外，利用儿童协助教师教学、工作以及其他单独与儿童在一起的机会对他们施加侵害也是机会主义者经常使用的办法。当然机会主义者并非对性侵害对象绝对没有选择性，如理性选择理论提出的当场景中存在较多犯罪机会时无论有无犯罪倾向或犯罪经历者都可能倾向于选择犯罪。因此，那些在校园生活场景中与潜在教师性侵害者存在较多

---

　　① 访谈对象：编码 M20200626，男，17 岁，高中生。性侵害者：教师。

互动机会的儿童往往可能成为性侵害者首选的性侵害对象。

防止儿童性侵害的社会抑制剂包括针对教师的密切监督活动、对教师准入进行严格的筛选、号召家长参与学校管理。事实上，在学校环境中教师既是教学人员同时也是学生行为、学习的规训者，然而当前学校偏重于对教师教学质量和班级管理等方面的考核，在对教师的筛选准入和师德管理方面缺乏明确的手段和措施。同时，号召家长参与学校管理也由于学校—家长之间的联动不足，家长参与性较差等原因使得家长对学生在校内的保护缺乏参与性。以上这些抑制剂的失败增加了儿童在学校内遭受教师性侵害的可能性。

> 据我们了解，某些老师利用孩子给他们送作业或者帮忙的机会就猥亵孩子，而且很多孩子不知道自己被猥亵了。我们组织还了解有的人在教室里上课就利用这个机会猥亵孩子，其他孩子虽然看着了他们也不懂什么是性侵害，什么是猥亵，所以这些人有时候胆大妄为到这种程度。还有的比如一些老师就是利用孩子午睡的时间，那屋里没有监控，他干啥谁也不知道，所以就利用这个机会去性侵害儿童。①

第四，威逼引诱者。威逼引诱者指的是潜在教师性侵害者利用自己掌握的权利对儿童进行威逼或者引诱，以控制儿童对儿童施加性侵害。对儿童实施威逼和引诱行为离不开教师自身掌握的权力，由于教师在与儿童互动过程中处于绝对的权威地位，因此他们可以通过对儿童进行威逼或者引诱等方式控制儿童实施性侵害。社会学家布劳在扩展了的韦伯关于权力的定义中指出，权力指的是通过威慑他人撤销某种具有规律性的报酬或者施以制裁的形式不顾他人反对，将自身意志强加于对方的能力②。潜在教师性侵害者由于掌握了儿童校内生活中各方面的评价和奖惩权力，因此能够借此通过威胁、给予奖惩等方式对儿童施加侵害。同时潜在教师性侵害者也会通过经常给儿童购买礼物或者给予儿童奖励接近儿童，以获取儿童的信任，借此对儿童施加侵害。对于那些父母不在身边的留守儿童而言，在获得父母和其他监护人支持方面面临更大困难，同时也无法逃离学校场域，并且留守儿童自身也更加需要教师、家长等的重视关爱，因此教师的威逼或诱惑式的性侵害加害对留守儿童来说危害性更高。

> 这个也是我听来的，不是我们这里的。有个村子小学一个教数学的老

---

① 访谈对象：编码 FM20200701，女，37 岁，Y 县社会公益组织工作人员。

② ［美］彼得·M. 布劳. 社会生活中的交换与权力［M］. 李国武，译. 北京：商务印书馆，2008：178.

师对儿童实施性侵害，这里面大多都是留守儿童，大概有 12 个孩子吧。这个老师就是威胁、引诱孩子跟他发生关系，而且儿童年纪也比较小，父母也不在身边。后来发现也很偶然，就是两个儿童吵架，其中一个说要把老师跟她亲嘴、脱她裤子的事儿告诉她妈妈，然后其中一个村民听见了。这个人跟被害儿童的家长关系特别好，就把这件事情告诉了孩子的妈妈。一开始第一反应就是都不相信老师会做出这种事，后来又问了其他几个孩子，结果都被侵害过，这才信了。①

第五，智识诱惑者。智识诱惑者是用来特指那些利用自己掌握的知识、能力等个人特质对儿童实施侵害者。教师掌握的知识、能力以及个人的谈吐、素质等形成的感召型权威和专业权威以及"师道尊严"等传统文化价值观形成了对儿童与其他未成年人的智识诱惑。换言之，智识诱惑并不仅指教师掌握的知识，还包括教师在掌握知识的基础上形成的个人内在素质以及获得的教师权威。这种智识诱惑塑造了学生对教师的崇敬和服从，而师道尊严等传统文化价值观又强化了这种对教师的尊敬和崇拜，因此儿童在面临教师施加的侵害时失去辨别能力。

我当时所在的中学（初中）是我们那里最好的中学，在我们市都算是最好的，所以你就知道那里的老师都是什么标准了吧。就我们语文老师教课特别好，而且自己出过诗集，还经常给我们朗诵诗歌，人也很幽默，我们都很喜欢他，甚至崇拜他，所以我根本就想不到他对我那样。②

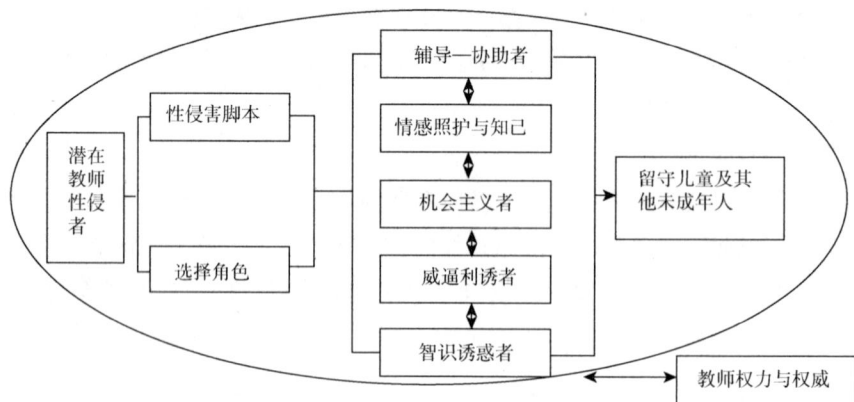

图 5-1 潜在教师性侵害者侵害脚本及角色

① 访谈对象：编码 MJC20200702，男，31 岁，派出所公安民警。
② 访谈对象：编码 FM20200705，女，美发师，19 岁。性侵害者：教师。

以上五种性侵害脚本和角色并非各自独立的，而是彼此之间存在相互影响和结合。换句话说，潜在教师性侵害者在选择对儿童实施侵害的过程中可能会同时选择多种脚本和多个角色。

三、学校规训教育与儿童权利忽视

在学校宏观环境中缺乏对教师教学活动以及师生互动情况的监督机制。同时针对教师的行业准入目前仍然未建立严格的筛选机制，并且学校环境中也未形成针对学生性侵害的保护氛围。

从福柯（Foucaule）权力理论看来，学校是对儿童进行规训的主要场所。学校对儿童的规训主要包括对儿童身体的规训，进而延伸至对儿童行为、思想的规训。身体是个人性的标记，是自我区别于他人的所在，自我与他人的不同就在于"我的身体和你的身体不同"[①]。身体是自我感知世界、认识事物、体认自我、表达情感和欲望的主要载体，我们的经验和身体紧密的渗透在一起[②]。然而，身体的表达和话语长期以来处于被压制和贬抑的状态。无论从我国古代传统宋明理学对"存天理、灭人欲"的强调，还是近代以来对个体权利和身体欲求的忽视和否定，都体现了一种贬抑身体欲望和个体权利的倾向。当然这种倾向并非我国所独有，西方中世纪强调通过克己、苦行、沉思、祈祷、独身等方式克制身体欲望以求达到上帝的救赎，并将身体欲望、激情等视为洪水猛兽，视为遮掩灵性之光的罪魁。近代文艺复兴虽然扫清了中世纪对人性的压制，高扬了理性之光，然而身体的重要性一直未受到应有的重视，"身体逐渐走出了神学的禁锢，但是，它并没有获得长久的哲学注视。甚至可以说，身体摆脱了压制，但并没有获得激情洋溢的自我解放"[③]。

在艾里亚斯（Elias）《文明的进程》一书中，作者向我们展示了身体如何通过外部和内部控制逐渐走向文明的。艾里亚斯采用历史演化的视角，通过对大量经验资料的分析描述了人类行为自中世纪、文艺复兴初期、文艺复兴末期是如何变得雅致化的。在人类行为模式不断演化过程中，通过不断对身体的教化使其变得"得体"和"文明"[④]。福柯的《规训与惩罚》一书中则分析描述了对身体的政治管制技术和心灵控制技术及其相互作用的机制。在福柯那里，

---

① 汪民安. 身体、空间与后现代性［M］. 南京：江苏人民出版社，2015：3.
② 胡春光. 规训与抗拒：教育社会学视野中的学校生活［M］. 武汉：华中师范大学出版社，2017：56.
③ 汪民安. 身体、空间与后现代性［M］. 南京：江苏人民出版社，2015：7.
④ 和磊. 文化研究论［M］. 济南：山东人民出版社，2016：166.

权力对身体的作用无所不在，渗透于身体的毛细血管中，权力本身也依赖于身体以及身体的行为并在身体中获得时间和劳动，并且权力的运作需要通过监禁得以实施①。在权力对身体密切的监视过程中，身体被划分成不同的部分被分别加以控制、标识、驯化和逼迫，"它们不是把人体当作似乎不可分割的整体来对待，而是'零敲碎打'地分别处理，对它施加微妙的强制，这是一种支配活动人体的微分权力（infinitesimal power）"②。身体和行动被进一步分解为不同要素，身体、活动、关节都被规定了相应的行动方向、内容和时间，这也意味着身体本身的流变性、可塑造性和可强化性。

福柯认为教育领域对学生的规训首先便体现在身体的控制，教育场域中学生的存在既不是肉体的存在，也不是精神的存在，而是身体的存在。教育规训的目的是通过对学生身体的规训从而锻造和呈现学生的身体③。福柯认为，教育的首要对象是对身体进行教育而不是对灵魂进行教育，这种教育的手段侧重于以对身体的操练、纪律和惩罚。因此，教育对学生身体的控制体现在对学生身体的每个细枝末节和姿势都做了相应规定，身体的器官、功能都被认为是可塑造的。在权力对身体进行塑造的阶段，也将相关的思想、观念灌输于学生身体中，因此在这种对学生身体的塑造过程中他们并未表现出任何实质的反抗④。福柯系统分析对身体控制的四种政治技术：空间的分配、活动的控制、创生的筹划和力量的编排。

此外，学校空间中对学生身体的规训还包括教室中对学生活动的监视，这种监视或者由教师的行动，或者由教师指定的其他学业较好的学生，如班长、组长等，或者借由无时不在同时又使被监视对象感受不到的监视装置——摄像头等进行监视。在教学活动中教师也能够利用惩戒、表扬、训练、矫正、批评等对学生学业成绩、课堂表现、活动方式、活动内容、活动时间等进行规范化惩戒，以确保对学生的规范化的权力控制。总之，在福柯看来学校是典型的规训工具，其中学校、教师与学生之间是规训与被规训的关系。在对学生规训的过程中，将学生身体与灵魂割裂开来分别加以控制，对身体是控制、监视、惩罚，对灵魂则是采取将其消解的方式。学生被当作可以雕琢、锤炼、锻造的个体，通过控制技术和规训权力把学生塑造为驯顺的身体，强制性地把他们造就

---

① 包亚明. 权利的眼睛：福柯访谈录 [M]. 严锋，译. 上海：上海人民出版社，1997：238.

② [法] 米歇尔·福柯. 规训与惩罚：监狱的诞生 [M]. 刘北成，杨远婴，译. 北京：生活·读书·新知三联书店，1999：155.

③ 于伟. 理性与教育 [M]. 合肥：安徽教育出版社，2009：61.

④ 于伟，戴军. 福柯教室中的微观权力理论述评 [J]. 东北师大学报，2005（2）：139-144.

成特定类型的人①。

规训化教育对儿童造成的影响便是忽视儿童主体性以及儿童的权利，包括儿童的隐私权、性权利、尊严和人格权利等，并且在学校规训场景中也很难形成儿童权利文化。由于对儿童权利的忽视，自然学校对有可能发生的教师对儿童的性侵害缺乏警惕性和防范意识，从而也很难形成预防儿童性侵害和对儿童性侵害进行救助的制度性措施。因此，当前学校教育制度中更多的是对学生日常管理制度、作息制度、奖惩制度的制定和完善，虽然也制定了学校安全的相关制度，但是罕有对学生遭受性侵害等制度的设定。

> 我们学校主要是围绕防止学生在校内发生的安全风险事件制定了相关的措施，如学校落实校长作为安全管理和学生保护的第一责任人责任，书记 X 老师作为学校安全代表，分管平安校园，对接部门是学校安全工作小组。小组的成员有安全员、德育处负责老师、教导处老师、卫生老师等。性侵害事件我们这里从来没有发生过，我们老师也不会做这种对学生伤害的事件，当然一旦有家长反映我们也会严肃处理。②

> 我们联合校开学之初也组织过教师学习预防儿童拐卖、性侵害的专题讲座，请一些专家来讲一讲，小学、幼儿园、初中都组织老师参加。主要就是培训老师怎样预防儿童被拐卖、被侵害，通过培训进一步提高老师的防范意识。我们学校目前也很重视对学生在学校内安全的管理，当然防止性侵害这方面我们学校还没有形成一些制度性规范，这个是我们以后工作的重点。③

访谈中也发现，学校教师、领导对儿童潜在性侵害风险并无预防意识，相关教师对哪些行为可能构成儿童性侵害也缺乏明确认识，同时对自身在预防儿童性侵害保护儿童方面的责任认知不清。《中华人民共和国教育法》《中华人民共和国未成年人保护法》中明确规定对未成年人进行教育管理、监管的单位和个人，对未成年人受到侵害有报案义务，然而学校、教师对学生权利意识的忽视造成他们对儿童权利维护的意识模糊、动机不强、动力不足，反而单纯依赖家长报警或者举报。

> 一个偶然的机会，她碰巧听见学生无意间说，晚上的时候，会被生活

---

① 金生鈜. "规训化"教育与儿童的权利［J］. 教育研究与实验，2002（4）：10-11.

② 访谈对象：编码 MLS20200708，男，45 岁，小学校长。

③ 访谈对象：编码 MLS20200709，男，42 岁，小学校长。

老师摸。她立即选择了报警。但令举报者诧异的是相关领导对该问题态度非常暧昧，反应令人诧异，学校并未给出明确的态度，上级主管部门的领导则是强调由家长报警。①

《中华人民共和国未成年人保护法》《中小学教师职业道德规范》《中华人民共和国教师法》中都有关于维护儿童权益和保护儿童的相关规定，然而在儿童权利意识尚未得到普遍关注和重视的背景下，如何确保教师能够严格执行是尚未解决的问题。一旦发生教师对儿童实施性侵害的问题，由于取证困难以及儿童外部支持的缺乏，特别是对那些监护人在外务工、祖辈等无法进行及时照护的留守儿童而言，他们缺乏及时维护自身权益的能力②，学校和教师往往维护自身的利益，从而置儿童的利益于不顾。

面对儿童的举报和求助，某些学校领导者模糊儿童权利，片面维护学校、教师利益，甚至采取合理化教师性侵害的行为。

> 我去办公室找老师问问题，老师辅导我的时候就开始摸我的腿，但是因为时间很短暂我没有在意。后来放学了，其他班同学都走了，我们班同学也放学了。老师起身关灯，我也收拾东西往外走，这个时候老师从后面抱住我，摸我的胸，我大脑就一片空白，整个身体就僵硬了。后来联系了班主任，班主任联系了教导主任，我把这件事说了之后，教导主任就说，嗯，这样啊，你们别瞎想，老师是在和你闹着玩呢……③

在学校环境中，由于学校空间主要是为了对学生规训设置的④，因此对教师行为控制和监督缺乏相应的条件。虽然在某些学校中教室内已经安装了摄像头，然而摄像头主要为了对学生身体进行监控。同时，很多乡村学校并未全部安装摄像头。在此条件下对教师行为的监控一方面需要学生的举报，另一方面也需要其他教师的监督。然而，教师关于儿童性侵害知识的缺乏以及对儿童权利的忽视造成教师对校园内发生的儿童性侵害事件采取了漠视的态度，同时对其他教师可能采取的对儿童的性侵害等也缺乏监督意识。

> 我们接触的或者是与其他县同事交流中获得的一些信息就是，某些老

① 访谈对象：编码 20200701，女，公益组织干事。
② 钟昭会，常静. 农村留守女童遭受"禽兽教师"性侵害之家庭原因与防范对策 [J]. 贵州大学学报：社会科学版，2015，33 (6)：138-142.
③ 访谈对象：编码 M20200710，女，23 岁。
④ 高雪莲. 完美的"铁笼"：规训"在场"的农村寄宿制学校——主体视角的柳溪村儿童学校教育考察 [J]. 北京社会科学，2015 (1)：44-51.

师对儿童的性侵害事件已经发生过很多次了，这个老师在学校内的行为其实很多学生都知道，也有给老师起外号的，学生知道其他老师难道不知道吗？学校领导难道不知道吗？其实极有可能是知道，但是他们采取了一种漠视的态度，这种缺乏儿童保护的意识，也导致一些案件持续发生。①

换言之在学校内部和教师之间尚未形成儿童权利文化氛围，以规训为教育主要目的的倾向已经对学校教学空间设施、制度安排、教师行为、教育氛围等方方面面产生了深刻影响，这种影响造成了学校无法在短时间内改变对儿童权利忽视的状况，同样也无法短期内形塑另一种以儿童权利为教育依归的学校文化。这是造成学校内教师性侵害问题长期无法很好解决的更深层次原因，同时也是学校性侵害风险存在的制度和文化因素。

总体而言，留守儿童家庭内部性侵害风险因子主要集中于家内生活安排、监护人权利滥用以及女性监护人缺失和"懂事"教育等方面。以上风险因子彼此之间存在一系列的相关关系，不良的家内生活安排以及女性监护人缺失等为监护人权利滥用进而对留守儿童实施性侵害提供了可能性条件。"懂事"教育等强化了留守儿童遭受性侵害后无法及时向监护人披露的倾向性。同时，监护人无法为在校留守儿童提供足够的监护，使得校内性侵害发生的可能性提高。在校园环境中，传统规训教育使得留守儿童在与教师交往中处于权利弱势地位，而教师则处于权力强势地位，师生之间权力不平等使得教师可以利用与留守儿童交往的时机对儿童进行性侵害。

---

①　访谈对象：编码 M20200718，女。

第六章

农村留守儿童性侵害的个体被害风险分析

在性侵害发生、发展和演变过程中，留守儿童的自身特质和行为方式同样会导致其容易遭受性侵害风险。在犯罪社会学中将被害人由于个人的年龄、性格、行为方式等导致其容易遭受侵害的现象称为被害性。换言之，被害性指的是被害人自身具有的容易诱发犯罪人侵害行为并最终使自己成为被害人的特性总和。这种被害人特性既包含一般特性，如性别、职业、年龄、社会地位等特点，也包含个人行为举止、生活状态等特殊性因素。同时被害人特性还包含被害者的易感性，即面对侵害状况个人无意识的顺从性。留守儿童被害性则可以界定为留守儿童所具有的容易诱发潜在犯罪者实施侵害从而使自己成为受害者的各种条件的总和，这种条件既包括生理条件、心理条件同时还包含个人行为举止、生活方式等因素。就留守儿童性侵害风险而言，留守儿童被害性可以进一步细化为留守儿童自身具备的容易导致其遭受性侵害风险的各种内外因素的总和。

第一节　农村留守儿童性侵害个体被害风险分析

针对被害性的分析可知，留守儿童遭受性侵害与其同加害者互动存在密切关系，或者说性侵害的过程是双方互动的结果。潜在性侵害者针对哪一类留守儿童实施性侵害以及采取哪种具体方式与留守儿童具备的被害性存在密切关系。

一、农村留守儿童的年龄

年龄因素是导致留守儿童遭受性侵害的主要因素之一。在调研中发现大多数留守儿童遭受性侵害的年龄集中在 6～15 岁，同时也存在部分 6 岁以下的留守儿童遭受性侵害。年龄成为留守儿童诱发加害者性侵害行为存在多方面原因。

（一）年幼与暴力受害

年幼意味着留守儿童在生理、心理等方面的体力、反抗能力的弱小或者脆弱，在与其他年龄较大的青少年或者成人的互动中，年龄幼小的留守儿童自然会处于劣势。对于年长者而言，与年龄幼小的留守儿童互动他们更掌握主动权和优势地位。尤其是在性侵害等暴力互动过程中，年幼的留守儿童无法反抗只是其容易遭受暴力侵害的一方。对于性侵害者而言，年幼弱小的留守儿童在暴力互动过程中无法掌控性侵害暴力的互动情境，在很大程度上降低由于暴力产生的冲突性紧张或者说更有利于性侵害者掌控互动局面。

根据微观冲突理论，暴力情境是导致暴力发生的主要原因。柯林斯（Collins）微观社会学理论指出，在正常的互动中注意力集中在产生情感调适的他者身上，在互动过程中产生情感能量（emotional energy），情感能量的变化取决于互动双方将在多大程度上沉浸于彼此的情感和整体韵律中，以及参与互动者在多大程度上集中于同一目标。如果参与互动者在互动过程中感知到团结感、归属感就会产生良好的体验，从而获得信心、力量以及对团体活动的热情。若个体不能在团体互动中感知团结、愉悦等，他们就失去情感能量，从而感到抑郁、消沉，最后失去对团体互动的兴趣[①]。然而，在暴力对抗性中产生的不是调谐，而是导致对抗性紧张和恐惧的状态。换言之，在暴力过程中产生的是与正常互动相反的情感状态，参与互动的双方如果沉浸于彼此的情感与韵律中，则会感受到持久的紧张，即冲突性紧张感[②]。随着冲突强度的升高，这种紧张感就会成为恐惧感，这就是暴力情境。由于紧张和恐惧感形成了一个阻碍人们使用暴力的屏障，绝大多数人都会避免冲突。换言之，紧张和恐惧感产生的体验抑制了大多数人使用暴力的冲动。当人们能够避免或者绕过这种情绪性障碍时，暴力确实会发生。

根据微观社会学理论，在潜在性侵害者预谋实施的性侵害犯罪中，年龄幼小的留守儿童更容易成为性侵害的对象。在性侵害过程中，年龄幼小不仅意味着个体在体力方面的脆弱性，更意味着在性侵害互动过程中弱小的一方很难产生控制对方的情感和情绪韵律，从而使得性侵害者很容易将情感韵律调整为自己的模式并强加于对方，同时阻止对方建立起这种韵律并强加于自己。当软弱、

---

① ［美］兰德尔·柯林斯. 互动仪式链［M］. 林聚任，王鹏，宋丽君，译. 北京：商务印书馆，2016：79-86.

② ［美］兰德尔·柯林斯. 暴力：一种微观社会学理论［M］. 刘冉，译. 北京：北京大学出版社，2017：19-31.

被动的受害者屈服于情绪支配时，掌控互动的另一方就成功绕开了暴力产生的恐惧和紧张，从而导致最后的暴力过程和结果。进一步言之，年龄较小的留守儿童受害者最初便缺乏自卫的能力，这意味着性侵害者能够先发制人地采取行动，并控制互动双方在性侵害过程中互相浸润的过程与方向。因此，对性侵害者而言，这种情境下的互动方式使得性侵害互动本身不再具有二重目标①，而是完全被性侵害者掌控，使得双方进入了一种特殊的浸润状态，在这种状态下性侵害者处于完全支配地位，取得了支配权，这种支配权即意味着控制互动情境中对情绪的定义。

年龄幼小的留守儿童不仅在面对成年人时处于弱势地位，相对于其他年长的未成年人也并不具备防卫优势，这也清楚地解释了在留守儿童性侵害过程中，对其实施性侵害的不仅是成年人，还包括其他青少年。在访谈中也发现，访谈对象在幼年时存在遭受到集体性侵害的问题，而性侵害的实施者往往都是熟悉的未成年人甚至玩伴，而被害者遭受性侵害是突然性的。

有迹象表明，未成年人寻求体验暴力的刺激，例如夜间生活或休闲时间②③、打群架等④。这些"娱乐性"暴力事件，是由群体成员的情感驱使的，群体成员的感觉和暴力之间的联系变得极端⑤。根据微观社会学理论，群体成员的情感、团结的兴奋等可能为青少年暴力中的疯狂攻击提供另一种情绪途径。

> 我们家俩孩子，我跟我哥哥。因为小时候家里经济比较困难，为了供我跟我哥哥读书，我爸妈就把我寄养在别人家。那一年我大概10岁，具体年龄我记不得了。有一天，村里一群年龄比较大的男孩子还有几个跟我关系比较好的男孩子我们在一起玩，玩儿着玩儿着有一个男孩子就突然提议说要跟我玩那个。本来他是想跟另一个女生玩儿的，结果那个女生指向我，

① ［美］兰德尔·柯林斯．暴力：一种微观社会学理论［M］．刘冉，译．北京：北京大学出版社，2017：163-167.

② GRAHAM K, WELLS S. 'Somebody's Gonna Get Their Head Kicked in Tonight!' Aggression Among Young Males in Bars-A Question of Values? ［J］. British Journal of Criminology, 2003, 43（3）：249-250.

③ ROSALIND E H, HEATHER C, GRETTON M. The Predictive Validity of Risk Assessment with Violent Young Offenders［J］. Criminal Justice and Behavior, 2016, 30（6）：688-708.

④ 朱峰．青年性、暴力结构与青年膨胀——从现代到当代冲突世界中的青年问题考察［J］．中国青年研究，2018（2）：30-37.

⑤ JANKOWSKI M S. Islands in the Street：Gangs and American Society［M］. Berkely：University of California Press, 1991.

可能是我年龄更小一点、长得更可爱还是更好欺负，我不知道。那个男生提议之后，他们一群人就把我架到房间里，脱我衣服、摸我，就这样我没了别人说的贞洁。①

柯林斯指出，群体成员的情感来自共同的注意力焦点和情感调适的体验。霍奇斯泰特（Hochstetler）指出了三种群体一致性的方式："增量信号传递"（使用身体或语言的小动作来检查其他人是否接受这个想法）、"目标趋同"（相互和即时承认一个有吸引力的目标）和"确立身份"（承认集团成员的犯罪能力，将过去的经验转化为对即将采取的行动的期望）②。除了形成共同的关注焦点，集团成员必须形成共同的情绪和情感体验，从而协调一致开始行动。在上述受害者表述中，很明显看到性侵害是如何由个体成员的暗示到最后成为集体行动的。其中一名成员的很多提议，得到其他成员的呼应从而将性侵害的目标逐渐聚焦于受害者，最后是一致性的行动。在最后行动阶段，每个行动参与者都主动参与进来，以此向其他人表明自己的犯罪能力，也就是所谓的确立身份阶段。

当然年幼并非留守儿童受害者遭受性侵害的唯一被害性因素，或者说年幼在留守儿童性侵害被害性中不是发挥作用的唯一因素。年幼的留守儿童所处的环境即性侵害发生的情境也在很大程度上影响了性侵害是否会发生。在大多数家庭外性侵害场景中即由家庭之外的成员实施的性侵害中，缺乏监护人照顾是决定性侵害发生的主要因素，年幼只是其中的一个次要因素之一。

（二）年幼与信息披露

留守儿童遭受性侵害往往在幼年时期，除了这一时期留守儿童性知识欠缺以及由于年龄因素个人能力弱小无法进行自我保护等因素之外，比较重要的因素是遭受侵害之后留守儿童进行自我披露的信息往往被监护人视为不可信的。一方面，作为留守儿童监护人，他们缺乏对儿童性侵害足够的个人敏感性，在儿童无性或者无视儿童性权力的文化背景下，他们将年幼儿童对个人受性侵害的求助视为缺乏可信性。另一方面，监护人和其他相关人员往往认为留守儿童年幼不成熟、认知有局限，因此他们认为儿童透露信息的可信度不高。一名被访者向研究者表示自己："那个时候太小了，也就是 6 岁左右，我跟我妈妈说了好几遍我被邻居摸肚子了，而且不止一次摸我，我妈妈总是不信，后来我说的

---

① 访谈对象：编码 FM20200717，女。

② HOCHSTETLER A. Opportunities and Decisions：Interactional Dynamics in Robbery and Burglary Groups ［J］. Criminology，2001，39（3）：737-63.

次数多了她才开始相信我。"①

年幼的留守儿童其思维往往停留在非常具体的层面，难以对概括性的问题进行理解和描述。同时，心智和生理发育的现状也使得他们无法组织逻辑严密的语言和连贯的陈述事实。此外，年幼的留守儿童往往也不能够清楚地描述性侵害事件发生的具体时间、地点和具体的性侵害行为，这导致他们求助时很难确定事件发生在"什么地点"和"什么时候"。在访谈过程中研究者发现，大多数受访者都表示自己年幼，无法组织语言描述性侵害的过程，同样无法寻求外界支持和帮助。一名访谈对象向研究者描述小时候被姑父性侵害的经历时说道："那年我5岁左右，我奶奶给我买了一条花裙子，我穿着很开心，那天正好我那个姑父来了，我记得他抱起我到房间里掀起我的裙子摸我，我就感觉很不舒服，感觉心里特别害怕，后来听到姑姑的声音我才心里松了一口气，但我不知道怎么开口跟姑姑说。"② 由于年龄幼小，留守儿童很难在性侵害之后进行求助，因此他们难以获得及时的救助，同时，留守儿童年幼的状态也使得性侵害者能够降低其实施性侵害的内心焦虑感以及实施性侵害行为之后被发现从而被惩罚的现实性成本，这使得他们在性侵害过程中更加无所顾忌，大大增加了留守儿童遭受二次性侵害的风险。

二、农村留守儿童残障状态

残障留守儿童是留守儿童群体中的弱势群体，身体残障状态使得这部分留守儿童更易遭受性侵害风险。关于残障的概念学术界存在不同的看法和解读。大体而言，主要有残障概念的个体理论模式、社会理论模式、人权理论模式和整合理论模式③。不同残障类型的留守儿童遭受性侵害风险的严重程度是不同的，其中智力残障留守儿童遭受性侵害的风险性更高，智力残障也构成了留守儿童主要的性侵害被害性因素。

在残障留守儿童中，精神和智力残疾留守儿童更为脆弱，其遭受性侵害的风险更高，换言之其被害倾向性更高。与正常留守儿童类似，智力和精神残疾的留守儿童须克服羞怯、害怕遭受批评等心理障碍等进行求助。更为值得警惕的是，智力残疾留守儿童并不总是意识到他们正在遭受性侵害，对于他们而言很难通过组织合适的语言来描述遭受性侵害的过程，而困难水平则取决于他们

---

① 被访者基本情况：编码 FM20200718，女，27 岁。
② 被访者基本情况：编码 FM20200720，女，24 岁。
③ 杨雄，李煜．社会学理论前沿［M］．上海：上海社会科学院出版社，2016：420.

的智力和其他残疾程度。此外，对于遭受性侵害的智力残疾留守儿童而言，其遭受性侵害的经历很难被发现。智力残疾留守儿童监护人对儿童有关自身遭受性侵害的相关求助和话语缺乏警惕性，对儿童言语的可信性也缺乏信心，从而进一步加剧了他们的脆弱性。在调研过程中，Y 县 B 镇的派出所民警同志向研究者坦陈："有个家长说他们家的孩子被欺负了，我们去调查，结果发现孩子傻，根本不会说，还没问两句直接就吓跑了。最后问家长，家长也拿不准啊，一开始家长说有可能，你再往下问啥时候、在哪里，家长也懵了。咱们到村里去办案都讲证据，这种事儿你不能胡乱猜测，都是本乡本土的，冤枉谁都不行。"因此针对这种情况，派出所民警需要第二次、第三次进行调查以确定真实情况，同样与智力残疾留守儿童及监护人的互动和沟通要求具备更高的专业性和灵活性，这对派出所民警而言也提出了新的挑战。

从外部环境因素来看，智力残障留守儿童被害性主要是由于家庭监护和社会支持的不足及对他们的污名化。当前家庭监护依旧是农村智力残障留守儿童的主要监护模式，监护人对智力残障留守儿童的监护主要是以确保其"不走失""不饿死""有的吃、有的穿"，满足其基本生存和安全需要为主，缺乏对残障留守儿童性安全的保护。此外来自农村社区和社会组织的支持也非常脆弱，政府支持则主要是将智力残障留守儿童纳入低保，保障其基本生活需求，而对其性安全保障则缺乏相应的支持资源。智力残障留守儿童性安全保护网络基本缺失，使其直接暴露于遭受性侵害风险的社会环境中。对于智力残障留守儿童而言，其面临的性侵害风险水平还与其生活方式有关。监护人由于工作、生活等压力和自身监护能力所限，无法时刻对智力残障留守儿童进行监管，对于智力残障留守儿童而言，他们具备自我行动能力，村落社区是其主要活动场所，而农村社区存在空心化倾向，社区人口数量减少，以社区居民志愿监管或偶然性的照料为形式的社会支持资源减少，因此智力残障留守儿童在社区"行进""游荡"过程中遭受外部性侵害风险的可能性大为提高。

同时，在农村社区中对智力残疾留守儿童存在的污名化倾向也造成对他们的社会排斥，使其缺乏来自同辈群体的支持和保护。在 E. 戈夫曼（E. Goffman）的定义中，污名指的是"一种极不光彩的属性"，并提出将被污名化的人"从一个完整的普通人变成一个有污点的、打折的人"①。与戈夫曼一样，克罗克

① GOFFMAN E. Stigma：Notes on the management of spoiled identity［M］. New York：Prentice-Hall, 1963.

（Crocker）指出污名的本质是"贬低社会身份"①。不过，污名的产生也与社会环境有关，在某种社会环境中特定的客观属性被认为是耻辱性的②。不过何种属性被认为具有耻辱性的则主要由该社会中占据主流的文化和价值观所决定③。同时，被污名化程度完全取决于该社会中政治、经济权力的可得性，只有某个群体拥有相应权力并能够主导公众对某个群体的态度时，对该群体的污名才最终形成④。因此，污名依赖于权力关系和社会文化背景并通过社会互动建构而形成。智力残障留守儿童污名的形成既是一个过程又是一种结果，农村社区文化中长期存在的对残疾人的刻板型印象使得智力残障留守儿童一出生便遭受社区民众不公正的对待。在农村社区中，智力残障意味着这一类留守儿童是残废无用的，属于"傻瓜""没人要""不好找婆家"的一类人。农村社区中存在的公众污名导致社区居民对残障留守儿童的社会排斥机制。这种社会排斥机制包括对他们的偏见、歧视、不接纳等，在监护人影响下其他留守儿童也容易形成对智力残障留守儿童的排斥。同时，客观性的智力障碍也使得智力残疾留守儿童无法融入同辈群体。并且由于存在污名属性，对智力残疾留守儿童的虐待和侵害往往被农村社区文化所宽容，这也造成性侵害者对智残疾留守儿童实施性侵害的成本降低甚至会被合理化。

三、农村留守儿童网络互动

迅猛发展的互联网和电子移动设备深入社会生活的各个领域，正在悄悄地改变着个人界限的规范，个人信息通过互联网和智能手机广为传播，人们在社交网站或朋友圈交往的时间和深度胜于与周围人面对面交往的时间和深度，增加了儿童学习设定个人界限的难度⑤。网络传媒极大改变了人们的社交方式和人际互动范围，然而网络匿名社交也增加了人际交往的风险。

---

① CROCKER M, STEELE. Social stigma ［M］//FISKE S T, GILBERT D T, LINDZEY G. Handbook of socialpsychology ［M］. Boston：McGraw-Hill, 1998：504-553.

② 谢燕, 肖非. 残疾污名的形成机制与去污名的路径探析——基于融合教育的理论视角 ［J］. 现代特殊教育, 2016（22）：10-17.

③ RÜSCH N, ANGERMEYER M C, CORRIGAN P W. Mental illness stigma：Concepts, consequences, and initiatives to reduce stigma ［J］. European psychiatry, 2005, 20（8）：529-539.

④ COLEMAN L M. Stigma ［M］// AINLAY S C, BECKER G, COLEMAN L M. The dilemma of difference ［M］. Boston：Springer, 1986：211-232.

⑤ BURSZTEIN E. Rethinking the detection of child sexual abuse imagery on the Internet ［M］// The World Wide Web Conference. Switzerland：IW3C2, 2019：2601-2607.

　　留守儿童等未成年人出于满足自身性欲望或者好奇，在现实生活中实施的性侵害似乎并不能完全描绘出他们的涉"性"行为。调研中发现，由于互联网的发展，留守儿童等未成年人开始接触另一种形式的性互动领域，即虚拟性爱。虚拟性爱又称网上性爱，广义含义指的是利用互联网为载体从事性或涉性活动，以满足性欲望的行动总称①。狭义的虚拟性爱用来描述两者或多人之间通过分享与性有关的图片、语言、视频②等形式来达到性唤起，并最终完成性高潮的一种虚拟的性爱活动③。总体来看，网络信息技术的发展使得人们能够突破现实社会结构给予人们的身份、角色规制和社会性道德，将现实生活中无法充分表达和满足的性需求借助网络得以实现，并将性互动的道德和身体成本降至最低。由于网络的超时空性和互联性，个体性互动的目的无论是出于精神需求、生理需求、精神与生理需求，抑或社会道德相悖的性需求，或者通过互联网实现一群人对另一群人的性剥削，似乎都可以借助网络实现。互联网的发展使传统人类的观念、思想、行为产生了根本性颠覆④，也让人们的性互动对象和性伦理等超越了前网络时代的限制。

　　当前未成年人上网年龄越来越低小，他们接触网络的范围不断扩大，接触虚拟性爱的可能性也不断提高。事实上对处于青春期阶段的未成年人来说，他们存在主动寻求性互动的潜在需求，特别是在我国缺乏家庭和学校性教育的背景下，通过网络探索和认识性，以及参与性互动也成为他们完成性社会化的重要渠道。同时，青春期作为未成年人身心发展阶段，其特点是寻求交流和互动包括性互动⑤。青少年的情感需求和他们年龄的其他特征（如身体成熟）的结合，使他们成为一个危险的群体。这种危险性表明青少年既可能是网络虚拟性爱的参与者，也可能是受害者。

---

①　COOPER A, DELMONICO D L, BURG R. Cybersex users and abusers: New findings and implications [J]. Sexual Addiction & Compulsivity, 2000, 7 (1-2): 5-29.

②　潘绥铭，黄盈盈. 性社会学 [M]. 北京：中国人民大学出版社，2011：191.

③　COOPER A l. Cybersex and sexual compulsivity: The dark side of the force [J]. Sexual Addiction & Compulsivity the Journal of Treatment & Prevention, 2000, 77 (1-2): 1-3.

④　[美] 曼纽尔·卡斯特. 网络社会的崛起 [M]. 夏铸九，王志弘，译. 北京：社会科学文献出版社，2001：6.

⑤　LIVINGSTONE S, HADDON L, GOERZIG A, et al. Risks and safety on the internet: the perspective of European children: full findings and policy implications from the EU Kids Online survey of 9-16 year olds and their parents in 25 countries [R]. LES, London: EV Kids Online, 2011.

事实上，研究显示青少年比幼儿更容易遭受网络性侵害①，其中那些被社会或者同伴孤立、感觉被误解、抑郁或缺乏指导以及家庭支持的青少年，更容易受到网络虚拟性爱及网络性侵害的影响，同时女孩比男孩更容易受到感染，面临更大的风险②。就此言之，对于留守儿童来说，由于缺乏父母监督和全面的性教育，网络中存在的色情信息和他们自身对性的探索，使其接触虚拟性爱以及被性侵害的风险极高。特别是对处于青春期阶段的留守儿童，他们希望获得独立的人格和体验，包括性和亲密的经验，而网络平台为他们提供了获得独立性经验的机会。因此借助网络虚拟社区，留守儿童在探索性行为的过程中可能成为性受害者也可能成为加害者。

同时，随着国家对网络色情监管的日益严格，虚拟性爱也发展出一系列网络用语，这些网络用语与虚拟性爱一样形成了某种网络亚文化，只有处于该亚文化群体中才能正确理解其中的含义。作为虚拟性爱过程中的参与者，某些留守儿童扮演了积极的性侵害者角色，性侵害的对象往往是与他们同龄的人或者年纪更为幼小及情感脆弱的女童。在研究者对 B 镇 H 中学调研过程中曾接触如下案例：一名 16 岁的留守男童引诱一名 10 岁的留守女童，他们在 QQ 聊天中彼此互相称呼"老婆""老公"，后来男童引诱女童拍摄穿丝袜的照片和自己的裸体照片。除了模仿成人化的涉性互动外，男童甚至诱使女童学习"文爱"（文字性爱，虚拟性爱的一种类型，即通过发送与性有关的词语、符号以及图片等形式激发对方的性唤起）。由于缺乏监管，该男童的性交往并未被及时发现，最后被性侵害女童方的监护人检查女童手机时发现他们的性互动行为。令研究者诧异的是，当遭受性侵害的女童监护人选择报警时警方不予立案，无奈之下监护人只能选择通过网络的形式曝光相关行为。在后续女童监护人与男童的对话中，男童并未意识到他本人行为的错误，甚至运用《中华人民共和国未成年人保护法》来维护自己的"权益"。在后续的调查中发现，该男童监护人平时对其教育和关心都非常少，导致孩子行为不端。在该案例中，男童扮演了性侵害者的角色，虽然他们的性互动并未对女童身体造成实质性伤害，然而若非监护人及时发现并选择介入，那么在他们性互动过程中对彼此所造成的负面后果是难以想象的，同时他们的行为已经违背基本的性伦理道德底线。

---

① SHARP M C. Exploration of the risk factors associated with online sexual grooming and professionals' experiences of looked after children's internet use. 2019.

② SILJEUR N. Protecting children against cyber-sex in South Africa [J]. Child Abuse Research in South Africa, 2016, 7 (2): 95-102.

留守儿童网络性侵害的背后不仅存在大量的潜在性侵害者，还存在庞大的儿童色情产业链，这一切都构成了留守儿童上网过程中遭受性侵害的风险性背景，而这些风险性背景进一步促进了儿童性侵害风险的发展。换言之，留守儿童网络性侵害的最终实现与留守儿童自身与潜在网络性侵害者的互动存在密切关系。在厘清留守儿童网络性侵害被害性的特点之前，应明确网络中存在的儿童性侵害者类型以及基本状况，或者说应廓清网络中儿童性侵害的风险环境，由此才能明晰儿童性侵害发生的留守儿童个体和潜在性侵害者之间的关系，同时也能够明确留守儿童网络性侵害被害性的特点。

研究发现，性侵害者利用网络实施的性侵害主要包含以下方面：出于个人和/或商业原因录制或传播、买卖儿童色情图片、视频①；与对儿童有性兴趣的其他个人建立某种社会团体或网络②；借助网络与儿童进行不适当的性接触或对儿童实施性侵害③；儿童卖淫和贩卖儿童。贩卖儿童色情图片和视频指的是在网络中针对恋童癖、性猎奇者等目标客户售卖儿童色情图片，同时这些儿童色情图片也进一步被用于犯罪之前或期间，使犯罪者或受害者的敏感度降低和/或降低其抑制力。与对儿童有兴趣的其他个人建立某种社会团体或网络，指的是通过与某些虚拟性爱社区中的潜在儿童性侵害者建立联系，彼此分享相关儿童色情信息或进行性交易，抑或交流儿童性侵害的相关技巧或技术经验，这部分群体也是儿童网络性侵害和色情信息售卖群体的主要来源之一。借助网络与儿童进行不适当的性接触或对儿童实施性侵害指的是利用互联网与儿童进行在线接触，以培养和引诱他们在网上或线下与犯罪者进行性活动或性对话。儿童卖淫和贩卖儿童则是利用网络在线上或线下强迫儿童进行性交易或者将儿童贩卖给其他潜在性侵害者。以上四种性侵害类型并非互相独立，而是存在密切联系。以儿童色情信息为例，虽然观看儿童色情信息与儿童性侵害之间没有确定的因果关系，但色情信息可能煽动性侵害犯行为，并且它传达的信息会产生支持犯罪的态度，而且它可以"增强性侵害犯者的认知扭曲……比如孩子是合作的甚至是热情的，孩子欣赏罪犯"④。同时色情信息也可能给罪犯造成一种错误印

---

① BUSCHMAN J. Cybersex offender risk assessment. An explorative study［J］. Journal of sexual aggression，2010，16（2）：197-209.

② Southern S. Treatment of Compulsive Cybersex Behavior［J］. Psychiatric Clinics of North America，2008，31（4）：697-712.

③ WERY A，BILLIEUX J. Problematic cybersex：Conceptualization，assessment，and treatment［J］. Addictive B ehaviors，2017，64：238-246.

④ ELDRIDGE H. 16 Patterns of sex offending and strategies for effective assessment and intervention［J］. Home Truths About Child Sexual Abuse：Policy and Practice，2000，313.

象，即通过大量描写性侵害儿童的材料表明对儿童性侵害是一种常见的做法①。由此可见，儿童色情信息的传播对潜在儿童网络性侵害者实施性侵害具有促进作用，同时大量以儿童为目标的性交易等也进一步激发了儿童色情信息的传播以及儿童性侵害风险的严重性。

对于留守儿童而言，他们在网上面临的性侵害暗含了大多数性侵害类型，并且他们自身的网络交友行为也使他们成为性侵害的潜在对象。对于社会孤立和缺乏关爱的留守儿童而言，他们希望通过网络来获得关注，并且由于缺乏性教育，他们自身可能无法区分健康的、支持性的互动和消极的互动。潜在性侵害者会有意识地在网上寻找受害者，广泛存在的未成年人活跃的社区，如动漫社区（二次元②社区）、网络游戏社区、QQ 群、贴吧、短视频平台、声优社区成为潜在性侵害者寻找潜在性侵害对象的目标。同时以上儿童活跃的网络社区中存在的大量软色情信息也降低了儿童的性敏感度。一般而言，网络软色情（soft-core pornography）相对于硬色情（hard-core pornography）而言的，指的是使普通人产生厌恶以及对青少年身心健康产生危害③，同时不包含具体性描写和性展示却包含性暗示从而能产生性兴奋和性刺激的图片、信息、视频等④。以动漫社区为例，动漫社区是留守儿童等未成年人活跃的主要社区类型。在动漫社区中常见的"萝莉控""幼女番"等形式的动漫人物，普遍以充满性暗示的"白丝袜、超短裙"的美少女为标志形象。

由于我国尚未健全对动漫的分级制度，市场和网络中存在大量儿童不宜或者容易对儿童产生性刺激的动漫作品，而现实生活中很多留守儿童和其他未成年人都沉溺于诸如此类的漫画之中。同时某些留守儿童不但热衷于观看这些动漫作品，甚至模仿动漫人物的穿着即所谓 COSPLAY（Costume Play），穿着打扮性感并充满性暗示。此外，耽美文学、同人作品等存在的同性恋和情色描写以及网络游戏中潜藏的软色情等，都对观看这些作品的留守儿童产生了潜移默化的影响。换言之，游戏、动漫以及网络空间中的软色情信息，对浏览这些作品

---

① PRINT B，MORRISON T. Treating adolescents who sexually abuse others ［M］//ITZIN C. Home truths about child sexual abuse：Influencing policy and practice. London：Routledge，2000.

② "二次元"最初是对"two dimensional"（二维的）一词的日式翻译。刘小源．来自二次元的网络小说及其类型分析：以同人、耽美、网络游戏小说为例［M］．上海：东方出版中心，2019：26。

③ 马民虎．互联网信息内容安全管理教程［M］．北京：中国人民公安大学出版社，2007：39.

④ 黄大威．无被害人犯罪研究［M］．哈尔滨：哈尔滨工业大学出版社，2017：170.

的留守儿童在无形中实现了性脱敏，使其认为这些行为和性描写都是正常的，由此使得留守儿童自身并未认识到这些软色情可能对其造成的潜在性威胁，同时也并未准确认识网络软色情对他们造成的负面影响。

然而，网络软色情的发展以及留守儿童等沉迷其中，降低了他们对可能遭受性侵害风险的警惕性。一般而言，潜在网络性侵害者寻找到目标之后，会通过建立亲密关系的形式与性侵害对象创建互动场景。此后，一般会通过发送色情图片和信息的方式降低儿童的性敏感度。由于儿童长期处于软色情的包围中，他们可能对性侵害者发送的色情信息或图片缺乏警惕性，或者认为是正常的交往行为，儿童警惕性的丧失降低了性侵害者实施性侵害的成本和难度。潜在性侵害者会进一步对自身身份和角色进行伪装，如有的成年人性侵害者伪装自己的年龄和身份，以此确立与潜在性侵害对象的信任关系。

那些受到忽视、情感脆弱、社会孤立的留守儿童也渴望通过网络建立一种亲密关系，因此在与潜在性侵害者互动过程中，犯罪者投入时间和精力发展与受害者的关系，最终演变成一种控制和性侵害关系。在此过程中，性侵害者利用欺骗和操纵的技巧说服受害者与犯罪者合作，使其对虐待保持沉默，或者性侵害者会直接威胁儿童，如威胁儿童将其曾经看过色情信息或图片的情况告知其父母等，以此来操控和维持与性侵害对象的关系。在这样的权利和控制关系中，性侵害者会对留守儿童等性侵害对象进行关爱，从而营造一种浪漫的关系氛围，使儿童难以辨别在性互动过程中自身行为的含义和是否恰当等。

在网络虚拟性爱过程中，性侵害者也会根据互动关系的发展进一步评估性互动的风险，即犯罪行为人的目标是确保其行为不会被受害人披露。对参与互动的留守儿童而言，他们一方面慑于性侵害者的威胁而不敢披露相关的互动行为；另一方面他们也希望维持这种看似真实实则"虚假"的亲密关系，在这种"浪漫"的感情关系中无法自拔。当然，性侵害者也会通过给予关心或者购买礼物等方式来鼓励留守儿童保持秘密。在一系列铺垫的基础上，性侵害者进一步对留守儿童实施性侵害。当然，以上步骤并非线性的，也可能跳过几个阶段，互联网的发展使得性侵害者缩短了与潜在性侵害对象建立信任的时间，这可能使其实施性侵害的时间缩短，也可能使其同时与几位潜在性侵害对象建立信任关系，使受害者范围进一步扩大。

对在网络性爱中受到侵害的留守儿童而言，他们自身的网络互动和交友行为使其暴露于网络性侵害的风险之中。情感缺失和缺乏关爱等问题使他们渴望通过网络寻找别人的关注和关心，这心理方面的脆弱感使得他们极易成为潜在性侵害者的目标。在与潜在性侵害者的网络交流中，留守儿童也会沉迷于网络交流产生的"伪亲密"和感情的错觉，随着互动关系的发展也会对犯罪者产生爱、激情、好奇、需要等杂糅性的情感类型，并倾向于将犯罪者视为生活和情感的依靠，产生对犯罪者强烈的依附性。

这种依附性的建立使他们愿意与性侵害者维持一种控制和被控制的关系，因此，尽管受害者都很清楚他们在网上与成人或年长者交谈，但其缺乏向监护人披露或寻求帮助的动机。随着网络性互动的发展，性侵害者也会进一步将网络上的性爱转移至线下，突破网络虚拟社区的限制，最终将网络性侵害转化为现实性侵害。在网络互动过程中，某些留守儿童作为性侵害被害人除了情感缺失和被孤立等因素外，被害者自己对性侵害的无知和缺乏"性"敏感性，以及在交友过程中的鲁莽或疏忽行为，也是导致其陷入被害危险情境中的重要因素。从对某些性侵害过程的分析来看，除了受到性侵害者威胁而不得不从事性互动的被害人以外，其他的被害者与加害人往往共同从事一种两相情愿的合意（consensual crime）共犯，也就是说他们可能会心甘情愿地与不熟悉的成年人进行不适当的网上性关系，从而使自己成为性侵害的受害者。

四、心理特点与易感性

由于留守儿童年龄限制、身心发展不成熟等心理特点，留守儿童容易相信他人，自我保护和防范意识薄弱，面对潜在性侵害者实施的手段和侵害行为缺乏辨析和自我保护能力，当遭受不法侵害时不敢反抗，被害后因为惧怕犯罪人的恐吓威胁，又不敢报案告发。同时潜在性侵害者利用儿童好奇心较强的心理特点哄骗留守儿童，如诱惑做游戏、看玩具、吃好吃的等诱骗儿童至监护人无法照护处实施性侵害。某些留守儿童由祖辈监护，祖辈缺乏与儿童的心理交流，无法为儿童心理健康发展提供及时的辅导和监护。同时由于代沟的影响，祖辈等监护人与留守儿童交流和互动受限。这种不同家庭代际成员的交往状况极易造成留守儿童内向的性格。潜在性侵害者利用儿童的性格内向、渴望与人交流等心理特点，有意接触留守儿童并与他们建立信任关系，在此基础上对他们施加性侵害。此外，留守儿童性侵害被害易感性体现在留守儿童身心方面的特质，导致他们在无意识情境下遭受性侵害。这种被害易感性主要原因在于留守儿童轻信他人、是非不分，缺乏警惕性、日常活动行为（如夜晚不归或者晚归）等，都会造成留守儿童成为潜在性侵害者实施侵害的对象。

第二节 农村留守儿童的性知识缺失风险分析

留守儿童缺乏性教育和性知识也是导致他们遭受性侵害的主要风险性因素。在留守儿童遭受性侵害风险中，对其个人而言其是否能够认知性侵害行为，以及在性侵害行为发生以后能否及时披露和求助，将深刻影响其面临性侵害风险的严重程度。曾经遭受性侵害的儿童，其童年时期大多数父母等监护人并不在儿童身边，这种留守的状态使得外部性侵害风险很容易侵入留守儿童的日常生活空间中，并肆意实施侵害。

一、农村留守儿童性知识的匮乏性风险

由于缺乏性知识，遭受性侵害的留守儿童一般都是配合性侵害者或者在遭受性侵害后不去主动披露，使得犯罪人实施的性侵害行为长期不被发现。当性侵害对象随着自身生命历程不断延续，对童年时期曾经遭受的性侵害进行反思和回顾时才发现自己曾经遭受不法侵害，而这种不法侵害却因为时间的流逝、无法提供翔实的证据而就此作罢。

（一）留守儿童性知识认知情况

研究中发现，部分留守儿童遭受性侵害后选择沉默，这种沉默主要由于留守儿童自身缺乏性相关知识，不了解自己已经被性侵害。因此对于留守儿童来说具备性侵害的相关知识是确保自身能够及时进行披露的前提条件。然而现实的问题是大多数留守儿童并不具备性相关知识。虽然学术界对性侵害区域的具体界定和行为认知存在一定差别[1]，但学者均认为性侵害犯是对与性相关的特定区域的非常规行为[2]。因此，对性侵害的相关概念和行为界定与儿童隐私区域的确定存在密切关系，同样儿童对自身躯体隐私部位的认知也是确保自己免于遭受性侵害，以及对相关性侵害行为进行披露的前提。

访谈中发现，隐私部位对于接受访谈的留守儿童而言是一个全新的概念，他们并不明确"隐私部位"的含义，并且对隐私部位的理解存在很大偏差，由

---

[1] 王小红，桂莲. 国内儿童性侵害犯问题研究综述［J］. 现代教育科学（普教研究），2014（4）.

[2] 何昕格，贾秋韵，郑日强. 儿童性侵害犯认知探究——基于湖北虎村的实证研究［J］. 武汉理工大学学报（社会科学版），2017（5）.

此也可以从侧面反映出留守儿童性知识的缺乏。在大部分留守儿童的认知中隐私部位是模糊的，他们并不确知男女的隐私部位，并且其中很多留守儿童在认知中并没有将性器官作为明确的隐私部位。在研究者的启发下，某些留守儿童能通过绘画的方式对隐私部位进行大概的描述，但没有具体明确隐私部位的名称。同时有的留守儿童将隐私部位规定为属于全身的某一区域，如"肚子"或者"屁股"或者"大腿那个地方"。对身体隐私部位的认知与性教育有明确关系①，在家庭或者学校中接触过相关性知识的留守儿童更能明确隐私部位的含义和在身体的具体位置。在研究中发现，小学六年级或初中一至二年级的儿童能够明确隐私部位的名字并且确知其与"性"的关系。进一步研究发现这部分留守儿童已经接受过相关的性教育，如生物学课堂中对男女两性生理知识的介绍，或者教师曾经在课堂中传授的相关知识。如有的留守儿童表示"这些东西在生物课上学过，书上有图画""老师在课堂上讲过，这些地方别人不能碰"。

一个较为有趣的发现是，对于某些留守男童而言"性器官"并非属于隐私部位，在访谈中有留守男童向研究者陈述自己的性器官经常被邻居、长辈或者同学戏弄，在他看来这并非属于隐私部位。分析来看，是否属于性隐私部位与农村社区中存在的性规范、性伦理和性认知有密切关系，或者说对隐私部位的认知和界定是社会建构性的，社区规范认定成人在与儿童互动中所允许和禁止的事情。这在某种程度上影响了儿童对隐私部位的建构以及认知。就留守男童而言，在研究者调研的农村社区中男童的性器官并非隐私部位，成人对男童性器官的戏谑往往被认为是正常的。在研究者对 B 镇 Q 村的实地调研中可以经常发现成人玩弄男童性器官的状况，在社区的习俗观念和性伦理认知中这并非不可接受。村落社区这种对隐私部位的认知和性观念也影响了留守儿童自己对隐私部位的认知。

对隐私部位认识的模糊性凸显了当前我们农村留守儿童性教育的缺失，随着年龄的增长，留守儿童性心理的发展，他们对异性和自己身体求知的欲望越来越强烈。相比而言，非留守儿童能够从老师、家人或亲人等来源获得性知识，因此非留守儿童对性知识的了解也高于留守儿童的②；而留守儿童只能从课外书

---

① ［美］特丽·库温霍芬. 智能障碍儿童性教育指南：正确认识身体界限和性［M］. 林纯真，刘琼瑛，译. 北京：华夏出版社，2016：4.

② 董泽松，李若天，李孝川，等. 云南省农村留守儿童预防性侵害犯能力现况及影响因素分析［J］. 中国妇幼保健，2015（32）：5624-5626.

或网络或同辈群体成员那里获得相关的性知识①，这种渠道增加了留守儿童遭受不良信息影响的可能性，同样也使得留守儿童的性认知水平显著低于非留守儿童的性认知水平②。令人遗憾的是，在向留守儿童传授性知识或进行性教育方面，祖父母等监护人并没有扮演好相应的角色。在研究者访谈的留守儿童中，大部分都是由祖父母等进行监护。在访谈中发现，当研究者向留守儿童询问祖父母是否告诉他们身体哪些部位属于隐私部位时，绝大多数留守儿童明确表示"没有"。不过有意思的是，对男童而言，某些留守儿童的祖父母告诉他们"撒尿的地方不要去抓"，有的留守儿童告诉研究者他们的祖父会告诉他们的同伴在玩耍时不要抓他们的"小鸡鸡"。祖辈这种对男童生殖器的格外关注，可能的解释也许带有更多的文化意义。对于祖父母而言，男童的"生殖器"属于生育的重要器官，如果在儿童互动中被抓伤，那么会影响到将来的"传宗接代"，这在祖父母等老一辈的性伦理认知中是涉及血缘传承的大事，因此需要留守儿童多加小心。而相对于祖辈监护来说，无论是单亲监护的留守儿童还是同辈或自我监护的留守儿童，其性认知水平显著高于隔代监护的留守儿童③。

不过总体而言，由于缺乏正规渠道，留守儿童能够获得的性知识呈现碎片化、模糊性的特点，同时留守儿童对隐私部位的认知也更加不确定。对留守儿童而言这些隐私部位也充满了神秘。

（二）留守儿童对性侵害行为的认知

对接受访问的留守儿童来说性侵害对他们同样是一个陌生的词汇，大部分留守儿童对性侵害并无具体明确的认知，在研究者针对性侵害进行解释之后，多数留守儿童仍表示无法理解其中包含的涉性的含义。这也反映出留守儿童等对相关的性知识和性侵害知识的贫乏。通过访谈分析发现，留守儿童对性侵害的认识可以分为以下三个层次。

第一层次，留守儿童对于性侵害缺乏基本的认知，无法理解性侵害的具体含义。因此，由于对性侵害缺乏认知，访谈过程中留守儿童也无法具体说明哪些行为属于性侵害行为。如当研究者询问"让我们不舒服的身体接触"是否属于性侵害时，多数留守儿童表示"不知道"。

① 黄宝珍，郑昕颖，金杨．城市留守儿童性教育及性侵害认知现状调查与分析［J］．中国性科学，2020（8）．
② 孟琴．青春期留守儿童性心理健康现状及干预［D］．昆明：云南师范大学，2015.
③ 杨晓培，唐争艳．陕西省农村留守儿童性侵害犯认知及影响因素调查［J］．世界最新医学信息文摘，2020，20（8）：252-253.

第二层次，某些留守儿童认为性侵害与同伴之间的打架或者成人对其实施的暴力等行为并无显著区别。这部分留守儿童虽然能认识到在性侵害过程中可能发生的暴力、虐待行为，但没有将其与"性"进行联系起来，或者在他们看来这属于典型的两件事情。

第三层次，留守儿童能够了解性侵害是一件令人羞耻的事情，同时也能将性侵害与隐私部位联系起来。如有的留守儿童表示，"性侵害就是男的对女的那个了""就是男的对女的耍流氓了"。同时留守儿童也能够明确性侵害的某些后果，如他们表示性侵害以后"男的让女的怀孕了"。

分析发现，这部分留守儿童同样在家长、教师的引导下接受过相应的性教育，或者在生物课上通过教师的讲解能够确认性侵害的相应后果。此外，他们当中的某些人也通过与同辈群体的交往或者与比他们年龄大一些的群体成员的交往来获取性知识，从而使他们能够将性侵害与隐私部位联系起来，或者将"男对女"施加侵害联系起来。

同样，在笔者对曾经遭受过性侵害的留守儿童的访谈中发现，当他们成年之后回顾自己曾经遭受性侵害的经历时向研究者表示"自己吓坏了""我什么也不知道""我什么也不懂啊"。在面对性侵害者向自己实施性侵害时，他们对这种性侵害的认识是懵懂的、模糊的。

> 那天爷爷他们不在家，我就跟他出去了，到了他家跟他进了房间，就稀里糊涂发生了（唉，叹气），我现在对当时的印象就是很疼，感觉很不舒服。①

> 他脱下我裤子，压到我身上，我就感觉喘不过气来了，很难受，很不舒服。②

> 小学几年级的时候跟我奶奶住一起，隔壁家的邻居经常到家里来玩，开始对我挺好的。有一次，他说跟我玩个游戏，我还挺开心的，他让我把裤子脱了，他自己也脱了，然后趴在我身上，我感觉窒息了，当时很恐怖，那个时候真的完全不懂，但是会感觉挺舒服的，时隔多年具体记不太清了。③

这种对性侵害缺乏认知的现状使得留守儿童遭受性侵害的风险急剧增加，同时也使得性侵害加害者的犯罪成本降低，实施二次性侵害的可能性上升。

---

① 访谈对象基本情况：女性，19 岁，美发店员工；性侵害者：邻居。
② 访谈对象基本情况：女性，21 岁，服装店店员；性侵害者：继父。
③ 访谈对象基本情况：女性，21 岁，大三学生；性侵害者：邻居。

（三）留守儿童对性侵害加害者的认知

已有的研究发现在对留守儿童实施性侵害的成员中，熟人占了大多数。在熟人关系中，亲属、教师、邻居以及其他接近留守儿童的人士成为性侵害的主要实施者。在访谈中研究者针对性侵害加害者问题对留守儿童进行访谈，发现大多数留守儿童对熟人关系网络中的人，以及扮演特定角色的人士缺乏相应的戒备心理。对于可能对其实施性侵害的熟人关系网络中的成员如父母、教师等缺乏警惕性，防范意识更低。不过，以上这种防范意识的缺乏以及对熟人关系网络中的成员警惕性不足等问题，是建立在留守儿童本身能够意识到身体隐私部位的基础上的，对于那些明显缺少对"性"基本认知的留守儿童而言，当面临性侵害时基本处于"无知"的状态，因此警惕性和防范是无从谈起的。

第一，基于血缘关系产生的信任感和亲近感，留守儿童倾向于接受父母、祖父母等具有血缘关系的人对自己隐私部位的接触。如留守儿童小美说，自己的隐私部位"爸爸妈妈、爷爷奶奶都可以看"[1]。由于血缘关系和亲属照料等，留守儿童与父母以及祖父等监护人建立了信任关系。从依恋理论的角度来说，儿童从婴儿时期便从生物秩序上对父母或者其他养育者产生心理性依恋，他们倾向于与照料者产生亲密的依恋感和安全感。同样父母或其他重要养育者也具有与婴儿链接的生物性倾向[2]。因此，对父母和祖辈等照料者而言，在日常生活中与儿童的互动以及对儿童需求的回应，也在家庭中创造了一种促进安全感与信任感的社会环境，这也进一步强化了儿童对监护人等的信任。基于这种信任，留守儿童对监护人等不会介意他们对自己隐私部位的触摸。此外，在中国文化环境下形成的熟人关系网络[3]，也使得留守儿童对其他亲属等缺乏警惕性。这种警惕性的丧失使得熟人关系网络中的性侵害犯罪无法被及时察觉。

> 我爷爷有个弟弟，我叫他二爷爷，我跟爷爷奶奶住在一起时，他经常到我们家住宿，我那时很小，他第一次摸我的时候我都不记得我几岁了，可能不到 10 岁吧，我年幼，很疼。[4]

> 我从小就是个乖孩子，跟爷爷奶奶住在乡下，小时候去我堂哥家玩儿。我们家条件不好，他们家有电脑，我就去他们家玩儿电脑。有一次，他让

---

① 访谈对象基本情况：留守儿童小美，女，12 岁，由爷爷奶奶监护。

② ［英］大卫·豪．依恋理论与社会工作实践［M］．章淼榕，译．上海：华东理工大学出版社，2013：54-56．

③ 杨柳．社会工作专业的适当性研究［M］．长春：吉林人民出版社，2017：76-77．

④ 被访者基本情况：编码 FM20200801，女，21 岁，服装店店员；性侵害者：叔伯爷爷。

我躺床上，还让我把裤子脱了，我就听他话，我感觉他舔我，我感觉很害怕，整个人都是懵的。还有几次是在厕所里、在沙发上。后来他经常给我买东西吃，还陪我玩儿，我当时还觉得他是一个好哥哥。①

缺乏性教育以及对可能实施性侵害者的误识，不但使一些年幼的留守儿童面临性侵害风险，而且使某些年龄较大而且具备一定的性侵害认知的留守儿童，在遭受性侵害之后仍会面临性侵害辨别的混乱。在访谈中，一个遭受父亲性骚扰的访谈对象向研究者表示，在父亲对其进行性骚扰后她陷入了性侵害识别的迷思，她表示，如果是陌生人实施这些性侵害她能够快速识别，然而面对实施性侵害的父亲她模糊了性侵害与正常互动之间的识别界限："他（父亲）对我做的这些事情，同样如果是其他男人这么做我一定会求助，我知道这是性骚扰。但是我爸爸他可是我最亲近的人，我很怀疑我自己的判断，我一时之间模糊了，我不知道他这样做是不是性骚扰，我一度怀疑是自己想得太多了。"基于血缘关系产生的亲近感和信任感，使得性侵害对象放弃警惕性，在发生家内性侵害时就会使他们模糊性侵害与正常互动的界限，从而使侵害行为更难以被发现、识别。

第二，性别关系层面，留守儿童允许同性对隐私部位的触摸，并不认为这种触摸是不合适的。在访谈中发现，留守儿童认为亲属关系网络中、同伴群体中的同性对其隐私部位的触碰是允许的。随着留守儿童性心理的发展，性别角色认同也逐步稳定。性别角色认同稳定使留守儿童获得了性别恒常性，他们会更加认同自己的性别并信任和模仿同一性别的成人或同伴②。同时，随着认同过程的持续稳定发展，留守儿童等也会用积极的术语描绘自己的性别，而用消极的术语描述异性。在同伴交往中，留守儿童则会同同一性别的同伴交往，并与异性保持疏离状态。这种心理特征反映到对隐私部位的触碰等问题上，留守儿童表示会让同性的亲属或者关系亲密的同性朋友以及教师触摸。由此可以看出，随着年龄的增长，留守儿童能明确意识到男女两性在性别方面的差异，能够自我保护。然而，对同性亲友等可能实施的性侵害风险缺乏正确认识。

第三，留守儿童对教师等承担特定角色者失去警惕性。相关研究发现，在留守儿童性侵害实施者中教师占据了一定比例，在研究者针对 Y 县留守儿童遭遇性侵害的调查中师源性性侵害现状也较为严重。教师的职业角色以及与留守

---

① 被访者基本情况：编码 FM20200803，女，18 岁，大一学生；性侵害者：堂哥。
② ［美］马乔里·J. 克斯特尔尼克. 儿童社会性发展指南理论到实践［M］. 邹晓燕，等译. 北京：人民教育出版社，2009：545-546.

儿童的经常性交往为其实施性侵害创造了潜在条件。教师的职业角色赋予教师对留守儿童的权威。教师权威的形成既与社会制度和文化传统的支持密切相关，同时也与教师的个人魅力等存在密切关系。总之，在学校场域中教师是留守儿童的重要他人，在留守儿童学习和生活中扮演重要角色。留守儿童对教师的信任以及教师在与留守儿童交往中体现的权力、权威等都使得留守儿童面对教师时客观存在依附性特质。在调研中有留守儿童表示，自己的私密处曾经被老师触碰，虽然自己感觉很不舒服，但自己不知道这意味着什么，并且因为对方是老师，自己只能忍着①。无疑，教师的权威以及留守儿童对教师的情感依赖和渴望教师关心、关注的期望为教师实施性侵害提供了条件，同时也使得他们的性侵害行为难以被发现。此外，留守儿童这种对承担特定角色者的信任不仅限于教师，还包括学校职工、医生等。

同时，留守儿童对承担特定角色的人缺乏警惕性或者对他们施加的性侵害缺乏认知在很大程度上与监护人的教育有关。受传统儒家人伦关系文化的制约，绝大多数监护人将儿童对家长权威的服从扩大化为儿童对教师、医生及其他长辈的服从，如韦伯所指出的："在中国，所有的社会伦理都只是将与生俱来的恭顺关系转化到其他被认为与此同构型的关系上而已。在五项自然的社会关系里，对君、父、夫、兄（包括师）、友的义务，构成（无条件）伦理约束的整体。"②因此，受家长影响，留守儿童一般也将其他长辈、医生等人视为信任对象，因此对于他们实施的性侵害行为往往缺乏警惕性。在访谈中一名访谈对象向研究者回忆了她童年遭受学校职工性侵害的经历。

> 小时候我住在村里，在隔壁村里的小学上学，爷爷奶奶有时候来不及接我就把我放在门卫那里。这个门卫人看起来很好，好多其他小朋友的家长也经常把他们放在他那里。这个人很喜欢孩子，男孩女孩经常去他那里。去了以后还会给我们糖吃，有一次他让我在他口袋里拿糖，让我自己抓。我就摸到了怪的东西，我也不知道是什么，他就让我给他揉，他也让其他人揉。后来他还让我们脱衣服给他舔，还揉我们的身子。③

当前农村留守儿童对性侵害的认识以及与性相关的知识严重不足，并且与

---

① 访谈对象基本情况：留守儿童，女，13 岁，由祖父母监护。
② ［德］马克斯·韦伯.韦伯作品集（Ⅴ）：中国的宗教·宗教与世界［M］.康乐，简惠美，译.桂林：广西师范大学出版社，2004：1915；纪莺莺.文化、制度与结构：中国社会关系研究［J］.社会学研究，2012（2）：60-85.
③ 被访者基本情况：编码 FM20200804，女，19 岁，理发店店员；性侵害者：学校门卫。

非留守儿童相比，留守儿童的自我保护意识更弱①。在侵害者和被害者的选择上留守儿童防性侵害意识更低，有研究者研究发现在"亲近的人（如父母、老师等）是否有可能对儿童性侵害"和"男孩会不会被性侵害"等问题上，能正确选择的非留守儿童均未过半，留守儿童的比例则更低②。同时，大多数教师、医生等承担特定角色的性侵害者以及留守儿童熟人关系网络中的成员一般都具有正常的社会身份，对留守儿童态度和蔼、平易近人等，对于缺乏性知识的留守儿童来说，往往认为他们的性侵害行为是正常的、正确的。更为严重的是，如果是家内性侵害，那么留守儿童甚至会误认为性侵害是家庭成员的正常行为，这更会造成家内性侵害的长期性和对留守儿童身心发展产生负面后果的严重性。

二、农村留守儿童性教育的缺失性风险

性教育是提供有关人类性问题的信息或知识的教育，性教育的目的是通过正式的性教育过程为孩子们提供相关知识，让孩子们能够适应并在将来拥有良好的性生活态度。

（一）留守儿童家庭性教育的缺失

通过较为全面的性教育，包含预防性虐待、性发展和性表达的适当和全面的性教育，在提高儿童自我保护的同时还能促进健康的性认同③。相关研究发现，通过对儿童进行性教育能使其拥有健全的性知识，对性暴力、性虐待等形成正确概念④。提供正式的性健康教育和性虐待预防培训已经证明可以防止性侵害并增加适当的性行为，包括使未成年人减少危险性行为的发生率，减少性传染疾病。父母是儿童的首要教育者，家庭是儿童的第一社会环境，同时也是儿童社会化的主体。福柯进行的研究表明，父母和亲属是传播性知识的主要来源，其次则是医生、教育工作者和精神病医生。潘光旦先生指出：性教育实在是家庭教育的一部分。在生物学与心理学教育发达的社会里，父母是最相宜的性教

① 曹晋，薛跃规. 广西偏远地区留守儿童预防性侵害犯能力现况 [J]. 中国性科学，2017，26（6）：155-159.
② 彭雨霜，杨梅，陈丹，等. 湖北省农村小学生性侵害犯发生情况及影响因素分析 [J]. 中国健康教育，2018（4）.
③ COLE S S. Facing the challenges of sexual abuse in persons with disabilities [M] // MARINELLI R P，ORTO A E. The psychological and social impact of disability [M]. New York：Springer，1991：223-235.
④ SCHOR D P. Sex and sexual abuse in developmentally disabled adolescents [J]. Semin Adolesc Med，1987，3（1）：1-7.

育的导师①。然而当前在留守儿童家庭生活中"性"处于一种潜藏的状态,监护人不但很少对留守儿童等进行性教育,而且在他们的日常话语中也往往将"性"进行伪装式表达,如在当儿童向家长询问自己从哪里来的时候,家长往往采取回避式的态度,或者通过谎言的形式向儿童传达不正确的性知识,正如潘光旦先生讨论的,对于性的教育"我们虽不明白的指导子女,我们却也并不对他们一味的缄默、特别的掩饰,到不能缄默与掩饰时,便满嘴的撒谎"②。作为留守儿童监护人,父母在其性教育过程中扮演重要角色。然而我们一方面无法得知留守儿童父母是否形成健康的性教育观念以及是否具备完整的性知识③;另一方面,由于父母外出务工或经商离开留守儿童生活环境,留守儿童家庭结构完整性缺失,这也造成父母在留守儿童成长和教育过程中的缺位。虽然,当前某些留守儿童父母中的一方(父方或母方)外出务工,另一方对儿童进行监护,但是留在家庭中监护的父方或母方也并非将时间、精力聚焦于留守儿童监护工作中。相反,留守儿童日常生活中仍由祖父母等替代监护人照料,因此,总体而言这部分留守儿童仍然生活在拆分型家庭中④。实地调查中发现,无论是生活在拆分型家庭中的留守儿童,还是父母双方外出务工由祖父母监护的留守儿童,在其日常生活中负责监护照料的仍然是祖父母等人,而大多数留守儿童监护人对留守儿童的性教育都缺乏相应的意识和行动。

第一,留守儿童监护人缺乏儿童性教育的意识。调研中发现,大多数留守儿童监护人主要负责儿童的日常生活,保证他们的基本的生活、学习需求,对其精神和情感方面的需求关注不足,同时对其生理和心理方面的变化也缺乏敏感性。

青春期阶段留守儿童身心发展速度较快,监护人往往对这种变化视而不见,对性教育更是付诸阙如。由于缺乏性教育,当留守儿童因为自身性心理发展产生对异性和身体的结识和求知欲望时,不得不求助于同伴或者网络等。然而,网络中充斥的黄色及其他不健康的信息对留守儿童性心理、性观念等都产生了潜在的负面影响,致使留守儿童群体中出现性侵害犯、过早性行为、性犯罪等事件。

---

① 潘乃谷,潘乃和.潘光旦选集:第1集[M].北京:光明日报出版社,1999:101.
② 潘乃谷,潘乃和.潘光旦选集:第1集[M].北京:光明日报出版社,1999:70.
③ 当前国内关于留守儿童父母所具备性知识完整度以及他们对性教育态度的相关研究仍然是空白的,因此无法通过相关文献梳理厘清父母辈具备相关性知识的状况。
④ 段成荣,吕利丹,王宗萍.城市化背景下农村留守儿童的家庭教育与学校教育[J].北京大学教育评论,2014,12(3):13-29.

　　调研中发现在当前监护人对留守儿童的性教育几乎是空白，他们在监护中并未为儿童提供相关性知识，这无疑增加了留守儿童遭受性侵害的风险。在对留守儿童监护人的访谈中，研究者不得不采用同样隐晦的方式询问监护人对性教育等相关问题的看法，以免引起监护人的反感。一般祖父母等访谈对象会表示，"我们不懂，在家里不提这个"①，还有接受访问的监护人表示对研究者问题的质疑："这种问题适合跟孩子谈吗？""孩子那么小，跟孩子说这个不教坏孩子吗？"② 有的监护人表示："他父母出去挣钱，我没有文化，最多教育孩子在学校听老师的话，给孩子做饭，在生活上照顾他。我不知道怎样教孩子这方面的东西，还是老师教吧，孩子听老师的话。"③

　　第二，性禁忌与监护人的"谈性色变"。性教育是一种以价值为基础的教育形式，由于政治、文化、宗教和种族的多样性，特别是在有争议的性领域，就价值观达成一致仍然具有挑战性。这种价值挑战性在研究者访谈中也对访谈本身产生了重要影响。作为在明显带有中国传统文化特征、风俗习惯特色的农村社区成长并完成初级社会化的研究者而言，深刻理解"性"对于传统村落居民的意义，在访谈中也不得不采取更为隐蔽的策略，以免于深度访谈中产生尴尬。从历史来看，性的教育与人们的性观念以及性道德有关，当人们的性道德和性观念较为开放、宽松时，性教育的发展和完善自然比较顺畅，反之则出现相反的结果④。我国传统性观念认为婚姻和家庭之外谈论"性"是"禁忌"，这种性道德和性观念的严格规制将"性"基本从人们家庭生活的私领域中被排除或压制了。

　　从文化脉络观之，古代东西方文明的性道德和性伦理都具有某种工具性伦理的色彩。工具化性伦理指的是，把性当作实现生殖、婚姻和其他非性的目标的工具，把一些与生殖无关的性活动均视为罪恶、堕落与淫秽，否认性的独立存在独立价值⑤。如古希伯来文化认为性的唯一目的是生育，与生育无关的一切性行为都应当被禁止。受此影响基督教对性活动的范围也采取了严格的限定，认为理想的境界是完全禁欲，作为教士应该服从于这一理想；禁止夫妻以生育之外的目的从事性活动；夫妻性活动应该受到节制等，在基督教的原罪学说中

---

① 访谈对象基本情况：留守儿童监护人，编码 MJHR202005010，男，64岁，小学文化程度。
② 访谈对象基本情况：留守儿童监护人，编码 MJHR20200514，男，63岁，小学文化程度。
③ 访谈对象基本情况：留守儿童监护人，编码 FMJHR20200419，女，64岁，小学文化程度。
④ 石方. 中国性文化史［M］. 哈尔滨：黑龙江人民出版社，1993.
⑤ 吴来苏，王淑芹，黎德化. 性伦理学新论：第2版［M］. 北京：首都师范大学出版社，2002.

性禁忌得到了完全的胜利。同样我国传统父权制的性道德和性观念也对性进行了严格限定，这种严格限定在宋明理学中体现得最为明显。宋明理学中为了维护社会正常生活秩序以及运行机制，对人的基本欲望进行了严格限定。只有通过训练精神，摆脱物质或肉欲才能使得至善本性发扬光大，即理学家朱熹所说的"存天理，灭人欲"。因此对于正常的性活动，封建性伦理道德进行了严格限定，儒家节欲与道教、佛教的禁欲等思想相结合，将人的性欲望压抑到最低，以致性欲望成为不能说只能做的对象，并且基于同样的考虑将性严格限定在婚姻和生育的功能范围内，在日常生活中不能讨论，这样就取消了独立的性观念。当然这种对"性"话语和"性"活动的严格限制只局限于女性，在社会等级层次中只局限于被统治阶级，对于官绅阶级是没有限制的。

另外，几十年的革命文化影响也造成性教育破坏。有学者研究指出共产主义与传统的父权制的农民价值观相结合使得性伦理带有禁欲倾向，这种禁欲主义倾向与中国固有的节欲观念相结合在"文化革命"中达到顶峰，也改变了中国的性气氛。"文化革命"年代的话语体系中，"性"更是成为禁忌的词汇，"革命若不触及私人领域，不触及个人生活方式、情感方式及最隐蔽的性活动方式，将是不彻底的革命"①，与性有关的任何话语都在文学、影视、戏剧等领域中被扫荡一空。同样受到巨大影响的是人们的性教育和性研究，性启蒙和性教育也被视为是非法的②，这样的环境和氛围深刻影响了那一时期人们的性观念和性伦理。对于留守儿童的祖辈等人而言，他们出生、成长、工作等生命历程即从出生到青年阶段所处的正是"文化革命"时期，他们性社会化的过程难免受该时期社会文化和价值的影响。从代的更替和代位而言，留守儿童祖辈大致经历了同样的社会历史阶段，因此被赋予了在社会和历史进程中某种相同位置。留守儿童祖辈一代他们的生活经验、价值看法以及与性有关的伦理道德和性观念也被限制在某一范围内，即曼海姆（Mannheim）所说的"预先设定了思想与经验的特定模式和历史行动的某种特征"③，这种预先设定"把个体进行自我表达和范围限制在一定可能性之内"④。就此而言，留守儿童祖辈缺乏性知识和性教育观念甚至谈性色变就是很自然的结果。虽然随着改革开放的不断深入，当

① 程巍. 中产阶级的孩子们：60 年代与文化领导权 ［M］. 北京：生活·读书·新知三联书店，2006.5；51.
② 王玥. 中华人民共和国建立 70 年来国人性观念的演变 ［J］. 中国性科学，2019，236（9）：3.
③ 冯钢. 社会学基础文献选读 ［M］. 杭州：浙江大学出版社，2008；204-205.
④ 冯钢. 社会学基础文献选读 ［M］. 杭州：浙江大学出版社，2008；204-205.

下人们的性观念和性伦理都有了改变，然而传统理学思想以及革命意识形态所造成的禁欲氛围的作用不可低估①，在农村社区生活中仍可看到其潜在的巨大影响。

第三，性误识与监护人的性教育。监护人对性的误解也会使他们不会主动对留守儿童进行性教育。如上文所述，性教育是系统综合的关于性知识、性伦理和性道德的教育，目的是使儿童形成健康的性观念和性生活态度，减少儿童遭受性虐待和性侵害的概率，保护儿童的性权力。然而在 Y 县 Q 村的调查中发现，大多数被访者都将其视为是与性交有关的知识，在他们看来向留守儿童进行性教育属于教坏孩子或者让孩子不学好的行为，这种对"性教育""性知识"的误读使得监护人不愿意向孩子传递性知识，甚至害怕留守儿童学会或知道与性有关的经验。这种担忧既包含了监护人对"性知识"的误解，同时也隐藏着监护人惧怕留守儿童误解监护人自己传授的性知识。正如一名母亲向研究者坦言，"孩子这么小，跟孩子说这个孩子有可能就学坏了，他没有辨别能力，你跟他说了如果他模仿了不就完了吗"②。有类似看法的不仅是这名母亲，其他访谈对象表达了同样的焦虑心情。对于某些受过初等教育和高中教育的监护人而言，他们内心对留守子女非常关心，也考虑到孩子的情感以及与异性交往问题，如有的监护人向研究者抱怨，"孩子现在在学校里听说谈对象了，咱也不敢问，问人家也不说，不怕别的就怕孩子乱来"。然而，对于向孩子传授与性有关的知识他们又感觉到属于"海淫海盗"，不敢开口，这种矛盾的心情和态度已经成为觉知性教育对孩子生活意义的监护人的普遍状态。

从村落社区层面来看，社区所形成的对"性知识"和"性教育"的普遍意见也影响了居民对性教育的态度。深入走访发现，村落中对于性教育和"性"的认知都是传统礼俗社会性质的。在村民以及那些祖辈监护人看来，教育孩子的最重要品质就是"礼仪"，即他们口中的"仁义"，其他的如行动要得体以及要有羞耻心、自尊等也是社区居民看重的品质。除此之外的"性"话题是不适合与孩子讨论的，"性"在村落是很严肃的问题，它所对应的是村落社区居民的"自尊"和"颜面"，那些在公共场合跟孩子谈论与"性"有关的话题者往往不被社区居民所尊重，他们经常被私下称呼为"不正经"或"搞破鞋"的。换句话说，对于性的价值以及与性有关的礼仪在村落社区中已经被制度化了，生活

---

① 李银河. 中国女性的感情与性［M］. 北京：今日中国出版社，1998：24.
② 访谈对象基本情况：编码 FM20200621，留守儿童监护人，女，38 岁，高中文化程度，个体户。

在该社区的居民在潜移默化中都受这种习俗和性道德影响。这种影响不但体现在不能随便与未成年人谈性，而且在他们看来"性教育"和"性知识"本身也属于下流的，会教坏孩子，因此，社区监护人在教育留守儿童时倾向于让他们远离与性有关的事情。

这种对性知识和性教育的误解以及产生的消极看法，使得留守儿童的家庭性教育遭到家长的排斥和忽视。因此，留守儿童倾向于从朋友、杂志和互联网上获取有关性的信息，一名大学生谈起他的性知识的获取过程时说道："那时候都初三了，有一段时期脑子里有成千上万的与异性有关的问题，我觉得应跟爸妈谈，但他们也不在身边，你跟他们说他们还以为你谈恋爱了，这个就很麻烦了，本来没有的事儿，他们一掺和肯定天天打电话问，况且他们也不愿意跟你交流这个。爷爷奶奶更不懂了，最后和死党、朋友谈论这些事情。"① 通过网络、朋友、同学获得的信息可能是错误的，甚至可能导致过早的性行为以及可能产生的性犯罪或者被他人性侵害。不得不承认在性教育过程中，留守儿童监护人的角色已被大众传媒所取代。而大众传媒和网络所传递的性信息是碎片化的、不系统的，甚至掺杂了很多色情信息，受不良信息的影响，农村留守儿童极易成为性虐待、性暴力的受害者和性侵害的实施者。

第四，隐私管理与监护人的性教育。家庭内部成员之间的隐私管理使得监护人难以对留守儿童进行"性教育"。众所周知，在家庭生活中"性"都属于隐私领域，因此在监护人向留守儿童等被监护人传递性知识属于隐私信息的外泄，对于监护人而言向留守子女进行性教育是尴尬的。桑德拉·彼得罗尼奥（Sandra Petronio）的沟通隐私管理理论（Communication Privacy Management Theory）认为泄露敏感信息会使人感到脆弱，因此人们往往为了自我保护而拒绝谈论性②。沟通信息管理理论指出人类是做出选择的人，同时人是规则的制定者和规则的追随者；人的行为选择和制定的规则基于自我和他人的考虑③。在此基础上沟通隐私管理理论认为，私人信息对个体而言属于包含重大意义的信息，因此与他人交流私人信息的过程属于私人信息披露的过程，与自我披露相比，私

---

① 访谈对象基本情况：编码 FM20200810，男，20 岁，10~16 岁与爷爷奶奶生活在一起，目前是大三学生。

② PETRONIO S, DURHAM W T. Communication privacy management theory［M］// BAXTER L A, BRAIEHWAITE D O. Engoging theories in interpersoncol Connwnication multiple. perspectives. London：Sage Publications, Inc, 2008.

③ PETRONIO S. Communication privacy management theory：What do we know about family privacy regulation? ［J］. Journal of family theory & review, 2010, 2 (3)：175-196.

人信息披露更加强调信息披露的个人内容。同时该理论认为私人信息具有私密性，私密信息披露涉及告知的过程，反映了关于他人和我们的私人信息的内容。私人信息的传递意味着个体穿过边界向社会关系中的其他人透露私密信息。当私人信息被共享时，围绕它的边界被称为集体边界，信息不仅是关于自我的，它还属于知晓自己私密信息的关系中的人。而当私人信息属于个人而不被披露时，这种边界称为个人边界。

因此，对于监护人而言，向留守儿童传递性知识的过程也是传递私密信息的过程。这种私密信息的传递过程也意味着监护人私人信息越过边界成为与被监护的留守儿童所共享的私密信息。在与性知识有关的私密信息传递过程中对于作为传递者的监护人而言会产生尴尬和脆弱感，一名女性监护人向研究者说道："有时，我在跟孩子讨论性问题时会感到尴尬，我感觉找不到一个比较好的办法，这让我很为难，我想告诉孩子发生性关系很危险，也愿意告诉她我个人的一些看法，但我自己怎么样告诉她要小心这件事，我真的想不到好的办法。"① 在监护人看来，这种性知识的传递意味着自身的角色和权威形象的破坏和重塑，对于受中国传统文化和社会习俗塑造的"严父慈母"而言，这种形象的重新建构过程无疑会带来情感和精神上的压力，因此他们不愿意放弃已有的形象而去进行"性知识"等私密信息的传递，一名祖父向研究者谈道："再说，你跟孩子说那种事情，你这不是为老不尊吗，孩子咋看你呢，对不对?"② 另外按照沟通隐私管理理论观点，一旦信息接收者与信息传递者共享私密信息，那么在他们周围会形成信息的集体边界。然而，对于在农村社区生活的留守儿童和监护人而言，这种共享私密信息所形成的集体边界极有可能被村落社区中的其他居民通过"逗引"儿童的方式所泄露，因此监护人也顾虑个人私密信息在社区中传递乃至造成个人"脸面"的影响。因此在性问题上，耻辱感和尴尬感是留守儿童监护人在家庭生活中避免与孩子谈论性话题的主要原因之一。基于这种考虑，监护人也缺乏向留守儿童传递性知识和进行性教育的动力及动机。

在某些留守儿童家长看来，他们更信任老师，认为应该把性教育交给老师和学校，在学校中对儿童进行系统的性教育。不过，现实中的调查发现，学校性教育仍然不容乐观。

---

① 访谈对象基本情况：编码 FMJHR20200811，留守儿童监护人，女，34 岁，初中文化程度，美发店老板。
② 访谈对象基本情况：编码 MJHR20200812，留守儿童监护人，男，64 岁，初中文化程度，务农。

（二）留守儿童学校性教育的缺失

性教育是专业性的教育活动，不但包括生理教育还包括性心理教育、性伦理和性道德教育。有学者指出性教育的目标包含以下几个方面：使儿童能够正确理解性教育文本中传递的性知识，包括了解生殖器官、性健康、性偏差、怀孕、分娩和婚姻等知识[①]；帮助推翻公众认为性教育是禁忌的看法；根据儿童年龄和身心发展特点提供适宜的性教育材料[②]。通过性教育使青少年能够正确认识自己的身体，同时能够对性侵害行为有明确的认识；同时使得青少年对性生活有真实、清晰、准确的了解，如认知生殖器官、功能与治疗，性传播疾病（STD），健康的性行为等；帮助青少年对自身的性欲进行适当的管理，形成与性生活有关的健康行为。从定义来看，性教育需要严格周密的教育安排和专业人士的参与，然而当前，学校的性教育不容乐观。

学校是为留守儿童等未成年人提供系统的、综合的性健康教育的主要场所，然而与家庭性教育相似，学样性教育也基本是一片空白。2017 年国家颁布的《"健康中国 2030"规划纲要》虽然提出针对未成年人开展相应的性道德和性健康等方面的宣传和教育工作，然而由于缺乏明确的规划，在基层政府和学校的政策执行过程中难以落实。Y 县《关于加强农村留守儿童关爱保护工作的实施意见》中也并未将性教育作为留守儿童关爱保护的一项工作，而只是把确保留守儿童能够按时入学、防止留守儿童辍学等作为基层教育部门和学校的重点工作。在学校领导看来，县乡政府和教育主管部门日常安排的关于留守儿童安全、家访等方面的工作已经使他们疲于应付了，而教育部门并未明确的性教育在他们看来也就不应该是工作重点。W 镇中学的校长向研究者强调："我们现在还开不了这种课，政策、师资等各方面都比较缺乏，而且具体怎么开展得听上面的。"当前基层教学考核中教育质量也被简单化为教学质量，教学质量差不但影响学校招生，而且学校领导也会面临上级教育部门的压力，学校领导坦言"教学质量上不去其他的都是白搭""城市里学校都搞不了，我们乡村小学更搞不了了"。因此，相对于性教育，学校领导更关心学生的学业成绩，与学业教育无关的性教育、德育教育等并非学校重点考虑的。

即便是学校要开设相关课程，也面临缺乏相应的师资、教材等现实性问题。

① DE MATOS, MARGARIDA G. Sexual education in schools in Portugal：evaluation of a 3 years period. 2014.

② BLEAKLEY A, HENNESSY M, FISHBEIN M. Public opinion on sex education in US schools ［J］. Archives of Pediatrics & Adolescent Medicine，2006，160（11）：1151-1156.

一方面缺乏专门的性教育教材，目前学校与性教育课程内容分散在生物、科学等课程内容内，缺乏专门的针对儿童性教育的教材。同时教育部也没有专门的性教育课程标准。另一方面，缺乏专业的性教育师资。当前乡村学校师资力量仍然比较薄弱，教师承担的工作多而杂。除了承担日常的教学工作以外，乡村学校教师甚至还要参与乡村人口普查、计划生育等工作。因此，学校也无法在有限的师资资源中抽调专门的教师主持学校学生性教育工作。访谈中的中学校长不仅一次提到学校师资力量问题，"我们农村学校教师编制很紧，虽然近几年也招了一些年轻老师，可是上不了一年班人家就辞职走了，今年本来很高兴招了8个老师，结果没报到就走了4个，剩下的不知道能坚持多久。现在我们很多老师一天上三节课、四节课都是常事，有的老师还要兼任图书管理员、仪器管理员等职责，现在就算要开性教育课程我们也开不出来"①。同时，传统对性教育的误解仍然在影响着农村基层教育工作者对性教育的看法。虽然初中生物课程中会涉及男女生理知识的学习，但教师也往往不会向学生展开更多的性生理和性伦理教育，有的教师认为性教育很尴尬，同样担心孩子们会不会模仿等问题。

总结来看学校管理者、教师对学校性教育的观点可以归结为：儿童随着年龄的增长、身体的发育自然会对性知识有所了解，无须进行专门的性教育，因此他们秉持性教育的无师自通论；当前中小学性教育对儿童成长发育并无用处，于未成年人成长无碍；认为性教育会助长留守儿童等未成年学生模仿性行为的倾向，或者认为性教育会唤醒儿童的性意识从而导致儿童过早地发生性行为甚至发生性罪错等，因此对性教育采取禁、压、堵等手段，对性信息进行封锁，以防止未成年人"学坏"。不但不能进行性教育，而且对中小学生"早恋"等问题要严肃处理；同时有的教师、学校领导认为性教育不是当前教学的重点内容，对学生学业提高等没有帮助，因此弱化性教育等"非重点"科目有助于教育资源的聚焦和整合。除此之外，性教育中立论的观点则强调学校应执行上级教育管理部门的政策，在国家或相关教育领导机关没有对学校性教育出台正式政策之前，学校应顺其自然。

对留守儿童来说，家庭、学校性教育的缺失使他们获取性知识的现实途径被关闭。这种缺乏正式性教育的现状对留守儿童而言所造成的负面影响是显而易见的，由于缺乏性知识，留守儿童不但无法正确辨别可能遭受性侵害、性暴力等风险，在自身遭受性侵害后更难以准时、有效地对相关问题进行披露。同

---

① 访谈对象：编码 MJS20200815，男，43 岁，W 镇中学校长。

时，缺乏性知识的现状也难以满足留守儿童随着年龄增长、性意识的觉醒而产生的对性知识的需求，他们不得不求助于网络、朋友、媒体等其他非正式渠道。而非正式渠道所提供的性知识的碎片化以及网络色情不良信息的泛滥等都可能使留守儿童陷入性迷思的陷阱，从而使他们遭受性侵害的风险增加。

第三节　农村留守儿童性侵害披露的影响因素分析

如果说留守儿童遭遇性侵害有其自身存在的被害性特征，那么其遭受性侵害的次数和延续性则与其他因素有关。就遭受性侵害的留守儿童而言，他们在遭受性侵害之后往往会产生多种心理负担，包括自责、悔恨、恐惧等负面心理情绪。同时性侵害加害者也会不断向留守儿童强调性侵害行为本身的合理性、留守儿童是性侵害过程的共谋者，或者威胁留守儿童会对其家人实施报复等。以上这些因素都会造成留守儿童在遭受性侵害后的心理困境，使得他们在是否披露自身的性侵害遭遇问题上顾虑重重，从而耗费他们巨大的身体和心理能量。这种身心能量的耗竭以及心理困境的现实使得留守儿童不会主动披露自身遭遇的性侵害问题，这在很大程度上影响了留守儿童遭受性侵害之后的风险保护以及预防二次性侵害的支持和介入工作，从而使他们遭受更为持久的性侵害风险。

一、农村留守儿童性侵害披露的性侵害者陷阱分析

性侵害经历本身对留守儿童造成的影响是多方面的，而对于披露性侵害经历或者向父母求助等对于留守儿童来说面临更多的困难，这种困难的主要来源之一便是来自性侵害者的威胁因素。性侵害是一系列互动的结果，性侵害者在实施性侵害前通过自我装扮过程最终完成对性侵害对象实施侵害[1]。同时为了维持性侵害关系，性侵害者会采取各种手段防止关系破裂或者受到性侵害的留守儿童披露性侵害事实。通过对相关案例的梳理发现，性侵害者主要采用诱骗与威胁等多种措施，目的是使被性侵害的留守儿童继续维持性侵害对象的地位，同时保持自身对留守儿童的控制。这些措施主要包括以下四种类型：贿赂、馈赠以确保持续合规；威胁造成严重后果，以确保留守儿童保密；威胁指责受害者；威胁失去"爱"关系。我们可以将以上的性侵害者手段主要归结于权力控

---

① KEYSTONE M R. Adult recovered memories of childhood sexual abuse [J]. Canadian Journal of PsychiatryRevue Canadienne De Psychiatrie, 1996, 41 (5): 305.

制方面的威胁以及以"礼物"形式为主的包含"诱骗"的交换。

（一）性侵害者威胁陷阱

在留守儿童性侵害过程中，相对于性侵害者，遭受性侵害的留守儿童处于权力和地位等方面的弱势地位。无论是性侵害者属于成年人还是属于未成年人，对于遭受到性侵害的留守儿童来说，性经历本身对他们造成的污名和压力已经成为性侵害者所掌握的用以威胁他们的主要工具。同时，性侵害者可以利用的还有威胁性侵害对象对其亲属关系网络成员实施伤害，迫使其保持危险的性关系。总结起来，性侵害者实施的威胁主要包含以下四种类型：揭露性威胁、暴力性威胁、报复性威胁、亲情关系威胁。

1. 揭露性威胁

对于有性意识的留守儿童而言，性侵害者最常用的威胁性话术涉及对留守儿童遭受性侵害经历或者性侵害过程中的相关视频、信息、语音等资料的揭露或宣扬。性受害经历或与其相关的语音、视频、图片等对于留守儿童而言是挥之不去的污名印记。对遭受性侵害或性侵害威胁的留守儿童来说，这种污名印记既来自社区文化中根深蒂固的贞节观念和文化，同时也来自社会关系网络中的群体性压力，以及揭露之后遭受到监护人的责难。这种种压力来自"责备受害者"或"受害者原罪论"的社会和文化氛围，同时也是"耻感"文化的影响，从而使性侵害受害者不敢披露或者害怕披露，担忧性侵害者将不幸的经历曝光。

从外部环境来看，农村社区仍然是一个熟人社会，长期的社会交往使得乡村社区之间形成了较为紧密的关系纽带，依靠口耳相传的方式便能够将某个社区发生的事件快速传递出去。因此，一旦性侵害经历被曝光，对于性侵害受害者而言，他们将会面临来自家庭、社区、学校、社会等方方面面的压力。而那些少数曝光的家庭和留守儿童往往选择辍学、转校或者搬家，离开原生的社区环境，重新选择居住地域和生活场景，以减低社会压力对自身造成的伤害。

从农村社区文化氛围来看，"受害者原罪论"仍然是威胁留守儿童在遭受性侵害之后维护自身权益的文化障碍。正如前文所指出的，"受害者原罪论"在文化本质上是是男权社会对女性的压迫和剥削①。这种剥削和压迫体现在文化层面上，即倾向于将遭受性侵害的女性污名化，给她们贴上"烂货""狐狸精""婊子"等极具侮辱色彩的标签，将被害者归罪化，从而对遭受性侵害的女性造成

---

① BAUMEISTER R F, TWENGE J M. Cultural Suppression of Female Sexuality [J]. Review of General Psychology, 2002, 6 (2): 166-203.

巨大的心理压力。这种心理压力不仅是对披露以后所产生的实际心理压力，还包括在性侵害披露前留守儿童预计可能产生的心理压力。因此现实的和想象中的心理压力都使得蒙受性侵害的留守儿童害怕被披露相关信息。对于性侵害者而言其掌握了性侵害受害者的心理，因此以这种方式威胁受害者使其拒绝披露相关信息，从而造成性侵害事件长期难以被发现。

此外，与受害者原罪论紧密相连的便是"耻感"文化。对于受害者而言，性侵害信息的泄露或者其参与性有关的活动本身便意味着道德品行的败坏，在村落社区中同样会被认为是"无耻"的表现。因此，我们也不能忽略"耻感"文化在其中所扮演的角色。耻感文化是中国传统儒家哲学强调的他律与自律相统一的道德品性①。传统文化中耻感是用以规范自己与他人行为和关系的"礼"的原则之一，他人会对个人行为是否符合礼的原则进行监督，此时耻感即表现为他律性。同时，个人会将耻感的相关原则内化，并时刻反省自身行为是否符合礼的要求，此时耻感体现为自律性。个体耻感是社会化和教化的心理结果，在现实中的反应便是羞耻心，它是耻感文化内化的结果，是社会控制和自我控制的心理机制②。

家庭、社区、学校以及熟人关系网络中的所有成员都是"羞耻"的外在监督媒介，因为作为性侵害受害者的留守儿童首先属于家庭，其次属于社区和学校。在社会关系网络中他们首先存在于熟人关系结构中。所有这些都构成了性侵害受害者的"耻感"的监督者。这也意味着一旦性侵害信息被泄露，来自以上关系网络中的人员成为他们心理压力和批评的首要来源。在被污名化的同时，这些性侵害受害者的留守儿童便会被熟人人际关系网络排斥在外。因此，对于性侵害对象来说，首先担心的便是自己的相关信息被泄露给家长、朋友以及其他熟人关系网中成员。

> 如果告诉别人（我强奸了你们），你爸爸就会打死你。③
> 你如果跟家里人讲，我顶多被告坐几年牢，但你的一辈子就毁了。④
> 我会告诉别人，是你主动勾引我的。⑤

---

① 高春华. 儒家文化中的耻感品性及其当代启示 [J]. 思想教育研究，2007（11）：16.
② 王佳鹏. "羞耻心是不知羞耻的渊薮"——从《房思琪的初恋乐园》看性侵害和家暴的文化心理根源 [J]. 天府新论，2020（5）.
③ 访谈对象：编码 FM20200816，女，21 岁。
④ 访谈对象：编码 FM20200819，女，23 岁。
⑤ 访谈对象：编码 FM20200821，女，24 岁。

威胁我说，跟爸妈说我早恋。①

与性侵害受害者的留守儿童生活于同一文化中的性侵害者是熟谙这套文化中内涵的权力机制的。因此通过对揭露相关信息进行威胁便成为他们控制被害人的首选策略。

2. 暴力性威胁

暴力性威胁是性侵害者针对留守儿童的常用策略。对于自我监护和那些由监护能力缺失的监护人照护的留守儿童而言，他们遭受暴力时能够获得的外部支持型资源较少，为了维护自身安全他们不得不屈服于性侵害者。性侵害者暴力威胁不仅指向受性侵害的留守儿童，还会指向留守儿童的监护人或其他重要他人。

结合性侵害发生的情境和空间来看，暴力威胁之所以能发挥作用与留守儿童的照护状况、亲子关系、生活方式等存在密切关系。一般而言，受到暴力威胁的留守儿童往往是那些监护人不能提供及时帮助的儿童。监护人的忽视和对留守儿童反常行为缺乏敏感性等都会使得性侵害者暴力威胁发挥作用。这部分留守儿童多是寄养于其他家庭，由父母、祖父母之外的其他亲属关系网络中的成员照护。这些替代型监护人本身对留守儿童照管缺乏积极性，并且现实性的生活压力也造成他们没有精力关注留守儿童。同时，亲子关系紧张或者留守儿童与监护人感情疏离等也会造成留守儿童遭受暴力威胁后缺乏向监护人求助的动力。此外，现实中发生的性侵害案例显示性侵害者对留守儿童实施暴力威胁往往具有长期性，而非短期或者一次性的威胁。因此，应进一步分析留守儿童的生活方式以及居住环境的安全性等结构性因素。

3. 报复性威胁

报复性威胁指的是留守儿童遭受性侵害后，性侵害者以其若泄露相关信息则施以报复为由，对遭受性侵害的留守儿童进行威胁。由于报复性威胁的不确定性以及相对于性侵害者留守儿童自卫能力有限、监护缺失等，报复性威胁对于儿童而言具有较强的恐吓性。

4. 亲情关系威胁

亲情关系威胁与性侵害者身份存在密切关系。对遭受性侵害的留守儿童进行侵害后进行亲情威胁者往往属于亲属关系网络中的成员或者重要他人。换句话说亲情关系威胁在家内性侵害或者师源性性侵害者中比较常见。

---

① 访谈对象：编码 FM20200721，女，21 岁。

家内性侵害者或者师源性性侵害者往往以留守儿童需要照护或者对监护人的依附关系等为主要威胁手段。对于留守儿童而言,他们在生活和学习中不得不依附于监护人或者其他亲属关系网络中的替代性监护人,由于"孝道"文化和服从权威等观念的影响,留守儿童担心泄密会造成依附关系的丧失以及对监护人和家庭形象的破坏。因此,在性侵害者以离别、坐牢等为理由要求受到性侵害的留守儿童保密时,受侵害的留守儿童往往采取顺从的态度。作为最为温和的威胁方式,这种威胁对性侵害留守儿童的伤害性极为严重。一方面造成性侵害的犯罪事实长期难以被发现;另一方面,由于性侵害者属于留守儿童重要他人和依附对象或属于亲密关系网络中的主要成员,因此相关性侵害行为对其生理、心理和信任关系构建造成的潜在危害是极为深远的。

(二)性侵害者诱骗陷阱

除了以上威胁性手段外,性侵害者往往采用更为温和的方式保持与性侵害受害者的控制关系。通过给予礼物或者金钱确保遭受性侵害的留守儿童保密是性侵害者常用的陷阱。这种"陷阱"之所以有效或者礼物及金钱在将受侵害对象长期禁锢于这种风险关系中发挥作用的原因是什么?分析发现性侵害者并非单纯给予儿童礼物或者金钱,附着于礼物和金钱的之上的还包括"感情"因素。这种"感情"因素体现为,性侵害者对性侵害对象的"关爱""关注"和"关心"。对于情感缺失、希望得到关注以及没有得到有效照护的留守儿童而言,来自熟人关系网络中其他人的关心和爱护是一种有效的心理支持和情感帮助。

在性侵害关系发展初期,性侵害者往往将这种赠送礼物和金钱的形式作为诱骗陷阱与作为潜在性侵害对象的留守儿童建立信任关系,并通过关心和帮助等进一步降低儿童的警惕性。此后,随着信任关系建立性性侵害者还通过向性侵害对象发送色情图片、视频等形式进一步减少性侵害对象对性侵害本身的敏感性。性侵害发生之后,便通过继续赠送礼物、金钱等保持与维护与受性侵害留守儿童的关系。当然,在此过程中性侵害者会继续保持一种关心的姿态,使受到性侵害的留守儿童自愿与其维持这种侵害关系,甚至将其视为重要他人。

二、农村留守儿童性侵害披露的个体陷阱分析

此前的章节中我们讨论了由于性知识缺乏,遭受性侵害后留守儿童很难主动披露相应的性侵害信息。但对于具备一定的性意识的留守儿童,在他们遭受性侵害后没有主动披露相关的性侵害信息,除了来自性侵害者的威胁与诱骗等原因之外,也与其自身观念和文化环境等存在密切关系。

　　根据"责备受害者""受害者原罪论"等理论，性侵害本身对遭受侵害的留守儿童而言是一种极为"羞耻"的经历，受到性侵害的留守儿童他们自身对于性侵害的看法或观念影响了其披露行为。在村落社区中存在的浓厚的儿童性禁忌和责备受害者的文化倾向，使得在村落社区中完成基本社会化和性社会化的留守儿童内化了这种性禁忌文化和耻感文化。因此，遭受到性侵害之后留守儿童不倾向于向监护人求助，即便是向监护人谈论相关事件，监护人一般都是以训斥或制止为主，无法真正倾听儿童的声音。换句话说，儿童关于自己性权利主张的话语在家庭环境中被刻意回避或忽视了，留守儿童经历过挫折后便拒绝再向监护人求助或披露相关事件。正如一名访谈对象袒露的那样：自己试探性地向奶奶倾诉与性有关的事情，然而话刚说了一半便被打断，并将自己对性信息的泄露视为不学好的表现。

　　同时，在此过程中留守儿童自身强烈的自尊心和羞耻心也进一步阻止其向他人透露相关性侵害的事实，从而压抑和忍受自己遭受性侵害的创伤。在中国文化环境中，自尊意味着他人对自身价值和行为的认可，同时不允许他人对自己的污蔑，努力获得他人的平等对待①，而并非自我对自我的尊重。本质而言，自尊与羞耻心都是同一事物的不同侧面，都反映了耻感文化对个体的影响。因此，每个社会人都努力通过自身成就的取得或者掩盖自身弊端等获得自尊，同时避免由于缺点或者负面信息的暴露而造成对自尊的破坏。正如舍勒（Scheele）所言，羞耻感使个人追求自我价值和自尊的表现，只有当个体希图自己有价值时，才会努力追求卓越，并对自己缺陷和不足的暴露而感到羞耻②。在村落社区中，监护人往往通过取笑、嘲笑、羞辱等引人羞耻的行为或者通过列举令人羞耻、"丢人"的事项来积极控制孩子的行为。在监护人的监督和规训过程中，留守儿童等也将羞耻的事件和行为内化，形成所谓的自我内在羞耻。然而，性侵害的事实本身甚至仅仅参加了所谓的禁忌活动对个体所造成的污名，使得他们迅速失去他人对自身的尊重以及个体不允许他人对自己形象进行侮辱的资本和权利。这种"羞耻感"造成个体自我与他人和社会之间的紧张，造成羞耻的人不仅觉得自己不值得，而且觉得自己在别人眼里缺乏价值。这种对个体耻感以及对暴露相关信息所带来后果的觉知和强烈自尊心使得留守儿童遭遇性侵害后，拒绝向其他人透露相关信息。

---

　　① 舒首立，卢会醒，张露，等. 中国文化的自尊与西方文化的 self-esteem 之比较［J］. 西南大学学报（社会科学版），2012，38（1）：45-51.

　　② ［德］马克斯·舍勒. 舍勒选集：上［M］. 上海：上海三联书店，1999：531-628.

　　除了对个人自尊的考量而拒绝披露相关信息外，为了维护家庭和父母的尊严同样是造成留守儿童遭受性侵害后拒绝披露相关信息的重要因素。在中国文化情境下，个体的尊严与家庭以及家庭所有成员的荣誉和尊严紧密相关。在儒家传统孝道伦理中，通过自身行为使父母、家庭以及祖先等荣耀是孝道的重要内容，同理个体应尽量避免使家庭陷入"不光彩"的境地。而性侵害事件本身即是在村落社区中被认为极不光彩的重大事变，出于维护家庭和父母尊严的考量，生活在村落社区中的家庭和留守儿童应尽量避免该事件的发生，或者在事件发生之后尽量规避事件相关信息的泄露。

三、农村留守儿童性侵害披露支持性因素分析

　　支持性资源是帮助留守儿童遭受性侵害后主动披露相关事件的主要力量，支持性资源的缺失显著影响他们披露相关事实的动力[①]。即外部环境中存在的资源和支持能够促进遭受性侵害的留守儿童主动披露相关事件的意愿和动机。反之，缺乏相关支持性资源则会导致他们不愿意主动披露。研究发现，当性侵害发生后求助者与求助对象之间的关系与求助者能否从求助对象那里获得积极的回应，将在很大程度上决定求助者是否主动求助。就遭受性侵害的留守儿童而言，由于父母或者其他女性监护人是留守儿童遭受性侵害后的首要求助对象或披露对象，因此亲子关系及监护人与留守儿童之间关系的状况将会影响儿童是否主动进行披露。

（一）父母等监护人的支持缺失

　　和谐亲密的亲子关系能够培养儿童对父母的安全感和依恋感，同时能够提高儿童对父母的信任感[②]。至于留守儿童，他们由于长时间没有父母的庇护，在爷爷奶奶等代理监护人的照料下长大，因此，留守儿童与父母之间亲子关系必然受到父母缺场的影响[③]。即便是那些由父母当中一方照顾的留守儿童，由于工作、生活压力等问题，他们仍然较少获得来自父母情感和心理等层面的关爱[④]。

---

① ［美］詹妮弗·弗尔德，［美］帕梅拉·比勒尔. 看不见的背叛：爱与痛的挣扎与疗愈［M］. 耿沫，译. 北京：北京联合出版公司，2016：193.

② 张晓，陈会昌，张桂芳，等. 亲子关系与问题行为的动态相互作用模型：对儿童早期的追踪研究［J］. 心理学报，2008（5）：571-582.

③ 柯露露. 留守儿童家庭亲子关系的小组工作方法介入［J］. 青少年研究与实践，2016，121（1）：19-23.

④ 刘志军. 漂泊之伤：流动人口家庭亲子关系调查研究［M］. 北京：知识产权出版社，2018：30.

对质性资料的分析发现，遭受性侵害的留守儿童之所以没有向父母等监护人透露相关信息，与亲子关系紧张等存在密切关系。

第一，对于那些由父母其中一方照顾，特别是父亲照料的留守儿童而言，传统的家庭教育方式使得留守儿童与父母不存在平等交流的环境，阻碍了留守儿童与父母之间亲密感情的生成和亲情的有效传递。在留守儿童的生活中，这部分监护人主要扮演了权威性角色，这导致留守儿童比较害怕父亲，因此不愿意与他们主动交流，特别是交流类似性侵害这样的事件。

第二，对于由母亲单独监护的留守儿童而言，虽然与父亲相比留守儿童与母亲之间更容易形成亲密的亲子关系①。然而，现实生活中母亲等由于工作压力、时间紧张等，与留守儿童交流的时间也较少②，这在很大程度上影响了他们向母亲倾诉心事的频率和机会。同时，即便是留守儿童在遭受性侵害后能够向母亲透露相关信息，然而母亲往往也会基于对家庭荣誉、儿童自身发展前景等问题的考虑而选择要求儿童对其他人保密。"我把受到性侵害的事情告诉我妈了，我妈什么话都没说，出去了，回来以后嘱咐我再也不要跟别人说了。"

第三，父母等监护人在家庭中的长期缺场也影响了留守儿童与父母之间的亲子关系。在相关性侵害案例中，很多留守儿童表示恨自己的父母，抱怨他们不在自己身边，没有对自己进行及时的帮助，或者抱怨父母没有及时发现自己行为举止的反常，导致性侵害事件长期持续。遭受性侵害的留守儿童往往是那些父母长期不在身边，同时替代型监护人缺乏关爱的儿童。对于拒绝向父母求助的留守儿童而言，他们自己对与父母关系的认知和评价影响了他们与父母之间交流的动机。对这部分儿童来说，他们认为父母在家庭中的长期缺场是对自己的不关心，同时也得不到父母的爱与鼓励，因此他们不愿意与父母交流心事。

　　我不愿意和我妈说话，平时她太忙了，忙着做生意，忙着别的事情，我的学习她也不怎么管。这件事情发生以后，我不知道该怎么跟她说，她好像也不关心那时候我的心情。③

　　我妈在县城上班，我爸爸在天津。平时就爷爷奶奶照顾我，我妈周末回家，回到家里就是洗衣服，忙各种事情，对我也顾不过来，我也不知道

---

① 张锦涛，刘勤学，邓林园，等.青少年亲子关系与网络成瘾：孤独感的中介作用［J］.心理发展与教育，2011，27（6）：641-647.

② 刘志军.漂泊之伤：流动人口家庭亲子关系调查研究［M］.北京：知识产权出版社，2018：30.

③ 访谈对象：编码 FM20200615，女，19岁，职业未知；性侵害者：邻居。

怎么跟她说啊。①

第四，监护人家庭关系状况。研究发现，对于遭受性侵害者披露相关信息需要一定的安全空间，在他们认为不安全的环境中他们希望保持对环境的掌控感②。换言之，遭受性侵害者需要选择合适的时机和安全的空间才会让自己感觉披露是安全的。对于留守儿童而言，稳固和睦的家庭关系是他们选择主动披露的安全环境，而父母、祖父母等监护人与替代型监护人之间紧张的家庭关系使得儿童缺乏安全感，他们往往基于自身安全的考虑选择隐瞒。

> 家中爷爷没地位，我不可能说，奶奶和爷爷的关系那样，我的直觉也是不能说，后来经常在奶奶的面前我表现很讨厌恶心五爷爷（该老人性侵害了案主）。

> 我想告诉我父母，但他们认为对我关心在学习，他们在我七岁打工，父母关系也不好，所以我不敢说，也不想伤害奶奶。我初中、小学被孤立过，所以更加敏感，我更加不敢说出去。

（二）同辈群体的支持缺失

同辈群体（peer-group）也称同龄群体，指的是由一群在年龄、地位、兴趣爱好、态度等方面相似的人构成的非正式群体③。同辈群体是首属群体中的重要类型，在儿童社会化方面发挥重要作用④。在留守儿童父母外出或者监护人监护能力缺失的情况下，同辈群体的支持对留守儿童心理健康发展和情感需求满足等方面发挥显著作用⑤。同伴群体是留守儿童情感支持和认可的重要来源⑥，特别是在监护人缺场以及与祖父母等存在代沟难以有效沟通的情境下，同辈群体的理解和支持对留守儿童就具有了重要的保护功能和发展功能。同样同辈群体中的亲密朋友也成为留守儿童祖露性侵害事件的重要对象。然而，现实中存在的问题是并非全部留守儿童都会被同辈群体接纳，换言之并非所有的留守儿童

---

① 访谈对象：编码 FM20200617，女，17 岁，高中生；性侵害者：教师。

② MACINTYRE D，CARR A. Evaluation of the effectiveness of the stay safe primary prevention programme for child sexual abuse [J]. Child Abuse & Neglect, 1999, 23（12）：1307-1325.

③ RYAN A M. The peer group as a context for the development of young adolescent motivation and achievement [J]. Child development, 2001, 72（4）：1135-1150.

④ 王秋香. 农村"留守儿童"同辈群体类型及特点分析 [J]. 湖南社会科学, 2007（1）：68-69.

⑤ 聂应德，康钊. 义务教育阶段留守儿童监护人类型及对其成长影响分析 [M]. 成都：电子科技大学出版社, 2016.11：117.

⑥ 钟耀林. 自疗治疗 [M]. 北京：中国经济出版社, 2019：221.

都存在紧密的同辈关系网络。对于那些被同辈群体孤立的留守儿童而言，他们遭受性侵害之后往往缺乏可以倾诉的对象。同时，留守儿童虽然倾向于向同龄伙伴披露性侵害犯的秘密，然而前提是同龄朋友也以类似的秘密袒露作为互相交流的前提。此外，能够得到同辈群体中亲密朋友的积极回应也是留守儿童进一步披露相关信息的条件。换言之，若留守儿童在前期披露中，没有得到来自同辈群体的积极回应或者评价，则会选择隐瞒相关信息。

总之，遭受性侵害事件对留守儿童而言是其生命历程中的重要变故，选择是否披露对其能否及时摆脱性侵害者发挥着重要的影响作用。由于来自性侵害者的威胁以及留守儿童自身对性侵害事件的消极看法和缺乏外部资源的支持等，留守儿童遭受性侵害之后拒绝向其他人透露相关信息，这也造成留守儿童持续遭受性侵害，性侵害风险对留守儿童带来的生理、心理等多方面的伤害不断延续。

第七章

农村留守儿童性侵害风险防范的政策回应

正如上面章节所分析的，我国农村留守儿童性侵害风险的治理并不仅仅是留守儿童个人问题。在留守儿童生活生态系统中，从宏观系统、中观系统到微观系统都隐含着导致留守儿童最后遭受性侵害风险的因素，因此，为留守儿童性安全保护提供支持就不仅需要在政策层面设置较为完整的保护网络，而且需要在文化观念、教育、法律等不同领域都采取相应的针对措施。

第一节　农村留守儿童性侵害防范的法律政策回应

政策层面对留守儿童性侵害风险的预防和留守儿童性权利的保护应按照"儿童最大利益原则"的指导稳步推进。通过完善儿童性侵害的相关法律法规以及加强基层关于留守儿童保护和预防性侵害的相关法律法规的普及，提高法律在预防和保护留守儿童安全方面的作用。留守儿童性侵害的防范和留守儿童保护需要在法律层面做好制度设计，特别是做好基层法律普及的工作。同时完善儿童性侵害的相关法律法规，提高相关法律的惩戒力度，加大对留守儿童遭受性侵害后的法律援助，减少在刑事司法过程中对遭受性侵害的儿童有可能造成的伤害。同时，建立以留守儿童家庭为中心的保护制度，提高监护人预防性侵害意识和监护能力。此外，在学校层面构建儿童预防性侵害的相关项目，加强对教师性侵害预防的培训，强化学校社会工作者对校内儿童保护的参与力度。

一、加强农村留守儿童保护和性侵害相关的法律普及

培养公民法制意识对于预防犯罪具有重要效用，这是我国推行普法运动的主要目的。同样公民法治意识的形成与普法工作存在密切联系。我国乡村社会中居民法制意识缺失。一方面无法通过法律维护自己的合法权益；另一方面，法制意识缺失助长了潜在犯罪人实施不法侵害。应加强基层的普法宣传，采用

更具有乡村本土特色的普法方式和工具，避免普法教育和普法语言的法律精英主义倾向，使乡村居民能够真正理解法治内涵。因此，有必要将有关儿童保护的法律普及与乡村地方性知识结合起来，通过制定乡规民约的形式强化法律对村民的可及性和适用性，在此过程中引导地方性知识和乡规民约等非正式制度的软性治理向法律、法规等正式制度的治理转变。同时，在基层普法过程中严格谁执法谁普法、谁主管谁普法、谁服务谁普法的原则，强化普法责任。在普法工作中，各级负责部门应与乡村基层村委会、乡村精英相结合，利用他们在乡村社区治理中的地位和作用，加强对乡村居民风俗习惯、习惯法等的调查和资料收集，将儿童权利观念、性权利和性保护观念与维护家庭利益、儿童利益相联系，真正引起和树立乡村居民的重视和用法律维护自身权益的意识。

创新普法教育形式。由于乡村社区中留守儿童与留守老人占据多数，因此关于留守儿童保护和性侵害的相关法律普及应重点以乡村留守儿童和老人为对象。其中，相对于老人而言，儿童的可塑性强，容易接受新鲜事物，并且在学校中方便以团体和组织的形式开展，因此应针对儿童开办知识讲座、播放普法动画片、发放宣传资料以及开展寓教于乐的娱乐活动等方式，促进法制宣传和法制教育的深化。此外，还可以利用手机、网络等形式播放相关普法宣传公益广告、公益节目等加强法治教育的普及。

普法教育与群众运动相结合。乡村居民既是法律普及的对象同时也是法律的受益者，因此应将儿童保护和预防犯罪的相关法律普及工作与群众运动相结合，提高乡村居民在法律普及工作中的主体性。乡村普法工作不是简单地将精英化的法律知识和权利意识向乡村推广的过程，也不是自上而下的用西方式法治话语和精英化、学术化的法律建构基层权利调节和权利维护的过程，而是旨在让乡村居民能够加入法制建设、过上一种"法治"生活的过程。因此，法律普及的过程如果忽略了乡村居民的主体性或者简单将他们视作普法的对象，那么很难将法治意识深入乡村居民的生活实践中去。因此，基层普法部门应将普法工作与村民自治工作相结合，引导村民参与乡村法制建设，提高他们参与乡村公共事务的主体性。这种对乡村居民法治建设主体性的发掘、认识和引导既需要使居民意识到通过法律能够切实维护自身利益，同时也要及时回应他们的主张和需求。

传统乡土社会中人们已经形成了一种基于本土地方性实践的调节模式。由于乡土社会中人们在长期的互动和交往中已经形成了一系列的行为习惯，锻炼出一种彼此熟悉以及对彼此行为的预期。这种熟悉基于传统的行为预期体现在以"礼治"①"人情"②为主要工具的乡村居民权利调节模式中，这种调节模式蕴含着朴素的正义观和权利观，在乡村居民的日常生活中发挥着重要作用。这种以类似"民间法"形式存在的礼治秩序注重传统习惯和风俗的调节作用，因此不注重通过法律外在强制力的形式维护自身权益，即乡土社会居民不愿意"打官司"，并且诉讼带来的经济和时间成本也使得乡村居民缺乏利用法律确保自身利益的动力③。同时，长期通过礼治维持乡土社会秩序的路径依赖以及人治④的传统使得基层社会出现矛盾纠纷时更习惯于找中间人或者社区中的乡村精英调节。当利益和矛盾纠纷涉及公共部门或组织人员时更希望通过直接寻找该组织或者组织的上级主管部门中的负责人调解处理。如在留守儿童遭到侵害时，不少家长或者监护人不是通过报警寻求帮助而是通过私了等形式解决纠纷，或者直接找侵害者的领导或主管部门解决相关问题。因此，基层普法教育应重视乡土社会中长期存在的礼治秩序，而不是强制推行国家法律、法规和正式规范。

二、完善与农村留守儿童性侵害相关的法律和法规

基于对儿童性权利的保护，我国相关法律制度规范应进一步进行细化、调整，为儿童保护构建更为完整、紧密的法律保护网络。

（一）细化留守儿童性侵害的相关法律

首先应进一步扩大儿童性侵害法律保护的范围，按照儿童权利最大化的原则将目前针对16~18周岁的未成年人的保障纳入法律保护的范围。同时，将针对未成年男童的保护同样纳入法律规制范围，对并未造成男童轻伤的猥亵型犯罪也需要进行相应的法律制裁，确保未成年人性保护方面的公平性。此外，对于那些猥亵或侵害残疾儿童、精神残障儿童、留守儿童、贫困儿童等困境儿童的性侵害者给予更为严厉的法律惩戒。同时对父母、继父母、教师、亲属、法定监护人等与16~18周岁未成年人形成特殊关系群体实施性侵害者，或者引导未成年人实施性行为的应从重惩处。从域外国家针对以上保护人对作为被保护人的儿童实施侵害的处罚情况看，大多数国家都给予了保护人严厉的惩处。以德国为例，《德国刑法典》明确规定了保护人针对未满16岁和未满18岁的未成

① 苏力. 法治及其本土资源［M］. 北京：中国政法大学出版社，1996：29.
② 中国法学会法制文学研究会. 中国法治文化：第6辑［M］. 北京：群众出版社，2016：36.
③ 夏丹波. 公民法治意识之生成［D］. 北京：中共中央党校，2015：133-140.
④ 礼治秩序离不开人治，礼治为人治提供了治的准则。张应凯. 礼治与当今法治能相辅相成吗？——与白奚先生商榷［J］. 哲学动态，1999（3）：33-35.

年人实施性侵害、妨碍未成年人性自决权的法律惩处措施，与以上群体进行性行为或引诱其与行为人实施性行为给予 5 年监禁或经济处罚①。针对监护人施加的性侵害或虽未直接实施性侵害但是监护人的相关行为使得被监护人产生性刺激的，如引诱被监护人在自己面前实施性行为处 3 年以下监禁或罚款②。犯罪未遂者亦应按照以上处罚规定施以处罚。同时针对监护人由于权利滥用而对被保护人施加侵害的也做出了相应的处罚，对自己教养、培训、看管、监护的人实施性行为的处 5 年以下自由刑或罚金③。同时，应根据社会发展变化进一步细化儿童性侵害的犯罪类型，如诱导儿童与他人发生性行为，向儿童传播色情信息、图片、视频、音频等犯罪，互联网儿童性侵害，同性性侵害，未成年人实施的性侵害等，确保法律制度的完善和规范能够符合时代需求。

（二）完善儿童性侵害精神与物质补偿制度

针对儿童性侵害的赔偿应采取精神赔偿和物质赔偿相结合的原则。相对而言，性侵害对留守儿童等未成年人造成的精神损害远大于物质损害。由于精神损害的长期性、隐蔽性、反复性等特质，留守儿童在成长、发展过程中可能会长期遭受性侵害的精神困扰，对其未来的婚姻状况、人际关系、情感交往等造成深刻影响。因此，针对当前我国法律法规中缺乏对儿童性侵害受害者的精神赔偿的现实状况，应建立对留守儿童性侵害受害者精神伤害评估和辅导制度。通过专业的心理咨询辅导机构、临床社会工作者等对儿童性侵害受害者精神损伤状况及康复治疗提出具体的评估和恢复方案，并根据评估和恢复方案以及犯罪分子经济状况、犯罪事实的严重程度等确定相应的赔偿标准。此外，应将附带民事诉讼的赔偿作为未成年被害人案件处理程序的前置程序予以规定④。最后，为强化精神损害赔偿的法律效力，应在《中华人民共和国刑法》中明确规定损失既包括物质损失也包括精神损害。

（三）健全留守儿童性侵害的强制报告制度

当前我国制定了一系列的有关儿童侵害强制报告制度，在《关于加强农村留守儿童关爱保护工作的意见》《中华人民共和国反家庭暴力法》《关于建立侵害未成年人案件强制报告制度的意见（试行）》等法律、意见中规定了强制报

---

① 德国刑法典［M］. 徐久生，庄敬华，译. 北京：中国法制出版社，2000：142.
② 德国刑法典［M］. 徐久生，庄敬华，译. 北京：中国法制出版社，2000：142.
③ 德国刑法典［M］. 徐久生，庄敬华，译. 北京：中国法制出版社，2000：142.
④ 兰跃军. 性侵害未成年被害人的立法与司法保护［J］. 贵州民族大学学报（哲学社会科学版），2019（4）：119-183.

告的主体和对象。然而，我国强制报告制度仍然需要进一步完善。首先，应强化国家在儿童保护工作中的责任，设置专门的儿童保护行政机构，摆脱以往由共青团、民政局、妇联等多头管理，缺乏统一协调部门进行儿童保护工作的现状。

其次，进一步强化儿童强制报告制度的法律责任。如应进一步细化儿童强制报告制度的法律规范，制定专门的儿童强制报告法律，如《儿童性虐待强制报告法》等，详细列明儿童保护的主体、强制报告的责任者以及主管部门、相关的权利义务以及工作流程等。再次，对相关强制报告主体实施培训。当前我国虽然制定了强制报告制度，但是强制报告主体缺乏对儿童性权利和性侵害的认知，因此应通过互联网、微信、公益广告等加强对全社会有关儿童性侵害、虐待等知识和信息的传播。同时，村委会、居委会、学校、医院、培训机构等应对机构工作人员定期培训，提高其对于儿童性侵害的认知和保护意识。

同时，应强化对强制报告责任主体的问责力度。《中华人民共和国反家庭暴力法》等法律制度对强制报告责任主体的相关权责进行了规定。《中华人民共和国反家庭暴力法》中指出，如未能及时报告造成严重后果的应由相关单位和主管部门给予相应处罚。《中华人民共和国反家庭暴力法》虽然做出了规定，但分析发现这种强制报告制度的责任要求存在前提条件。责任成立的前提是造成严重后果，对于那些未能及时报告的责任主体缺乏直接问责，提高了他们不履行报告义务的投机性[1]。因此，应取消问责的前提条件，同时完善对未能及时报告的相关责任主体的惩罚力度，如要求承担刑事责任或者民事责任等。最后，应强化儿童虐待强制报告制度的宣传力度。

（四）加强对遭受性侵害留守儿童的法律援助

强化对性侵害犯罪被害儿童的法律援助，特别是对农村家庭和留守儿童性侵害受害者而言，其自身面临诉讼风险较大，需要花费较高的时间成本和金钱成本。如果缺乏相应的法律援助，那么留守儿童受害者和留守家庭极有可能选择私了或者不主张个人权利，相应的留守儿童则有可能继续遭受性侵害。

首先，应当在乡村基层社区设立法律援助律师并使其常态化。当前在某些乡村中已经建立了相关的律师工作机制，然而乡村律师仍未普及，在法律援助方面很多性侵害受害者和家庭无法了解法律援助的渠道和程序，因此需要通过

---

[1] 杨志超. 比较法视角下儿童保护强制报告制度特征探析 [J]. 法律科学（西北政法大学学报），2017，35（1）：159-168.

在乡村基层社区设立律师工作站等工作机制确保居民能够及时获得律师援助服务。其次，强化县法律援助工作站的援助力量，提高县级基层政府法律援助工作服务效率，增加基层政府法律援助部门的工作力量和资金支持。最后，提高法律服务下基层频率，公、检、法机关在留守儿童性侵害侦察、立案等环节主动通知法律援助机构指派律师为其提供法律援助，提高法律援助的及时性和服务可及性。此外，针对未成年人施加性侵害的被害人和被告人应同享法律援助权利。首先，应完善未成年人受害者诉讼代理和刑事法律援助制度。对于未成年人性侵害受害者其家庭经济状况，无法委托诉讼代理人的，公、检、法等部门应当指定法律援助机构给予其相应的法律援助。其次，留守儿童等未成年人性侵害受害者法律援助诉讼代理人的相关权利行使方式和权利内容应比照未成年犯罪嫌疑人法律援助方式和内容。

（五）完善办理性侵害未成年人案件的特殊程序

当前法院和检察院等大多建立了相应的未成年人案件工作队伍，由于留守儿童等未成年人性侵害案件的特殊性，因此需要定期对相关工作人员，如检察院、法院等工作人员进行培训，提高工作方式、工作方法的专业性。同时应根据留守儿童性侵害案件的特殊性随时成立相应的工作小组①。由于留守儿童性侵害案件本身的隐蔽性、受侵害儿童较为年幼，在证据搜集以及调查取证等方面存在较大工作难度，因此通过成立专门工作小组的形式可以提高办案的专业性。在工作中应注重对留守儿童等性侵害受害者的保护，尽量避免二次或多次询问。

此外，在询问中应确保留守儿童等处于心理较为安全的工作环境，并注意询问的语言和方法应契合留守儿童的心理特点，避免询问等介入工作对留守儿童造成严重的精神伤害。同时，应通过法律进一步规制公、检、法等部门在留守儿童性侵害案件的办理过程中对受害人隐私信息的保护工作。特别是在农村基层社区调查取证过程中，应注重采取更为细致、周延的工作方法，确保留守儿童隐私不被泄露，从而保证儿童受害者的社会关系、名誉等不受损害。同时，强化司法社会工作者对留守儿童被害人诉讼过程中的参与度，并建立完善的制度设置。

遭受性侵害的留守儿童在参与诉讼过程中不可避免地会接受询问，但对于留守儿童而言询问过程同样是精神面临压力、情绪遭受刺激的过程，因此需要

---

① 兰跃军. 性侵害未成年被害人的立法与司法保护［J］. 贵州民族大学学报（哲学社会科学版），2019（4）：119-183.

司法社会工作者或者志愿者陪伴留守儿童参与诉讼过程，以便于随时向儿童及监护人提供法律和情感方面的支持。在我国台湾地区，司法社工全程参与儿童诉讼已经成为正式的法律规制①，因此我国应尽快全面建立司法社工参与留守儿童性侵害诉讼程序的相关制度，并明确其诉讼权利和义务以及参与方式、参与时间和相关的工作内容等。

做好留守儿童等性侵害受害者配套服务的制度安排。性侵害对留守儿童的精神和生理伤害是巨大且深远的，在发现留守儿童遭受性侵害之初公、检、法等司法部门应联系专业的心理咨询师、社工等为留守儿童提供心理疏导和咨询服务，并且这种疏导和服务应贯穿整个调查和诉讼期。在司法程序完成之后，社工、心理咨询师等应持续跟进留守儿童的心理支持服务。

我们应建立未成年性侵害受害者相关信息资料库，通过对留守儿童成长环境，监护人状况，家庭经济状况，留守儿童自身的心理、生理状况进行完整的信息收集，建立受害人信息库。检察院、法院等部门应联合社会工作机构、民政局、共青团、妇联等社会组织力量和政府工作机构，加强对留守儿童受害者的后续支持和帮扶。由于专业性和助人性特质，社会工作机构和社会工作者在留守儿童心理疏导和外部支持方面应发挥主导和专业作用，民政局、共青团等通过政府购买的形式向留守儿童受害者提供专业化的社会工作服务，帮助他们恢复正常的生活状态，提高他们的抗逆力。

第二节　农村留守儿童性侵害风险防范的学校保护政策回应

已有研究以及调查发现，学校及其他教育机构是留守儿童等未成年人性侵害发生的主要场所。学校等教育机构为潜在性侵害者接近儿童提供了条件，因此学校等教育机构内儿童性侵害的防范需要进一步完善相关的教育政策，在机构层面建立预防儿童性侵害的情景预防措施。

一、完善并强化教师行业准入制度

强化教师行业准入制度能够在很大程度上阻断潜在性侵害者或者有犯罪前

---

① 郭紫棋，林颖慧．被性侵害未成年被害人司法保护体系的完善——基于台湾地区台北市"性侵害案件一站式服务"之启示［J］．人民检察，2018（14）：12.

科者进入教育领域，从而降低他们与儿童接触的概率，为儿童在校园内的生活创造安全的环境。当前我国的相关法律条令中都对教师行业准入进行了相应规定，如《中华人民共和国教师法》第14条规定对于被处以刑事处罚或剥夺政治权利者不得获得教师资格。

在其他相关法律制度如《教师资格条例》中也对教师资格的取得进行了规制，如受到刑事处罚的教师将丧失教师资格。同时，教育部、财政部、人力资源和社会保障部等部门制定的条例、规章中，对教师资格的获得和丧失都进行了相应规范。如2012年教育部、中央编办等部门发布的《关于大力推进农村义务教育教师队伍建设的意见》等六个教师队伍建设的文件对教师行业准入、退出机制等做了明确规定。此外，在我国有关未成年人保护的主要法律《中华人民共和国未成年人保护法》中对教师犯罪行为，特别是有关针对未成年人的犯罪行为的筛查也做出了要求①。以上文件都对教师行业准入进行了相应的规定和规范，对于提高我国不同教育阶段教师质量具有重要意义。

不过，以上法律文件也存在只重视教师资格获得过程中学历、犯罪记录等方面的规制，缺乏详细的教师准入筛查相关措施的规定。从现实情况来看，对儿童实施性侵害的多数教师在教学表现、学历资格、犯罪状况等方面都符合国家相关规定，换言之，大部分潜在性侵害者都属于"合格者"。因此，这在某种程度上说明当前我国教师行业准入制度存在疏漏，制定更为详细、可操作性强的教师资格制度应是未来我国教师制度建设的重点。

公立教学机构以及私立教学机构在教师入职时应扩大采用教师入职筛查的范围和更多方式。由于当前我国教师入职信息查询制度尚未健全，相关信息查询平台仍在建设过程中，因此入职筛查应采取更加多样化的方式。如入职面试，通过对入职者采用MMPI人格测验量表、虐待儿童倾向测验等形式对入职者儿童性侵害倾向进行考察。同时，在面试过程中还可以通过搜集入职者关于儿童性权利、隐私权、儿童保护政策、身体界限和关系界限认知等信息，了解入职者是否适合从事教育行业。建立动态教师资格筛查制度，除了对教师性侵害信息进行动态查询外，还应通过与儿童访谈和调查的方式了解师生互动状况和教师日常行为。

二、建立并健全校园预防性侵害制度

校园情境中，教师与留守儿童等未成年人的互动是儿童校园生活中的主要

---

① 孙鉴. 完善信息查询与从业禁止制度 筑牢未成年人保护防线［DB/OL］. 新浪网，2020-11-25.

内容，同时潜在教师性侵害者利用与儿童互动的机会以及校园相对封闭的环境对儿童施加侵害是常见的师源性侵害类型，因此降低校园环境中的物理空间环境风险将在很大程度上帮助儿童规避可能的风险。就此而言，教育部以及地方教育行政机构应制定专门的校园预防儿童性侵害制度及举报程序，降低儿童性侵害的物理环境风险。

（一）制定教师—学生互动规范制度

2018 年教育部正式印发实施《新时代中小学教师职业行为十项准则》《新时代幼儿园教师职业行为十项准则》《中小学教师违反职业道德行为处理办法（2018 年修订）》《幼儿园教师违反职业道德行为处理办法》，以上规定对教师各种形式的性骚扰等制定了相应的处罚措施。然而，现实生活中教师针对儿童施加的性侵害并未由于政策的推行而消失。这在很大程度上是由于教师与学生之间的互动本身具有较强的正当性，教师施加的侵害行为具有隐蔽性，同时儿童缺乏性教育，对教师施加的性侵害缺乏认知。以上原因导致教师性侵害屡屡发生。

因此，国家相关教育主管部门应指导地方教育行政机构制定师生互动规范，并进一步要求各级教学机构建立相应制度。通过制度建设降低师生互动过程中的环境风险，阻断教师与学生互动中可能的风险性接触。其中师生互动和关系规范应包含以下基本内容：禁止教师与儿童单独一对一接触，被禁止的情境包括不允许教师以辅导学生学习、护送学生回家、与学生谈心交流为由与学生单独相处，如有需要应保证有其他成人陪同。同时，寄宿制学校中应禁止教师单独进入学生宿舍，如有需要应有其他教师或者宿管人员陪同。禁止教师无故将儿童私自带出校园，如果有正当理由带儿童外出应征得学校领导及儿童监护人的同意①，并且在所有与儿童有关的外出和旅途中应保证至少有两名成人在场。

（二）完善校园性侵害举报制度和程序

首先，各教育机构应建立儿童性侵害举报程序和制度，支持机构工作人员对性侵害儿童问题进行监督和揭发，同时鼓励儿童披露和举报正在或已经发生的性侵害行为。建立完善的关于儿童性侵害举报程序和制度需要多部门、跨专业的联动协作。因此，学校应通过与社会组织如律师事务所、社会工作机构、

---

① 张荣丽. 校园性侵害预防机制的原则与框架研究［J］. 中华女子学院学报，2020，32（3）：5-15.

志愿组织、医院和国家行政机关（如公安部门、检察院、法院等）沟通和协调，吸纳社会组织和相关国家机构的意见，通过与以上部门的合作确保设置的儿童性侵害举报程序和制度符合我国法律，同时在合作过程中获得有关留守儿童保护的外部支持资源①。在农村，乡镇和乡村社区中的学校机构同样应获得本地区相关组织如共青团、妇联、派出所、镇法院等机构的支持，建立本部门的儿童性侵害预防制度。

其次，明确学校教师、其他工作人员在儿童保护方面的责任。学校应通过制度建设明确教职员工在儿童保护方面的义务和承担的责任，即监督本部门的员工同时对其他危害儿童性安全的人员同样负有举报责任。特别是对于留守儿童、残障儿童等，教师应密切关注以上儿童群体在性安全方面存在的风险状况，通过家访、谈话的方式了解儿童安全存在的问题，及时发现儿童监护、保护等方面存在的疏漏，以确保儿童性安全。

再次，学校性侵害举报制度应明确举报的行为范围和途径，如根据了解的性侵害问题向公安机关、上级教育部门等进行举报，并列明举报的方式，如信箱、电话、微信、公众号等。

最后，应明确举报的具体流程。相关举报制度应确定具体的举报流程，如针对涉及举报者和儿童个人信息、性侵害具体过程等应做出相应的规定，尽量降低举报可能造成的对受害者和举报者的潜在伤害。

（三）细化留守儿童学校内保护政策

首先，2020年新修订的《中华人民共和国未成年人保护法》第40条规定学校等教育机构发现有关儿童性侵害、虐待的情况应及时报告，并应当在校内建立相应的预防制度等②。这些政策明确指出了学校、幼儿园等有责任建立预防未成年人性侵害的有关制度，这无疑对加强儿童校内保护提供了法律依据。然而上述政策既无对建立儿童性侵害校内预防制度明确的责任、义务认定，同时也缺乏对没有及时制定相关制度的学校责任主体的法律监督和约束政策，这很容易导致基层学校和教育机构报以投机的态度对待相关法律规定。

其次，学校和幼儿园有责任针对儿童性侵害问题向公安机关、教育行政部门报告。然而，学校和幼儿园等机构往往出于维护机构本身的利益，选

---

① 龙迪. 性之耻，还是伤之痛：中国家外儿童性侵害犯家庭经验探索性研究［M］. 桂林：广西师范大学出版社，2007.

② 全国人民代表大会. 中华人民共和国未成年人保护法（第二次修订）［EB/OL］. 中国人大网，2020-10-17.

择隐瞒性侵害状况或者与儿童监护人达成某种协议，从而导致儿童性侵害问题无法及时处理。因此，应明确对于没有及时向公安机关和教育行政机构报告的学校相关责任人的处罚措施，以强化学校责任主体本身的法律责任和义务。

再次，《中华人民共和国未成年人保护法》虽然规定了学校有责任"应当"对儿童实施性教育，但是对性教育的内容、实施形式，学校在儿童性教育过程中的责任、义务以及违反相关法律规定应承担的责任等缺乏明确的规定，这显然降低了法律本身的强制力以及学校执行法律政策的动力。

最后，《中华人民共和国未成年人保护法》规定学校应当对遭受性侵害的儿童进行支持和帮助，但没有明确进行帮助和支持的内容、形式、主体等。因此，《中华人民共和国未成年人保护法》关于儿童学校保护的内容应进一步细化或者出台专门的保护性法律。

三、强化校内预防性侵害教育项目建设

国家通过出台相关性侵害预防教育意见或政策，制定统一的预防性侵害教育教案和课程标准，并将预防性侵害教育纳入义务教育阶段的课程学习中，同时协调基层政府、学校、社会工作机构、志愿服务组织等在预防儿童性侵害教育中各自的工作内容、权利、义务等。当前预防性侵害教育课程和制度建设应确立以学校为本的教育制度体系，渐次开展针对不同年龄留守儿童等未成年人的预防性侵害教育工作。校本教育指的是在学校、幼儿园等教育机构开展的有关儿童安全、儿童保护的预防教育①。以学校为本的儿童性侵害预防教育应联合学校、社会工作机构、志愿服务组织等共同开展。

第一，预防性侵害校本教育项目是以儿童为中心的。预防教育以儿童为重点，受过训练的学校教师、专业机构工作人员通过开展讲座、举办儿童教育项目等形式开展适合儿童年龄阶段、身心特点的预防性性侵害教育项目。当前国外学术界针对儿童性侵害教育的方案有诸多不同类型，这些不同方案虽然在教学方式、教学时长等方面存在许多差别，但是大多数都包括教授与提高儿童的自尊、教会儿童学会说"不"、帮助儿童习得身体安全技能以及区分可接受和不可接受的接触有关的概念②。总结分析国外儿童预防性侵害项目，其主要教育内

---

① GIBSON L E, LEITENBERG H. Child sexual abuse prevention programs: Do they decrease the occurrence of child sexual abuse? [J]. Child Abuse & Neglect, 2000, 24 (9): 1115-1125.

② MILTENBERGER R G. Training and generalization of sexual abuse prevention skills for women with mental retardation [J]. Journal of Applied Behavior Analysis, 1999, 32 (3): 385-388.

容包括以下方面：帮助儿童学会对潜在性侵害者意图对他们实施性侵害而设置的"诱饵"说"不"；帮助儿童掌握离开风险情境的技能；使儿童能够确知可以寻求帮助以及如何向值得信任的成年人披露①；帮助儿童了解基本的性侵害医疗知识②和身体隐私部位的术语③等。

校本预防性侵害教育项目应包含以下内容：帮助留守儿童等未成年人了解儿童性侵害的概念，如性权利、身体所有权、关于触摸连续性的信息（好/介于好坏之间/坏），以及有关适当和不适当秘密之间的区别，使儿童明确认识到造成性侵害的不是个人责任，避免儿童的受害者责任归因；帮助留守儿童等获得有关自我保护的策略，如紧急避险、相信自己的直觉，当遇到使自己不舒服或者感到危险的事情时能够及时寻求帮助；帮助儿童识别可能遭受性侵害、虐待等的风险情境和潜在性侵害者特征，使儿童能够明晰造成性侵害的情境主要包括哪些类型，同时使他们明确任何人都有可能对他们施加性侵害，潜在性侵害者可能是陌生人，也可能是监护人、教师、医生、邻居以及儿童可能熟悉或认识的其他人，可以是男性也可以是女性，并且使儿童了解潜在性侵害者可能使用的对他们实施性侵害的手段等；帮助儿童获得关于支持系统的知识，使儿童确知老师、监护人、医生、警察等是他们可以寻求帮助的对象，使儿童知道在哪里可以获得（匿名）咨询，使儿童知道如果他们经历了实际或潜在的虐待，该怎么办（持续向受信任的成年人披露相关信息）④；帮助儿童矫正可能存在的受害者有罪论等思想观念，提高儿童维护自我权利的意识。

① BOLEN R M. Child sexual abuse：Prevention or promotion？［J］. Social Work，2003，48（2）：174–185.

② RENK K. Prevention of child sexual abuse：Are we doing enough？［J］. Trauma，Violence & Abuse，2002，3（1）：68–84.

③ BOYLE C L，LUTZKER J R. Teaching young children to discriminate abusive from nonabusive situations using multiple exemplars in a modified discrete trial teaching format［J］. Journal of Family Violence，2005，20（2）：55–69.

④ BRASSARD M R，FIORVANTI C M. School–based child abuse prevention programs［J］. Psychology in the Schools，2015，52（1）：40–60.

表7-1　儿童预防性侵害学校教育项目

项目名称	儿童年龄	项目内容	项目目标	课程时长
身体安全训练	3~8岁	通过模型、示范、角色扮演的形式强化儿童自我保护意识，并通过反馈提高项目的效率；通过图片教学、家长信、海报、视频、歌曲和故事书等形式与儿童讨论与触摸有关的内容	促进儿童认识身体隐私部位，安全和风险性接触以及如何披露性侵害行为；增加儿童对安全规则的了解和遵守，以自信的方式行事，识别安全触摸和不安全触摸的区别，并遵守有关触摸的安全规则	10课时
合适与不合适的感觉	9~12岁	通过放映影片以及讲座和角色扮演的形式指导儿童；通过开设专门课程、举办讲座、播放视频、故事卡片、书籍的形式帮助儿童理解哪些触碰是不允许的，同时通过角色扮演的形式帮助儿童加深理解	帮助儿童了解被触摸时自己恰当的反映以及寻求帮助的途径，了解隐私部位的名称和建构个人自信；教导身体安全规则、身体所有权，教会儿童敢于对性侵害说"不"和向谁寻求帮助	15~18小时课堂学习
儿童性侵害保护	13~16岁	角色扮演与指导性团体工作讨论	教授儿童自信，增加儿童与成年人的沟通、披露技巧；提高儿童自尊自立的精神和意识，帮助儿童了解身体安全、保密规则，提高对陌生人的风险意识	根据教学安排和儿童身心发展每周25~40分钟培训
儿童性侵害支持	3~16岁	通过角色扮演、图片、视频、讲授的方式使遭受性侵害的儿童能够获得外部支持	帮助儿童认识遭受性侵害后需要向信任的成人寻求帮助、支持；保留性侵害的相关证据；在信任的成人或朋友的帮助下获得医疗服务；接受心理辅导	根据儿童身心发展每周15~40分钟培训
儿童参与	3~16岁	通过角色扮演、图片、故事、视频等形式帮助儿童对看到或听到的性侵害事件提供外部帮助	帮助儿童确立"不做旁观者""不霸凌同学"的观念，使儿童参与到性侵害支持的行动中	根据儿童身心发展每周15~40分钟培训

在以上教育项目中，应重点帮助年幼儿童了解性侵害知识，如性器官的正

确名称和自我保护技能。调研和相关研究都发现，年幼儿童无法给潜在的性侵害情况贴上这样的标签或对活动进行定义，根本原因在于儿童无法识别什么是性侵害行为，同时也无法对生殖器官给予正确的名称。因此，帮助年幼儿童了解正确的身体术语对他们而言具有重要意义，通过学习他们能够有效地与监护人沟通感觉不舒服的触摸，并通过具象化的语言描述事情发生的过程，而使用不正确的儿童术语，他们的披露可能不被理解。有研究显示性侵害犯者不太可能以知道性方面的事情儿童为目标，因此学习相关知识能帮助年幼儿童有效避免遭受性侵害的风险。在以上教学项目中，应根据不同年龄段的儿童制订不同的预防方案，并确保儿童能够正确理解所教授的知识，并针对有精神或身体残疾的儿童制订适应性方案。

此外，在中国文化背景下应重视对儿童身体、权利、隐私的相关教育。帮助儿童确立身体自主权利意识，使他们能够认识自己对身体的自主权利，能够维护自己身体的自主权利。同时，通过教育使儿童能够认识到自己身体的安全界限，明确自己身体隐私部位并能够正确说明，同时树立对自己身体和隐私器官的正向的态度和感受。通过性健康教育在帮助儿童树立身体权利的基础上，使他们在维护自身权利的同时也能够尊重其他人的身体权利，能够在相互尊重的基础上树立平等、共情、安全、沟通的积极人际关系，并能正确区分不健康的人际关系。

第二，建立教师儿童预防性侵害培训制度。教育部、国家发展改革委、财政部、人力资源社会保障部、中央编办五部门出台的《教师教育振兴行动计划（2018—2022 年）》中指出，开展"师德养成教育全面推进行动"，针对乡村教师的培训，"培训内容针对教育教学实际需要，注重新课标新教材和教育观念、教学方法培训，赋予乡村教师更多选择权，提升乡村教师培训实效"[1]。以上政策规定对提高教师职业素养以及教学质量具有重要作用，然而缺乏对教师有关儿童性侵害预防培训等层面的专项政策规定。教师是儿童保护的重要力量，同时也承担对儿童性侵害预防教育的主要责任，教师在缺乏相关儿童性侵害预防知识背景下无法更好地承担儿童性保护责任。因此，儿童性侵害预防教育应作为国家培养师资的重要内容列入相关师范院校专业课程中。

同时，儿童预防性侵害教育知识也应作为教师入职专业资格考试的主要内容，由国家组织力量进行专业测试并发放合格证书。在教师培训计划中应将儿

---

[1] 教育部等五部门关于印发《教师教育振兴行动计划（2018—2022 年）》的通知［EB/OL］. 中国政府网，2018-03-28.

童性侵害预防作为重要的培训内容列入国家教师培训计划。在师范性高校课程设置和教师培训方面，国家教育部门应出台统一的课程计划、教材，重点加强对预防儿童性侵害犯的知识，如儿童性侵害犯的定义，性侵害的现状，性侵害手段，促使儿童性侵害发生的风险因素、机制，保护因素、机制，儿童性侵害犯的表征等内容的教育、培训。此外，在其他普通高校和专业学位/学历教育以及职业教育中，应增加儿童性侵害相关课程的设置。在社会工作、心理学、社会学、教育、医学、公共管理学等学科领域中设置儿童性侵害有关的课程，将在很大程度上提高以上专业学生对儿童保护、儿童性侵害的认知。由于以上专业与儿童性侵害防范及儿童保护密切相关，通过对相关专业学生的儿童性侵害预防教育，也能够间接性地增加基层学校可资利用的外部支持资源。

第三，开展教师预防儿童性侵害培训。加强对教师的性健康教育、权利与责任教育。性健康教育包括，通过性健康教育培训教师关于儿童不同年龄阶段身心发展特点，提升教师对与儿童交往中健康行为、越界行为以及有害行为的认识。权利和责任教育包括培训教师形成健康的师生关系，注重维护儿童权利，避免教师权利滥用而对儿童造成的剥削；引导教师挑战父权制文化和性别刻板印象、性别歧视、不尊重儿童权利的现状；教师有责任保护儿童免于遭受各种性侵害、虐待等行为。同时在培训范围方面应注重全员参加，既包括任课教师、学校领导、行政工作人员，同时还包括学校后勤、保卫等工作部门的人员，并且根据教职工工作范围不同，县、市级教育主管部门应制定不同的儿童预防性侵害培训材料，制定不同的培训计划和培训标准以及考核要求。

总之，针对留守儿童等未成年人性侵害预防既需要国家在法律制定层面构建严密的防护网络。同时，作为留守儿童等未成年人主要生活场域的学校也应建构完善的儿童预防性侵害制度措施。基于此，国家法律制定机构和部门应进一步规范当前的相关法律规定。一方面提高法律本身的威慑力；另一方面还应注重与儿童性侵害预防相关的不同法律之间的耦合性。此外，国家教育主管部门以及地方教育行政机构应引导学校建立预防儿童性侵害的制度规范，既保证儿童在校园物理空间中的安全，同时也提高儿童预防性侵害的技能和知识。根据生态系统理论，围绕儿童的系统中除了微观系统之外，中观系统和宏观系统同样对预防儿童性侵害发挥了重要作用。其中留守儿童家庭、社区等构成了预防儿童性侵害中观系统的主要部分，强化家庭监护能力和社区安全对确保儿童安全具有重要意义。在此过程中，为农村社区留守儿童家庭提供外部支持，充分利用社区内部资源和外部资源，为留守儿童家庭构建较为完善的支持系统将能够降低儿童遭遇性侵害风险的概率，同时也能够在性侵害发生之后为儿童及时提供支持和帮助。最后，在全社会营造有利于儿童成长和保护的社会氛围和文化环境成为在生态系统宏观方面需要做的重点工作。

第三节　农村留守儿童性侵害风险防范的
家庭保护策略回应

2016 年 2 月 14 日，国务院印发的《关于加强农村留守儿童关爱保护工作的意见》（以下简称《意见》）中提出要强化家庭的监护责任①，《意见》中指出监护人不得使不满 16 周岁的儿童单独生活，父母外出务工时应携带儿童一起生活，由于客观原因无法与儿童一起生活时应为儿童寻找有监护能力的监护人。新修订的《中华人民共和国未成年人保护法》中将以上相关意见以法律的形式明确下来，并且《中华人民共和国未成年人保护法》中明确指出，监护人应为未成年人创造安全的生活环境，并提高他们的自我保护意识和能力。就此而言，在留守儿童性安全保护中家庭无疑发挥了核心作用，然而强调家庭责任、家庭监护的同时也应该为监护人和留守家庭提供外部支持，提高他们的监护能力。基于此，当前在制定具体的有关留守儿童家庭保护的政策层面应加强对监护人儿童性安全意识和保护能力的培训，强化家庭保护的水平。

一、提升监护人儿童性安全意识和保护能力

受传统文化、农村社区风俗习惯等多重因素的影响，监护人缺少留守儿童性权利观念以及性保护意识，导致监护人缺乏关于儿童性侵害风险防范的能力和措施。因此提升监护人关于留守儿童性侵害风险意识并培育其防范能力是强化监护人监护能力的重要内容。

第一，出台提升留守儿童监护人监护能力的政策措施。基层乡镇政府部门应通过开展留守儿童性安全、性保护讲座的形式邀请相关专家对留守儿童监护人、村社留守儿童福利员、留守儿童代理家长、学校教师等进行分批次培训，逐步提高监护人、教师等保护留守儿童性安全的意识。

第二，提升监护人等人员关于留守儿童性侵害危害和性安全的能力。在针对监护人的儿童预防性侵害教育中应包含以下五点，如图 7-1 所示。

---

① 韩嘉玲，张妍，王婷婷．农村留守儿童的家庭监护能力研究［J］．南京工业大学学报（社会科学版），2016，15（2）：82-91.

```
                    ┌──────────────┐
                    │ 儿童性侵害风险状况 │
                    └──────┬───────┘
                           │
┌──────────────┐          ▼           ┌──────────────┐
│ 潜在性侵害者特点 │────→ ┌────────┐ ←────│  儿童性侵害形式  │
└──────────────┘        │ 儿童监护人 │      └──────────────┘
┌──────────────┐ ────→  └────────┘ ←──── ┌──────────────┐
│  儿童性侵害危害  │          ▲           │   儿童性权利   │
└──────────────┘           │           └──────────────┘
                    ┌──────────────┐
                    │  儿童性侵害责任  │
                    └──────────────┘
```

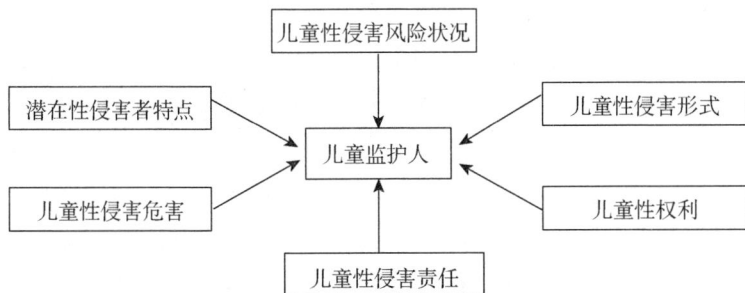

图 7-1　监护人预防儿童性侵害教育内容

其一，提高监护人对留守儿童性权利的意识。儿童是独立的个体，具有与成人一样的权利，包括性权利、受教育权利等不同层面的权利，保护儿童既是儿童健康成长的必要条件同时也是维护家庭利益的重要内容。监护人既要保障儿童基本的生存权、受教育权，也要保障儿童免于遭受性侵害、性虐待的风险。如果监护人无法为儿童提供及时的保障，那么监护人将会被剥夺监护权，同时还要承担法律责任。监护人应与儿童建立平等的亲子关系以及和谐的家庭关系，这将有助于营造安全的家庭环境，使儿童能够在较为轻松的环境下与监护人讨论性相关话题。

其二，提升监护人的识别和预防性侵害的能力。施加性侵害者具有多样化特征，陌生人施加性侵害只是造成儿童面临性侵害风险的来源之一，更多的是熟人关系网络中的人员施加的性侵害。同时，性侵害者无论年龄、性别、地域、身份等都可能会施加性侵害，在村落社区中监护人、邻居、教师、亲属等都可能是潜在性侵害者。

其三，村落社区中社区环境的复杂性可能会增加儿童遭受性侵害的风险，因此监护人应确保儿童生活情境的安全性，并保证儿童能处于自身监护范围内。

其四，针对儿童实施性侵害可以有多种形式，包括身体接触、非身体接触和网络性侵害。熟人对儿童身体接触并非都是恰当的，他们关于对儿童身体接触所给予的理由如"闹着玩""疼爱"等可能是对其性侵害行为的掩饰和装扮，监护人对此应保持一定的敏感性。

其五，对儿童施加的性侵害会对儿童生理、心理等造成严重伤害，及时的介入和提供支持将有效降低性侵害对儿童的负面影响。

其六，相对于性侵害者而言，儿童处于全面弱势地位，因此仅仅依托儿童自身无法抵制性侵害的发生。针对儿童性侵害是性侵害者的责任而非儿童的责任，应避免受害者责任论的发生。

第三，儿童风险情境规避。理性选择理论指出，犯罪情境是导致潜在性侵害者实施犯罪的主要影响因素，因此，在针对监护人实施的儿童性侵害预防性教育中应强调对风险情境的识别教育。其一，通过小组讨论或者讲座等形式使儿童监护人明确自己在保护儿童免于遭受性侵害风险中的责任，以及自身在儿童生活情境保护中的角色和作用。其二，潜在性侵害者可以是任何人，同时他们可能在任何监护人缺场的情境下对儿童施加侵害，因此监护人应注意儿童所处的情境是否安全，避免儿童与任何监护人没有掌握充分背景信息的人单独相处。其三，村落社区并非完全安全的环境，在村落社区中也存在诸多风险性因素，因此监护人应确保儿童在村落社区中的活动处于监护人的监管之下。其四，监护人应平衡家务劳动、农业劳动和儿童照护之间的关系，尽量避免在儿童单独的情况下从事农业劳动。其五，监护人应注重观察儿童的网络交友以及网络休闲活动，能够对儿童上网行为进行监督，避免儿童接触网络色情信息。其六，应及时与儿童交流学校生活、同辈交友情况、师生关系等，避免单纯关心儿童学习而忽略儿童情感等心理问题。

第四，营造安全的家庭环境。家庭环境是儿童成长发展的首属环境，可通过强化家庭的保护机制阻断导致留守儿童等未成年人性侵害风险，以便减少潜在性侵害者接近儿童的可能性，从而预防来自家庭内部和外部的性侵害。其一，监护人应尽量减少儿童留守情况，在家庭利益以及家庭安排中应充分考量儿童利益，尽量避免儿童被留守的状况。其二，应使监护人明确来自家庭内部以及熟人的性侵害是导致儿童性侵害风险发生的主要因素，因此外出务工父母以及其他监护人应及时与儿童沟通心理和情感问题，而非单独规训儿童应顺从以及只关心儿童学业表现问题。其三，在家庭居住安排中应注重维护儿童隐私，确保儿童居住空间安全。其四，当父母等外出务工无法对儿童进行监护时应选择足够信任的家庭、家人、亲属等对儿童进行监护，避免单亲家庭对儿童实施监护，同时应及时与儿童沟通监护情况，并留意儿童在通话、视频中的异常表现，避免单纯安抚或压制儿童情感表达。其五，监护人应与儿童建立平等、和谐、稳定的亲子关系，与儿童讨论与性侵害以及自我保护等有关的话题。在构建健康的亲子关系的基础上，监护人应相信儿童的话语表达，并使儿童确信自身发生任何不舒服的事情，无论是遭受威胁、侵害还是其他方面的遭遇，都应该及时告知家长或监护人，监护人并不会因为儿童披露相关信息而责备儿童。其六，在家庭教育中应确保自己与儿童之间能够自然、开放地谈论性话题或与儿童预防性侵害有关系的话题，但不应取笑儿童身体以及用儿童性器官开玩笑。

第五，引导、鼓励、支持用工单位建立提升外出务工父母儿童保护意识措施。当前,我国针对外出务工父母和留守儿童日常互动、交流等建立了相应的保障性举措,不过外出务工父母对留守儿童性安全、性侵害等问题仍然缺乏足够的警惕性,对由于外出可能导致的儿童心理健康状况缺乏科学的认知。因此,有必要引导、鼓励和支持用工单位对外出务工父母进行相应的儿童安全培训,提高他们对留守儿童安全的监督、约束能力。

二、建立农村留守儿童的家庭监护监督制度

建立完善的留守儿童监护监督体系。《中华人民共和国未成年人保护法》中规定,居委会、村委会负责对儿童家庭监护情况进行监督,对无法履行监护责任或监护懈怠情况要及时通知有关部门加以处理。国务院《关于加强农村留守儿童关爱保护工作的意见》中也指出学校、居委会等留守儿童生活环境中的主要机构应及时发现和报告留守儿童监护缺失以及遭受遗弃、虐待等问题。同时《中华人民共和国民法通则》中规定我国监护监督主体为人民法院和政府民政部门。就法律制度和相关的政策意见来看,我国目前基本健全了家庭监护监督制度,不过研究者认为仍然需要做好以下工作。

第一,建立留守儿童监护监督人制度。在农村社区建立监护监督人制度,用以确保留守儿童能够得到有效监护。监护监督人的产生必须经过法定程序,可以由村委会在前期调研的基础上向民政、法院等行政和司法部门推荐,或者由县留守儿童关爱保护工作小组指定或者通过乡镇、村委会等组成的专门性监护监督小组对辖区和村落社区内部的留守儿童监护情况进行及时、定期性的反馈和监督①。同时为了更好地对留守儿童监护人的监护情况进行监督,在监护监督人的安排方面应将与监护人存在利益相关关系的亲属等排除在外。

第二,强化对基层村委会和相关机构等部门工作人员的培训。《意见》中指出,村委会、学校、社会工作机构等组织工作负有对留守儿童监护状况和安全状况的强制报告责任。然而,留守儿童性侵害、性安全、虐待等问题是涉及专业知识领域的问题,因此为切实保障以上部门能够发挥相应的责任,应加强对以上组织和部门工作人员的培训。

第三,完善建立家庭调查走访制度。落实村委会、学校、社会工作机构等部门和组织家庭调查走访制度,家庭走访不仅需要对儿童监护状况进行监督,还应对留守儿童自身进行走访,对其学习状况、心理健康状况、日常生活方式

---

① 聂应德,康钊.义务教育阶段留守儿童监护人类型及对其成长影响分析 [M].成都:电子科技大学出版社,2016:188.

等进行调查,以确定其生活场域中可能存在的性侵害风险因素,并在走访过程中及时对监护人和儿童进行自我保护教育,提高其自我保护能力。应重点对单亲家庭留守儿童,残障留守儿童,母亲或女性监护人缺失以及患有疾病家庭的留守儿童,离婚重组家庭、收养家庭监护留守儿童,家庭经济条件较差家庭的留守儿童,由直系亲属之外的其他亲属监护的留守儿童进行走访调查。

第四,建立针对留守儿童监护的监督机构。国外大多数国家都建立了专门的未成年人监护监督机构,针对我国农村留守儿童和家庭情况,应考虑在民政局、民政所设立留守儿童监护监督机构①,该机构应作为基层留守儿童关爱保护工作联席会议或者其他保护工作机制中的重要参与力量,负责对留守儿童性教育、心理健康教育、监护状况等进行监督,在人员方面,可以由民政部门主管福利的人员担当或是通过政府购买的方式由农村儿童社会工作者结合村委会、居委会工作人员来承担。

三、建立农村留守儿童保护社区支持体系

社区支持体系应立足于家庭、社区、学校、社会工作机构进行有序互动。这种互动需要各参与机构能够有效整合各自资源、协调各自工作内容,并熟悉对方在留守儿童保护工作中承担的责任,以更好地协调和配合。

首先,引导社区一般公众关注留守儿童性侵害议题。农村家庭监护需要社区成员的支持,形成"谴责性侵害者""对留守儿童性侵害零容忍"的社区公众态度,塑造有利于留守儿童性安全的社区环境。农村社区空心化、青壮年劳动力的外移使社区保护力量缺失,村民行为缺乏其他社区成员的监督,同时由于社区居民普遍存在留守儿童性保护、性权利意识缺乏问题,儿童在遭受性侵害时无法得到社区居民的支持,甚至容易受到社区居民的性侵害。因此,应通过社区宣传、培训、广播等形式提高社区居民对留守儿童性侵害、儿童性安全的意识。具体包括对留守儿童性侵害危害、留守儿童性侵害犯罪性质、保护留守儿童免遭性侵害的意义等的广泛宣传,将留守儿童性安全保护由家庭关注的个人秘密议题转为公共议题,引导广大农村社区居民关注儿童性安全保护,减少社区公众对儿童性侵害漠视以及对遭受性侵害儿童及家庭污名化现象,进一步降低社区舆论责备受害者、责备家庭等对留守儿童性侵害受害者和家庭造成压力和伤害的程度。在此基础上,社区宣传还应挑战社区长期存在的父权制文

---

① 陈钊. 我国成年人监护制度立法完善研究 [M]. 北京:中国人民公安大学出版社, 2019:238-240.

化对儿童性权力、性话语的压制和否认，以及传统性别观念、孝道观念、贞操观念等对儿童性安全造成的负面影响。村落社区宣传应注重塑造全社区对儿童人身权利的尊重、保护儿童不受任何形式的伤害的氛围，强化社区居民对儿童性权利，身体权利的认知以及危害儿童性权利、身体权利等会受到法律制裁的认识。提高社区公众一般性的识别和预防留守儿童性侵害的意识和能力。一般而言，农村社区公众是留守儿童性安全保护的守望者（bystander），他们形成了围绕留守儿童家庭外部的支持性资源。因此，提高社区公众识别和预防留守儿童性侵害的意识和能力不但会阻止社区居民中存在的潜在性侵害者可能实施的针对留守儿童的性侵害行为，同时还会为留守儿童和家庭提供来自家庭外部的支持。针对社区居民的留守儿童性侵害预防教育应包括帮助社区居民识别危险行为信号，评估留守儿童的处境是否存在风险，如何进行恰当的介入行为以及如何向公安机关、村委会、监护人举报等。

其次，强化学校与留守家庭的协作互动。将留守儿童监护人监护能力培训与教师培训和教师教育结合起来，利用基层学校在保护留守儿童方面的资源和力量，建立社区家长学校管理体系。可以在镇中心学校或者留守儿童数量较多的村落学校建立社区家长总校，负责统筹周围几个村落留守儿童监护人的监护培训和家庭教育，并将教师家庭走访与家庭教育相结合，摆脱单纯由教师走访实施的保护措施，将教师、监护人、留守儿童访问与座谈三者统一于家长学校制度中。同时，总校应当对分校的家庭教育和留守儿童保护的其他方面工作进行监督管理，保证教育的质量。同时总校应从宏观方面为分校家庭教育制定大纲、管理制度，统一部署好各分校有关家庭教育的内容和进度。在总校的指导下，分校根据自身情况开展本校家庭教育工作。

最后，引导社会工作专业力量参与留守儿童性侵害预防工作。作为专业的助人专业，社会工作在预防留守儿童性侵害风险以及对其及进行支持性服务方面发挥了重要作用。当前，我国农村社会工作发展仍然较为薄弱，社会工作者参与留守儿童保护工作方面的力度仍然不大，因此培育农村社会工作力量是引导社会工作参与农村留守儿童保护的首要条件。

总之，留守儿童性侵害的政策回应应立足于留守儿童社会生态系统内多部门、组织和人员的培训和教育，防止政策在实施过程中的空心化现象即政策难以贯彻落实问题。同时，在多元福利治理理论视域下政府应充分承担起作为留守儿童保护主体的责任，完善当前有关留守儿童性安全的法律、法规，逐步构建专门统一的预防儿童性侵害和儿童保护的法律制度，强化针对留守儿童等未成年人实施犯罪的潜在犯罪分子的法律震慑力度，提高农村留守儿童及家庭法律援助服务的可及性，进一步做好普法工作。在此基础上，各级政府部门应引导学校建立完善的留守儿童性侵害预防和举报制度，减少校内发生的针对留守儿童的性侵害犯罪，并且以学校为主体建立性教育课程体系，提高留守儿童、教师、监护人等的预防儿童性侵害的意识和能力。社会工作、志愿者组织等作为多元社会福利体系中的重要组成部分，应发挥其在留守儿童性侵害预防和支持性服务方面的作用，鼓励、支持社会工作机构、社会工作者参与留守儿童安全和保护工作中。

第八章

农村留守儿童性侵害的社会工作介入

2016 年 2 月，国务院颁布了《关于加强农村留守儿童关爱保护工作的意见》，其中明确指出社会力量应参与农村留守儿童关爱保护网络的建立。作为一支重要的社会力量，专业助人的社会工作应在留守儿童性侵害保护和救助方面发挥应有的作用。社会工作者在农村留守儿童性侵害预防和救助工作中应充分发挥社会工作专业的特色和优势，扮演好教育者、资源链接者等角色，同时应注重利用农村社区中已存在的救助和帮扶力量，保持文化敏感性并将专业知识和地方性知识相结合，为留守儿童和家庭提供适合的社会工作专业服务。

第一节　社会工作介入农村留守儿童性侵害的视角

社会工作者在介入农村留守儿童性侵害问题过程中应注意采取契合本土实践需要的视角和方法。其中需要注意文化敏感性视角和地方性知识视角在社会工作介入留守儿童救助和帮扶工作中所发挥的作用。

一、社会工作介入的文化敏感性视角

针对留守儿童、监护人进行服务介入时社会工作者应注意文化敏感性（culture sensitivity）问题。在社会工作领域，文化敏感性是社会工作本土化和本土实践过程中的重要问题[1]，社会工作者应注重文化敏感性在实务中的作用[2]。基于文化敏感性对社会工作实务的影响，社会工作者应该熟悉并理解案主的文化和行为方式，并在自身的干预措施和介入方案中考虑案主具备的规范和价值观。

---

① 尹新瑞. 国际社会工作本土化研究的回顾与省思——兼论对我国社会工作本土化的启示 [J]. 华东理工大学学报（社会科学版），2019，34（4）：1-13，25.

② NEHAMI B. Social Work Practice in Conflict-Ridden Areas: Cultural Sensitivity Is Not Enough [J]. British Journal of Social Work，2006，37（5）：873-891.

在实务工作中社会工作者如果不能正确地理解案主的文化背景和意识形态，很容易将自己的文化和价值观念强行施加于案主身上，从而形成一种文化上的压迫。缺乏文化敏感性也会进一步导致社会工作者提供的服务难以契合案主的需要，并且会造成社会工作者与案主之间在互动过程中的紧张和隔膜。同时文化敏感性也要求社会工作者反思自身的理论负载（theoretical laden）和文化负载（culture laden）① 是否能够提供一种合适的观照案主问题和需求的框架，即在社会工作者与案主互为主体性的过程中社会工作者所受的社会工作价值、理论和方法训练是否能够真正提供一种适合于在地社会服务的工具。

农村社区民众在长期生活过程中，已经形成了独立的关于文化习俗、生活方式、求助途径以及困难的解释等方面的观念和看法，因此即便是社会工作者与服务对象处于相同文化背景，其是否能够娴熟运用本地文化与服务对象交流，同时又能够使自身的理论视框正确、契合解读服务对象的问题，也成为社会工作者文化敏感性需要重点考量的问题。因此文化敏感性一方面意味着社会工作者在进入一种与自身完全不同的异文化的社会工作服务环境时，要保持一种文化敏感性；另一方面，社会工作者进入与自身有相同文化背景的服务环境时，同样需要反思自身具备的理论训练以及建构其上的服务方法、观察视角能否真正为服务对象所理解和接受②。当社会工作者能够进入农村社区并与服务对象即留守儿童、监护人以及其他相关人员互动，提供服务时，特别是当社会工作者面对遭受潜在性侵害风险，以及遭受性侵害寻求支持性帮助的留守儿童及其监护人时，不但需要反思自身的文化背景和专业训练是否造成了对案主困难和问题的误读，避免将自身价值观和对问题的看法强加于服务对象，同时社会工作者也要注意自身能否熟练运用当地的知识和文化与案主互动和交流，并提供适合其风俗习惯和生活观念的服务模式。

对留守儿童性侵害风险介入的社会工作者还应注重对影响留守儿童和监护人对性权利、性侵害、求助网络以及处理模式看法的文化因素的深入考察。换言之，社会工作者应对影响留守儿童和监护人的父权制文化、受害者有罪文化、

---

① 理论负载和文化负载分别指的是研究者在学科训练过程中形成的知识和理论框架，这成为研究者观察问题的视框。文化负载指的是研究者自身所背负的文化传统和了解系统，它们是研究者对于被研究者不同的生活世界进行区辨和转译的凭借。潘英海. 文化识盲与文化纠结：本土田野工作者的"文化"问题［J］. 本土心理学研究，1997（8）：37-71；［美］艾伦·G. 约翰逊. 见树又见林：社会学作为一种生活，实践与承诺［M］. 成令方，等译. 台北：群学出版有限公司，2006.

② 古学斌，张和清，杨锡聪. 专业限制与文化识盲：农村社会工作实践中的文化问题［J］. 社会学研究，2007，22（6）：161-179.

面子文化、孝道文化等保持一种文化敏感性。以上这些文化类型作为留守儿童性侵害过程中的背景性因素，深刻影响了留守儿童性侵害产生的原因、受害者对问题的披露以及求助模式、监护人自身对儿童性安全的保护措施等。无疑，父权制文化、面子文化以及受害者有罪文化等塑造了受害者、性侵害者、监护人的惯习，这种文化构成了一种符号暴力在潜移默化中使性侵害对象接受这种风险处境。因此，文化敏感性要求社会工作者能够对影响留守儿童和监护人惯习的文化，以及影响这种文化再生产的社会经济地位保持一种文化敏感性。此时文化敏感性的社会工作所基于的轴心原则是对父权制文化、面子文化以及儿童性权利、儿童性话语缺失的"普遍性或主导性世界观的永久性质疑"①。因此，社会工作的文化敏感性视角既要关注底层群体的自主性表达，同时也要关注影响他们对事物看法和世界观形成的社会经济和文化因素。

　　基于以上认识，培养社会工作者的文化敏感性，需要发展我们对有关父权制文化对留守儿童特别是对女童压迫状态的理解，并且需要提高社会工作者自身的反思能力。需要我们能够不断深入理解我们自身的文化负载和理论负载对我们理所当然的假设和行为的影响，以及这些假设和行为如何影响他人，并且对留守儿童及监护人关于性的文化体验以及他们对性侵害的认识和赋予的意义保持敏感。

　　基于此，对于社会工作者来说，首先，应理解父权制文化和农村社区风俗习惯等隐含的权力和权力再生产之间的关系，特别是留守儿童家庭教育、学校教育中包含的关于性脚本，性社会化的知识、风俗和生活样态。这些不同类型的关于性的文化模式构成了某种"文化无意识"或"心理习惯"或"内化的主人气质"，进而影响了个体关于性的认识。另外，培养自己的自反性认识，这种认识包括对塑造自身行为的惯习和场域的认识，分析自身对文化理所当然看法及其对文化认同和文化敏感实践的作用，反思社会工作者对性侵害、性教育等问题的看法是否也受到自身专业训练和文化背景的影响，如反思个人有关性侵害的价值观、态度和看法是什么，以及它们如何影响我们对农村社区群众的服务。

二、社会工作介入的地方性知识视角

地方性知识是著名人类学家克利福德·吉尔兹（Clifford Geertz）提出的重

---

① HOUSTON S. Reflecting on Habitus, Field and Capital: Towards a Culturally Sensitive Social Work [J]. Journal of Social Work, 2002, 2 (2): 149-167.

要概念，也是他主要学术贡献之一。克利福德·吉尔兹并未针对"地方性知识"进行严格的定义或规范性解释。在《地方性知识：阐释人类学论文集》一书中吉尔兹通过比较分析印度、马来西亚、印度尼西亚等不同文明传统的法律来阐明他对"地方性知识"内涵的界定。由对法律问题的阐释，吉尔兹进一步指出地方性知识不仅是在当地（local）文化中形成的自然而然的固有的知识，而且不同地方性知识之间不能构建简单的转译或调换。在"地方性知识"中，地方性不仅指不同时间、地域位置、阶层和具体问题，还涉及事件发生的地域特性和当地人对相关事件和事物的看法及想象力①，同时还与知识生产过程背景中的亚文化群体的文化与价值观，以及特定情境存在紧密联系。地方性知识形成的情境性特征以及与不同社会群体和文化背景之间的逻辑连接，使研究者和实务工作者既要关注知识本身的普遍适用性同时也应注意知识适用的具体情境条件②。由此言之，地方性知识不是指任何特定的知识，而是一种知识的类型，这种知识的类型是由众多不同文化类型的知识构成的，不同文化类型的知识系统构成了多样性的各种地方性知识。同时，地方性知识的情境性特征使得对知识的理解和应用必须考虑情境条件，并按照"文化持有者的内部视角"去加以探究和阐释。

2014 年由国际社会工作教育联盟（International Association of Schools of Social Work，IASSW）、国际社会工作者联合会（International Federation of Social Workers，IFSW）对社会工作专业的定义进行了重新界定，认为社会工作专业的基础在于实践，目的在于促进社会发展变革、社会凝聚力的形成和公众权力的提升。社会工作的专业核心在于社会公平正义、人权保障、集体价值和责任以及尊重多样性。社会工作专业理论基础既包含社会工作理论、心理学、社会学等人文科学，同时也包括本土知识等理论。③ 在关于社会工作知识基础的界定中，既包括来自社会学、教育学、心理学、社会行政学等学科知识，同时也强调本土知识对社会工作实践的重要性。本土知识在构建具有地方特色和适应性的社会工作实务模式中的重要意义在于，能够避免社会工作陷入专业帝国主义

---

① ［美］克利福德·吉尔兹. 地方性知识：阐释人类学论文集［M］. 王海龙，张家瑄，译. 北京：中央编译出版社，2000：17-18.

② 盛晓明. 地方性知识的构造［J］. 哲学研究，2000（12）：36-44.

③ IASSW General Assembly，IFSW General Meeting. Global Definition of Social Work［EB/OL］. https：//www. iassw － aiets. org/global － definition － of － social － work － review － of － the － global-definition/.

和西方殖民主义话语的陷阱中①，更好地为在地社会工作实践提供具有本土适应性的实务模式。

根据系统理论②，在农村社会工作实务过程中，围绕留守儿童保护已经形成了多个系统，其中既包括由社会工作者及其组织构成的改变主体系统，同时也包括留守儿童、留守家庭、监护人等组成的案主系统，此外还包含改变主体系统试图变革的那些对象即目标系统，以及在提供服务的过程中与社会工作者及机构一起工作的组织、人员和其他力量，如村级两委、社区公益组织、教师、学校、代理家长、村干部、乡镇基层政府等，即行动系统。在社会工作针对留守儿童性安全和性侵害防范及支持介入服务过程中，应注意利用行动系统中村委会、社区公益组织、乡村精英、乡村学校、教师、邻居等深谙地方性知识以及地方资源链接渠道的力量，与他们合作，从而嵌入当地已有的服务网络中，避免片面运用社会工作专业理论和方法构建一种不适合于本土的服务模式。在此背景下，地方性知识为不同行动主体之间相互理解、相互认识提供了一种文化背景性知识。因此，社会工作者需要与服务对象以及其他系统内部的人员在互动过程中了解服务对象的生活习俗、文化背景，形成基本的交往共识和规范共识。

基于此，社会工作介入农村社区留守儿童性安全保护和性侵害支持的过程，同时也是社会工作融入农村社区的过程，社会工作者需要逐步地被认可和接纳，需要在农村社区已有的规范下逐步与服务系统内部和外部成员建立联系。社会工作者需要不断深入理解地方性知识在农村社区生活，以及监护人认识性侵害和维护自身利益方面所发挥的作用，包括监护人已经习惯的处理类似事件的应对逻辑与对留守儿童性安全的观念与看法。同时，社会工作者还要在农村社区已有的文化脉络和行为规范的基础上嵌入乡镇和村落社区存在的留守儿童保护网络中。

在服务开展过程中，社会工作者需要不断观察和了解村落中已经形成的内部交往方式和人际关系结构，分析留守儿童生活环境中的亲属关系网络和监护人维护儿童安全的基本方式，以及亲属和监护人对于儿童性权利和性侵害的看法。同时，社会工作者还应注意观察村落社区中的人文环境、风俗习惯与建构

---

① COWLEY J, HOWLETT S. Professional Imperialism: Social Work in the Third World [J]. Critical Soc. Pol'y, 1982, 2: 114.

② [英] 马尔科姆·佩恩. 现代社会工作理论 [M]. 冯亚丽，叶鹏飞，译. 北京：中国人民大学出版社，2008：154.

于其上的留守儿童保护的方法和体系，分析这些与社会工作专业服务、方法之间的相似性和差异性。在此基础上，社会工作者应进一步了解留守儿童在家庭内部与监护人的互动方式、监护人的教育理念、监护人为留守儿童提供的照料类型以及监护人自身对参与儿童性侵害支持和预防服务的观点等。此外，社会工作者还应了解村落社区和乡镇中已经建立的关于留守儿童性安全保护的网络和救助体系，包括体系内部工作人员对留守儿童性侵害的观念、保护网络的运作模式、理念和存在问题，通过厘清已有保护网络的运作模式来分析社会工作嵌入当地服务环境和条件的适应性和阻碍因素。

第二节　社会工作介入农村留守儿童性侵害预防服务

在充分认识农村社区地方性知识在影响留守儿童性侵害问题过程中所产生的影响，以及确保社会工作在介入村落社区服务的文化敏感性基础上，社会工作者应对留守儿童和监护人进行教育，以提高留守儿童和监护人对性侵害问题的认识与维护留守儿童性安全的能力。

一、社会工作介入农村留守儿童性侵害预防服务中的角色

社会工作者在留守儿童性侵害预防教育中承担多重角色，这既是由于留守儿童性侵害问题本身的复杂性，同时也是由于社会工作服务类型的多样化。一般而言，社会工作者在留守儿童性侵害预防教育中需要承担以下三种角色。

第一，教育者角色。教育者角色指的是社会工作者在农村社区留守儿童性教育服务过程中，应扮演性知识普及者、儿童性权力倡导者、儿童性观念革新者等角色。社会工作者通过开展小组工作、个案工作，社区宣传咨询等方式为留守儿童和家长直接提供性教育服务。同时，社会工作者还应围绕留守儿童生态系统中的其他成员开展相应的性教育服务，即以"train the trainer"的形式协助学校、村委会、妇联、共青团等为组织成员提供相应的性教育培训，再由他们直接培训青少年。

第二，资源链接者角色。资源链接者角色是社会工作者需要为留守儿童、监护人、村委会、学校、妇联等成员和组织提供适合当地性教育的书籍、影像、道具等，协助这些成员和组织完成性教育。同时，在资源提供过程中还应注重根据服务对象的不同，选择不同的性教育资料。此外，这种资源的提供不是单纯的"直接给"，还应注意引导受众如何使用，提高他们的性教育资源利用率和

利用水平。

第三，倡导者角色。倡导者角色是社会工作者在农村社区进行性教育过程中，围绕为留守儿童营造安全的社区环境，创造保护儿童性安全的社会氛围而承担的相应角色。社会工作者应利用村落社区宣传栏、宣传单张、专题报道、新闻绘画、宣传标语等形式在学校、社区、医院、公共交通工具等留守儿童经常活动的场所开展相应的倡导性工作。这些场所内部的社会公众在留守儿童生活的生态环境中直接或间接影响了留守儿童性安全的现状以及社会支持力量的强弱，他们在留守儿童性安全保护中往往扮演着保护者、守望者、决策者以及潜在性侵害者等角色。因此，社会工作者扮演的倡导者角色属于在农村社区留守儿童性教育服务中宏观工作领域的范围。基于此，社会工作者的倡导者角色不仅要提高一般社会公众关于留守儿童性侵害、性安全的意识和保护能力，还要倡导儿童性权利，教导守望者在发现留守儿童处于性侵害等风险情境时有进行帮助的意识和能力。通过倡导者的角色，社会工作者力图激发潜在性侵害者的良知，提高潜在性侵害者对于国家有关儿童性侵害法律的认知，从而间接增强他们自身对犯罪冲动的抑制力。

二、社会工作介入农村留守儿童性侵害预防服务的形式

社会工作者介入农村留守儿童性侵害预防服务的形式指的是在村落社区中具体开展留守儿童性教育可以采取的形式。社会工作介入农村留守儿童性侵害预防工作一方面应以建立留守儿童、监护人、社区、学校等个人、组织的性侵害预防意识、性侵害识别能力为重点，另一方面，社会工作者还应以促进构建留守儿童保护网络为主要工作内容。

性侵害识别以及预防能力的提高与性教育存在密切关系，学校为主体的性教育体系尚未健全的情况下，社会工作者应重点做好留守儿童的性教育工作。留守儿童性教育的社会工作介入形式应根据村落社区的基本状况、社会组织的发育状况、留守儿童及家庭的基本情况、学校开展留守儿童性侵害预防教育状况等采取适宜的介入形式。同时，社会工作者应充分考虑文化敏感性和地方性知识等问题在社会工作介入具体方式选择等方面的影响，确保社会工作能有效嵌入当地社会权力结构和留守儿童帮扶模式中去。由于社会工作在农村社区的发展仍然受到诸多限制，如社会工作队伍建设不足、社会组织建设不完善等，

因此社会工作选择方式与基层政府是否建立了系统、配套的顶层制度设计①，社会工作自身是否找到与服务对象和村落社区等契合的社会工作服务体系存在密切关系。

当前，在村落社区留守儿童预防性侵害教育中社会工作者需要在家庭、学校、社区、政府部门的支持下，开展以家庭、社区、学校为依托的性侵害预防教育服务②。社会工作者应引导和帮助社区精英如村主任、村书记、村干部和学校等来开展留守儿童社会工作服务。作为在村落中具有重要影响力的分子，村主任、村书记、其他乡村"能人"等掌握大量地方性知识，他们既是社会工作者进入村落社区首先接触的对象，同时也是社会工作协作系统中的重要成员。因此在服务初期阶段，社会工作者应与村级两委成员建立合作关系，尽量获取对方的信任和支持。此外，村落社区中家族长辈以及社区中较为活跃的成员等都是社会工作者需要开展合作的对象。在村落社区中开展留守儿童性教育和性侵害预防服务，社会工作者需要与乡村精英建立联系，获得他们的支持，减轻在进入社区服务中的阻力。

基于此，在最初开展的留守儿童性侵害预防教育中，社会工作者应借助社区组织力量逐步吸引留守儿童家长加入社会工作服务项目。同时社会工作者还应凭借与留守儿童父母等建立直接联系的方式，与留守儿童祖父母等替代监护人沟通，提高监护人参与社会工作服务的积极性。在此基础上，社会工作者采取灵活多样的服务模式，如通过小组工作、个案工作等形式为监护人提供关于留守儿童性侵害预防等方面的服务。农村中小学是留守儿童比较集中的地方，也是儿童和青少年社会化的重要场所，社会工作者可以依靠学校和留守以及非留守儿童与同辈群体的协助开展预防儿童性侵害教育，并通过学校进一步将监护人整合进入性侵害教育工作中。同时，社会工作者仍然需要利用已有的留守儿童关爱组织网络，通过与留守儿童关爱组织网络中正式、非正式的社会支持力量合作，借助与协作系统中的村委、乡镇政府、共青团、妇联、留守儿童代理家长等机构和人员的合作，进一步完善农村留守儿童保护体系。

三、社会工作介入农村留守儿童性侵害预防服务的内容

社会工作专业支持应采取以家庭为中心、以关系为取向的介入理念。家庭

---

① 汪鸿波，费梅苹．乡村振兴背景下农村社会工作的实践反思及分层互嵌 [J]．甘肃社会科学，2019（1）：179-185.

② 钟涨宝．农村社会工作 [M]．上海：复旦大学出版社，2010：187.

是教育留守儿童等未成年人如何保护自己免于性侵害的基本环境。监护人参与儿童性侵害教育预防项目具有明显优势：一方面，监护人参与儿童预防性侵害教育项目能提高他们对儿童性权利以及预防儿童免遭性侵害的意识①；另一方面，能够对儿童性权利和性话语本身"驱魅"，降低性话题本身的敏感性，监护人能够更好地与儿童讨论性侵害问题，及时发现可能遭受性侵害的儿童并为他们提供支持，改善监护人对儿童披露性虐待的反应。因此，让监护人参与教育过程，能够减少针对留守儿童的性侵害。此外通过参与性教育，在家庭环境中监护人对孩子的个人需求和学习水平也更为敏感②。通过在家里接受监护人的教育，儿童能够强化习得的相关知识和技能。通过监护人与儿童的互动，也可以进一步营造良好的监护人与被监护人的关系，同时也能够创造安全的家庭环境③。

在这样支持性的氛围中，留守儿童也会对自己向家庭成员透露性虐待的决定感到更加安全和自信。同时，单纯强调针对留守儿童实施性侵害预防教育，也可能将预防性侵害的责任置于留守儿童之上，这显然忽视了留守儿童保护主体的责任，并且留守儿童自身受限于其年龄和理解能力，不可能完全做到对相关知识的理解。研究发现，年龄越小，儿童对预防性侵害技能的掌握和知识的理解效果越差④，而年龄较大的儿童更能够掌握相关知识和技能⑤。同时，在调研中发现在"谈性色变"和儿童性权利、性话语被忽视的背景下，农村留守儿童监护人明显缺乏与儿童谈论性侵害防护的意识和能力，这也使得对留守儿童监护人等实施预防性侵害的教育具有重要的现实意义。

首先，教育留守儿童监护人认识性侵害。在农村开展监护人预防儿童性侵害教育工作应充分利用社区现有的公共设施和组织网络，如利用乡村社区公共空间或者村委会办公室、礼堂等开展讲座或者座谈会。由于监护人的年龄、教

---

① RUDOLPH J. Child sexual abuse prevention opportunities: Parenting, programs, and the reduction of risk [J]. Child maltreatment, 2018, 23 (1): 96-106.

② RUDOLPH J, ZIMMER - GEMBECK M J. Parents as protectors: A qualitative study of parents' views on child sexual abuse prevention [J]. Child Abuse & Neglect, 2018, 85: 28-38.

③ WURTELE S K, KENNY M C. Partnering with parents to prevent childhood sexual abuse [J]. Child Abuse Review: Journal of the British Association for the Study and Prevention of Child Abuse and Neglect, 2010, 19 (2): 130-152.

④ BARRON I, TOPPING K. School-based child sexual abuse prevention programs: implications for practitioners [J]. APSAC Advisor, 2010, 22 (2-3): 11-19.

⑤ DARO D A. Prevention of child sexual abuse [J]. The Future of Children, 1994, 4 (2): 198-223.

育程度、性别等在很大程度上影响对儿童性侵害教育的认知，因此，社会工作者、学校工作者或者志愿服务部门工作人员在正式开展儿童预防性侵害教育前应做好前期调研工作。在已有的调研基础上，根据参加人员的年龄、知识结构向监护人传授儿童预防性侵害的相关知识。

其次，为留守儿童及家庭提供专业性的支持。社会解组理论（social disorganization theory）认为社会组织的形成和社会秩序的出现有赖于社会内部具有的高度凝聚力，高度凝聚力有助于将社会成员与制度密切结合在一起，从而促进社会秩序的形成和社会组织的出现①。由于社区空心化及村落文化凋敝②等的影响，农村社区凝聚力降低，同时家庭能够获得的社区支持减少，必须仰赖原有的亲友支持系统。此外，家庭与中介系统之间的社会链接数量与社会链接质量③，如监护人与留守儿童教师、邻居、同辈群体之间的相互交往等都会影响家庭能够获得的支持性资源。社会工作者应不断扩大家庭能够获得的支持资源，协助厚植增进家庭复原力的社区保护因子，如稳固留守家庭的社会网络，包括亲友系统、邻里系统，强化留守儿童同辈群体对儿童的支持。

最后，建立以留守儿童为本、家庭为中心、社区为基础的留守儿童关系型关爱保护体系。一方面，社会工作者应协助留守儿童和留守家庭脱离性侵害风险情境，防止留守儿童性侵害的持续和再次发生；另一方面，对于遭受性侵害的留守儿童而言，来自家庭的支持对于增强他们的抗逆力有着重要影响。因此，社会工作者应为留守家庭提供个别化的服务，如深化监护人对留守儿童性侵害的认识、修复留守儿童与监护人的关系、重建家庭支持功能等。同时，社会工作者还应帮助留守儿童重建和强化初级关系网络。初级关系是留守儿童社会生活中的重要关系，能够为他们提供心理抚慰、情感支持，能够缓解他们情绪压力和精神紧张，并且初级关系中的朋友群体、邻里关系等能够为留守儿童保护提供支持。基于此，社会工作者应充分利用留守儿童初级关系网络为留守儿童保护提供潜在支持。

除了以上内容之外，社会工作对留守儿童性侵害问题的介入还包括在学校内通过开展学校社会工作的形式、结合学校开展的性教育课程对儿童进行性教育，提高他们对性安全的认识和自我保护的能力。

---

① 白倩如. 建构儿童保护初级预防社区保护因子之刍议——家庭中心取向 [J]. 社会发展研究学刊, 2017.
② 江立华. 乡村文化的衰落与留守儿童的困境 [J]. 江海学刊, 2011 (4)：108-114.
③ COLLINS D, JORDAN C, COLEMAN H. An Introduction to Family Social Work：4th ed [M]. Belmont, CA：Brooks/Cole, Cengage Learning, 2013.

第三节　社会工作介入农村留守儿童
性侵害的支援服务

社会工作介入留守儿童性侵害支援服务应采取综合性的治疗模式和手段，加强与民政系统、公安局、检察院、法院、法律援助机构的协作与配合，扩展社会工作传统的专业角色和界限，以留守儿童为本，为遭受性侵害的留守儿童及家庭提供适宜的支援服务。

一、采取整合式的危机处理模式和方法措施

性侵害事件对留守儿童及家庭造成的影响是多方面的，因此，社会工作者在为留守儿童和家庭提供介入服务过程中应采取整合式的服务模式和方法。在受侵害留守儿童服务的不同阶段，应采用不同的介入模式。

表 8-1　社会工作介入危机处理模式

	危机介入	介入初期	介入中期	介入后期
应对焦点	创伤压力与心理危机	情绪困扰，自我概念，自我功能	创伤障碍，自我功能，自我认知	家庭关系重建，家庭团结，社会融入
介入模式	认知行为疗法，精神动力学疗法，家庭治疗方法	认知行为疗法，自我功能模式	认知行为疗法，心理动力学观点	家庭系统理论，亲子关系模式，家庭治疗模式
工作方法	跨专业工作方法	个案工作，小组工作	个案工作，小组工作	小组工作，个案工作

在性侵害介入服务的不同阶段，社会工作者根据受侵害留守儿童和家庭的情感和心理需求，采取不同的服务模式。由于遭受性侵害的留守儿童自身面临危机的程度不同，因此社工介入服务的重点和内容必然不同。对于那些受危害影响较轻的留守儿童，社工应重点采取帮助儿童脱离危险情境、积极地心理疏导、预防再次遭受性侵害风险等举措。对于那些受影响程度较深的留守儿童则应采用认知行为疗法和家庭治疗模式等多种介入方式进行重点干预。同时，社工还应根据家庭和留守儿童的个别化需求，通过专业判断在不同方法中选择相应的治疗模式和理念，为其提供适宜的治疗方案。

此外，社会工作者在提供服务的过程中还应遵循以下原则。首先，社会工作者应确保留守儿童安全。其次，社会工作者应注意维护留守儿童利益最大化。在留守儿童性侵害事件中，家内性侵害是一种主要的侵害类型。在家内性侵害中，亲属是主要的作案者，因此维护留守儿童利益的过程也可能造成亲属关系网络和家庭结构的破坏，使得留守儿童利益与家庭利益相冲突，然而社会工作者在提供服务过程中应以维护留守儿童的福祉为优先事项。最后，社会工作者应与留守儿童和其他家庭成员建立平等、合作的专业关系。在农村社区中，社会工作者尚未被广大社区居民熟悉和认可，特别是在留守儿童性侵害服务过程中如何与留守儿童家长、其他监护人等建立专业关系成为社会工作者重点考虑的问题。因此，社会工作者应在自觉、平等、尊重的基础上逐渐获得留守儿童、父母等人的信任，注意聆听和理解监护人以及留守儿童等对性侵害事件的意见和看法，在此基础上建立专业的助人关系。

二、针对农村受侵害留守儿童全面介入服务

留守儿童性侵害事件发生后，无论对留守儿童本人还是对其家庭、监护人等都会造成多方面的影响。性侵害事件不但会对留守儿童造成生理、心理伤害而且会造成其面临来自社区、朋友、亲属等多方面的压力。对于留守儿童监护人和家庭来说，他们面临选择私了、报警以及接下来漫长多变的司法过程等多种不同选择和不同结果。作为专业助人工作，社会工作应在性侵害事件发生后的不同阶段针对事件涉及的留守儿童、家庭、各级政府部门、社会公益组织、法律援助机构等开展相应的协助工作，保障留守儿童安全，维护他们最大利益。

提供适宜的介入方案。社会工作者应根据留守儿童的受性侵害的严重程度、个人成长环境、社会支持状况等提供适宜的介入方案。一般而言，社会工作者应对被性侵害的留守儿童进行适当的评估，如受到侵害的严重程度（是否存在严重的心理创伤反应等）、留守儿童自身是否面临其他的问题和困难（缺乏照料、学习困难等）、留守儿童家庭支持状况（留守儿童的成长环境、监护状况、父母支持状况、其他兄弟姊妹的支持状况）、学校支持状况如何等问题，以确定其需要的服务类型。同时，社会工作者还应对自身的能力和拥有的资源等进行判断，在无法为留守儿童提供相应服务的情况下及时进行转介。

性侵害危机初期及时干预。社会工作者应与警务、教育、医护工作机构和有关系统密切配合，保证不同层面介入工作之间的无缝衔接。在警务、教育、医护系统发现遭受性侵害的留守儿童后，社会工作者应在性侵害事件发生之初就面向受害留守儿童提供危机干预服务，以密集式服务提供协助，力求将性侵

害事件对留守儿童心理造成的不良影响降到最低。学习域外国家先进经验，在警务系统内部设立专门的性侵害危机处理热线，社会工作者协助警务工作者处理受害人危机事件。

协助留守儿童脱离风险环境。研究表明，受害者在受到侵害后若继续生活在风险环境中，既无法巩固心理治疗效果，同时也根本无法减轻其负面心理情绪。同时，由于大多数留守儿童性侵害实施者属于日常生活环境中的熟人，因此为避免留守儿童继续遭受性侵害，社会工作者应协助监护人、司法部门、教育部门、社区工作人员等及时介入留守儿童生活环境，保护儿童安全，防止性侵害事件继续发生。

提供心理和司法等服务。留守儿童遭受性侵害后，其安全依附感、自我调节功能、自我正面评价等都受到严重影响①。因此，社会工作者应运用适合留守儿童的游戏治疗、艺术表达治疗等帮助其重建人际信任、建立正面的自我观。受到性侵害之后，留守儿童一般都会进行医学检查，为防止受害者遭受二次伤害，社会工作者有必要陪伴受害者接受医疗服务，随时为受害者开展心理疏导和咨询服务②。此外，社会工作者在医疗陪伴过程中还应对被害人实施专业的生理—心理—社会评估，为将来进一步开展心理和医疗服务提供证据。社会工作者为降低留守儿童及家庭司法成本，更好地接受法律援助服务，促进司法程序顺利进行，应系统参与司法进程中的审前调解/对话服务、诉讼庭审陪伴服务、举证服务及跟进服务等。

三、以家庭为中心提供社会工作专业服务

家庭为中心是社会工作实务方法和模式之一③，在留守儿童照料过程中家庭仍然居于首要地位，并且当前我国围绕留守儿童保护的政策和支持措施也大多是以家庭为中心设立的。基于此，社会工作者为遭受性侵害的留守儿童提供介入服务过程中，应将留守儿童性侵害事件的发生和发展过程置于家庭整体环境和关系结构中去理解，确保留守儿童能够获得足够的家庭支持。

首先，社会工作者应注意提升监护人对留守儿童的监护和支持能力，改变监护人对留守儿童性侵害事件的不良观念，提高他们对留守儿童的理解和支持

① 井世洁，徐昕哲. 针对性侵害犯被害人的司法社工介入：域外经验及启示 [J]. 华东理工大学学报（社会科学版），2016（2）：12-13.
② 井世洁，徐昕哲. 针对性侵害犯被害人的司法社工介入：域外经验及启示 [J]. 华东理工大学学报（社会科学版），2016（2）：12-13.
③ 陈钟林，金小红. 青少年社会工作 [M]. 武汉：华中师范大学出版社，2014：185.

水平。研究表明家庭成员的理解、支持、接纳、同情等对遭受性侵害的儿童的恢复具有重要作用①，在支持性家庭环境中儿童更能够放松精神，并表达自己对性侵害经历的恐惧和其他感受。在互动过程中，监护人和其他家庭成员向儿童表达支持和理解能够进一步促进儿童重新建立安全依附。同时，留守儿童性侵害经历对家庭也会造成创伤，容易导致家庭成员关系破裂，使家庭团结受到损害。因此，针对家庭为中心的社会工作支持服务应为家庭提供支持性资源，如为家长提供情感支持、司法服务，帮助他们正确认识性侵害事件和问题本身，避免对性侵害事件进行错误归因；改善家庭关系，积极引导监护人参与留守儿童心理创伤恢复项目中，并为留守儿童提供心理和安全教育，防范性侵害事件再次发生。

其次，社会工作者应引导家庭成员，特别是留守儿童父母，为受到侵害的留守儿童提供安全的生活环境，确保留守儿童不再与性侵害者生活于同一社区，保证留守儿童不再遭受类似的侵害。同时，社会工作者还应注意为受到侵害的留守儿童塑造安全的心理环境，即重塑留守儿童的心理安全感。一般而言，遭受性侵害后留守儿童可能面临严重的创伤后应激障碍以及其他方面的心理压力。因此，社会工作者在确保客观存在的危险已经被清除后，应重点帮助留守儿童塑造心理安全感。具体而言，社会工作者应保证留守儿童能够与监护人、父母等家庭成员建立安全的依附关系，促进并改善父母等与留守儿童的亲子关系，增强留守儿童的自我效能感、自尊感、自信力。同时，社会工作者应协助留守儿童表达负面情绪和心理压力，提高留守儿童的自我掌控感。

由于对留守儿童实施性侵害的可能包括家庭成员，因此，社会工作者针对家庭开展介入服务应具体分析性侵害事件的背景、实施者和家庭成员之间的关系，了解监护人对性侵害事件的看法、对家庭的影响及其试图采取的应对措施。社会工作者应与监护人建立信任关系，了解受性侵害儿童的基本情况，帮助监护人处理情绪和心理危机，协助监护人掌握应对事件影响的技巧，改变监护人可能具有的关于性侵害的错误观念。开展家庭会谈，进一步了解家庭其他成员对性侵害事件的看法、情绪困扰、面临的困难，为家庭成员提供情绪支持，减轻其心理压力，修复家庭成员关系特别是亲子关系，促进家庭成员之间的团结，重建家庭安全环境。进入司法程序后，社会工作者应协助家长寻求司法援助、处理相应司法流程、获取医疗和教育支持等。

① KENNY M C, WURTELE S K. Preventing childhood sexual abuse: An ecological approach [J]. Journal of Child Sexual Abuse, 2012, 21 (4): 361-367.

最后，以家庭为中心的社会工作服务中，社会工作者还应考量家外系统可能为留守儿童及家庭提供的支持，链接家庭外支持资源。在性侵害发生之后，可求助留守儿童社会生态系统中的机构和组织，如派出所、法院、妇联、团委、法律援助机构、社区、邻里、学校、教师、同辈群体等都是潜在的资源提供者。社会工作者还应及时帮助留守儿童及家庭链接生态系统内部的资源，如司法资源、情感资源、物质资源等协助留守儿童及家庭维权，并且社会工作者应通过宣讲等方式为留守儿童在学校、社区和同辈群体中营造支持性环境，促进留守儿童心理创伤的愈合。

总之，社会工作作为专业的助人力量在介入农村留守儿童性侵害预防和救助工作中，应充分发挥专业优势，为留守儿童和家庭提供专业的服务。同时，社会工作者应以保障儿童利益最大化为工作原则，注意随时调整救助方案。

研究总结与展望

留守儿童性侵害问题是长期困扰留守儿童安全和健康发展的现实性问题，留守儿童性侵害问题的产生既有着文化和制度性因素的影响，同时也与留守儿童家庭、社区、学校环境中存在的风险性因素密切相关。利用社会生态系统理论和风险因子分析，研究者梳理和研究了与儿童性侵害风险相关的诸多因素，研究得出的结论或许可以深化我们对留守儿童性侵害问题的认识，推动针对留守儿童性侵害问题的相关研究，有助于在留守儿童性安全保护和风险防范方面制定更加切实有效的政策和措施。

研究的基本发现

由于留守儿童性侵害问题的私密性和敏感性，长期以来学界关于该问题的研究都停留在理论层面。龙迪博士关于儿童家外性侵害的研究为社会工作领域对该问题的探讨提供了有力的启示，此后陆士桢教授有关儿童性侵害的研究报告进一步深化了对儿童性侵害问题的研究。在以上研究的基础上，本研究分析了留守儿童这一群体遭受性侵害问题的相关风险性因素及介入策略。

在研究视角方面，本研究拓展了对留守儿童性侵害风险因素的研究视域，通过社会生态系统理论等理论视角，对围绕留守儿童生态系统内的家庭、学校、社区、政策、制度和文化以及留守儿童自身所蕴含的风险因子进行了分析。在研究过程中注重理论与实证分析相结合，既利用惯习、场域理论、被害性理论、权力理论、日常活动理论和生活方式理论等对留守儿童性侵害问题进行理论分析，同时也注重通过对访谈资料的梳理，以提取核心概念的形式深入分析导致留守儿童性侵害的深层次原因。

本研究将留守儿童性侵害风险问题置于中国传统父权制文化的背景中，试图通过对文化背景、传统观念对儿童性侵害问题影响的探析，厘清导致儿童性侵害问题的深层文化风险因子的影响作用。分析发现，在父权制文化影响下，贞操文化、孝道文化、传统性别观念等深刻影响了性侵害受害者、性侵害者、儿童监护人等对性侵害问题的看法。父权制文化广泛而深入地塑造了人们的行为惯习，面子文化、孝道文化等影响了性侵害发生之后受害者披露以及监护人对问题的解决策略。长久以来儒家文化、宋明理学以及革命文化等对农村社区的影响体现在人们对儿童性权利、性话语的认知匮乏，对儿童性权利、性话语的忽视，间接造成儿童性教育普及、性道德养成受到阻碍等问题。

宏观文化背景之外，我们不能忽略有关留守儿童保护制度和政策存在的风险性因素。由于留守儿童安全问题的严峻性，国家相继出台了关于留守儿童保护的文件，并通过对未成年人保护法、刑法的进一步修订来强化对留守儿童等未成年人的保护，加强对留守儿童保护网络的构建和完善。然而，政策措施的滞后性以及政策本身需要不断完善的特质使得当前留守儿童保护网络、保护政策等仍然存在一定的风险因素。研究发现，我国对未成年人保护仍然没有覆盖全部年龄段的未成年人，16~18 岁的未成年人仍然处于缺乏法律保护的风险之下，他们遭受性侵害后其性权利如何才能得到保障，是此后我国法治建设需要重点考察的议题。同时，我国法律目前对于儿童性猥亵、性侵害的刑罚措施仍需强化，需要进一步提高法律的威慑力。此外，研究认为留守儿童保护的相关法律制度和政策只有通过普及才能影响个体的行为，否则法制对未成年人的保护无从谈起。法律援助对留守儿童保护及其遭受性侵害后的维权工作发挥了重要作用，然而当前我国法律援助只是针对未成年人犯罪人本身，对于留守儿童等未成年受害者则缺乏有力的法律援助措施。此外，当前基层法律援助力量不足，法律援助资金和法律援助者队伍都需要进一步增加和扩大。同时，基层留守儿童关爱保护工作机制也存在碎片化、责任分散化、工作缺乏常态化、人员力量不足等问题，并且缺乏协调机制和主管部门，影响了关爱保护工作机制的运行效率。

对留守儿童保护而言，家庭仍然发挥主要作用，然而留守儿童监护人注重对儿童生活方面的照料，缺乏儿童可能遭受性侵害风险的意识。同时，留守儿童监护人由于身体、工作等无法对留守儿童进行有效的保护，因此潜在性侵害者能够接近留守儿童施加性侵害，并且，在家庭内部某些留守儿童监护人滥用监护权对儿童实施侵害。此外，"懂事"教育对留守儿童遭受性侵害后的披露也造成一定的影响，使儿童缺乏向父母披露性侵害事件的动力。

我们也不能忽略校园内部可能存在的性侵害风险因素，这些性侵害风险因素典型的表现在学生—教师之间权力的不对等，使教师可以利用他们掌握的对儿童的权力实施侵害行为。同时，客观上教师与儿童之间接触和交往机会的增加造成教师能够利用互动机会施加性侵害。对留守儿童个人而言，年龄、身心发育状况、性教育状况、心理特点等使得他们缺少自我保护的意识及能力，这是导致留守儿童性侵害的个体风险因素。

研究创新与不足

一、研究的创新

研究问题较为新颖，对留守儿童性侵害问题进行了探索性研究。以往从社会工作学科角度对该问题的研究停留在对性侵害社会工作小组或者个案形式的介入层面，政策方面的研究也局限在提出宏观保护措施等方面。本研究从社会生态系统理论的视角出发，较为深入地分析了留守儿童性侵害问题产生的文化背景因素，探讨了当前留守儿童性侵害风险背后的保护制度风险、家庭监护风险、学校环境风险和留守儿童自身存在的风险因子。

理论视角较为新颖。本研究利用社会生态系统理论、风险因子理论、惯习场域理论、日常活动理论、生活方式理论等理论视角，将社会工作理论与犯罪社会学理论进行了整合，系统探讨了导致留守儿童性侵害问题产生的文化制度因素、家庭和学校环境因素以及留守儿童被害的个体因素，分析了法律制度层面、文化背景层面、家庭监护层面、学校环境层面、留守儿童个人层面存在的风险因素，并提出了相应的政策与社会工作介入策略。

拓展了对留守儿童性侵害问题的研究视域。由于性侵害问题本身的特殊性和私密性，以往对性侵害问题的研究多停留在理论探索层面，缺乏实证分析。本研究结合定性访谈资料，通过对相关资料的深入分析探索导致留守儿童性侵害问题产生的复杂根源，对影响留守儿童性侵害的家内风险因子、家外风险因子、网络风险因子等进行了深入分析，深化了学术界对该问题的认识。

二、研究的不足

本研究的不足主要存在以下三个方面。第一，研究对象的选取。由于研究问题本身较为敏感，因此在获得研究对象方面存在较大难题。本研究虽然通过滚雪球抽样的方法以及公益组织、政府部门的帮助与配合，并且立足于对某一个县内存在的性侵害受害者进行研究，但是能够获得的访谈对象数目仍然较少，访谈资料的收集与整理也因为研究对象本身的研究配合度、学历文化层次等影响而在质量方面表现得参差不齐。

第二，本研究希望能够通过对某一县域内的留守儿童关爱保护工作进行分析，从而探讨目前有关保护工作机制存在的问题。然而由于研究涉及的部门较多、需要访谈的对象较多，而研究者本身无论在经济、时间、精力等层面都受到诸多限制，因此无法获取关于基层政府有关留守儿童性侵害防范和安全保护等方面更为丰富的研究资料。这在一定程度上影响了研究分析的深度和结论的正确性。

第三，本研究希望能够通过社会工作的视角和方法探索留守儿童性侵害的介入问题，研究具有本土特质的理论视角和介入方法。然而，受限于研究者本身的学识和学养的不足，无法发展出一种适合于本土农村社区需求的社会工作介入模式和理论分析模式。

进一步研究展望

一、深化留守儿童性侵害风险问题的研究

由于留守儿童性侵害问题本身的复杂性，一般可以将其分为家庭内部发生的性侵害和家庭外部发生的性侵害。针对家庭内部对留守儿童施加的性侵害可以分为监护人实施的性侵害和同龄人实施的性侵害，针对家庭外部对留守儿童施加的性侵害可以分为校内性侵害和网络性侵害等。以上不同领域发生的针对留守儿童的性侵害都是未来需要深入研究的对象。

二、发展本土儿童性侵害理论和介入模式

本土研究理论应注重对父权制文化、儿童性权力、孝道文化等对留守儿童性侵害问题的影响，在此基础上探索本土性的社会工作理论。社会工作针对留守儿童性侵害问题的介入应与农村社会工作的发展相结合，注重对社会工作介入模式、介入理念、介入途径等的本土性探索，在此基础上发展具有本土特色的农村社会工作理论和介入模式。

附录 A　知情协议书

　　首先感谢您能与我们见面，在您同意参与我的研究之前，我有必要详细向您解释我研究的目标、内容、过程以及意义等内容，在此基础上您可以自由决定您是否愿意参与该研究。同时，在参与研究的过程中您如果感到有任何不适可以随时退出研究，并且针对您在参与研究中可能面临的心理压力免费提供心理疏导和支持性服务。

　　研究目标：本研究的主要内容是针对留守儿童性侵害问题进行研究，性侵害问题是影响留守儿童健康成长和发展的重要问题，在中国文化背景下该问题更加隐秘且复杂，本研究力图通过对该问题进行探索性讨论，发现和解释我国留守儿童性侵害的现状和风险因素，从而更好地预防留守儿童性侵害问题。

　　研究内容：性侵害发生的情境；性侵害实施者状况；性侵害持续时间及自我保护状况；性侵害发生时监护状况及向监护人、父母、同辈群体等求助状况；自身及监护人对性侵害事件的观点、个人遇到的困难及解决相关问题的办法。本研究采用定性研究方法，主要通过半结构访谈的方式在您自愿的前提下对您曾经经历或知晓的性侵害问题进行访谈，具体可以根据您的意愿通过线上、线下或者撰写自传的形式了解相关信息。我们会针对您提供的信息进行深度分析和相关研究，相关研究成果会作为博士论文在期刊网上发表。由于我们的记忆有限并且您提供的信息对研究十分重要，在线上或线下访谈时为了更好地搜集信息，在访谈期间会对您的访谈内容进行录音或者笔记，我们承诺并保证对您提供的任何形式的信息都采取严格的保密措施。虽然研究者非常希望您能参与留守儿童性侵害问题的研究，但是否参与都是您绝对的自愿，您不需要为做出相关决定而承担任何压力，并且研究者保证您的名字或可能暴露您身份的相关信息不会出现在任何研究结论中，所有的资料都会严格保密，只有研究者个人能接触原始资料。若研究过程中需要引用您提供的相关信息，研究者会采用化名代替。同时，您可以告知我们，您希望采取什么样的保密措施，研究者会充分尊重您的意愿。在参与研究过程中，若您的回忆或记述引发您情感和精神上的不适请直接告知研究者，研究者会随时根据您的意愿继续或中止访谈。在研究期间或结束之后，如果您有任何建议、需要或者问题可以随时与研究者联系。

知情协议书签名：经由研究者说明，我签名于末端，表示已详知对相关问题的解释，因此我同意参与对该问题的研究。（协议书一式两份，参与者与研究者各持一份）。

参与者签名（请用正楷书写）：
日期

附录 B　访 谈 提 纲

留守儿童性侵害问题访谈提纲

访谈员：　　　　　　访谈时间：　　　　　　访谈地点：

您好！我是南开大学周恩来政府管理学院的博士研究生，很高兴见到您。首先，十分感谢您对我研究的参与和支持。其次，我需要您仔细阅读和填写本研究的知情同意书，以确保研究的顺利进行。由于本研究涉及的性侵害问题本身的敏感性，在访谈过程中若您有任何的不适或顾虑请您及时提出，我们会立刻终止今天的访谈。最后，研究者向您承诺，您今天提供的相关信息仅作为研究者博士论文研究之用，我们承诺对您提供的信息进行严格保密，非常感谢您的帮助！

一、被访人基本信息

您的性别、年龄、职业、文化程度、婚姻状况。

二、访谈内容

1. 性侵害时您的年龄（如果记不清具体年龄可以大致推测）、居住状况（跟谁一起生活）、监护状况（谁在照料您的生活）。

2. 性侵害发生时的情境（发生在什么地方、什么时间，当时谁在照料您，如何发生，如何结束），性侵害实施者的身份（对方的年龄、职业，跟您是怎样的关系，如亲戚、朋友、邻居等）。

3. 性侵害发生过程中你采取了哪些相应的策略和行动？向父母、祖父母、朋友、老师等求助？影响您求助策略和行动的因素有哪些？父母、祖父母等是否向您提供了支持？社区、法院、检察院、公安局等组织和机构向您提供相应的法律支持和帮助情况是怎样的？有无主动向以上机构寻求帮助？为什么？性侵害事件对家庭造成的影响（迁居、居住状况、监护状况）；事件对您后来生活和成长的影响（交友、恋爱、婚姻）。

4. 您对预防留守儿童性侵害的建议：提高自己及监护人对性侵害的认识？加强性教育？隐瞒与披露；社会或司法力量介入？

留守儿童性知识和性教育状况访谈提纲

访谈员：　　　　访谈时间：　　　　访谈地点：

您好！我是南开大学周恩来政府管理学院的博士研究生，很高兴见到您。首先十分感谢您对我研究的参与和支持。此次访谈作为研究者针对留守儿童性侵害问题研究的一部分，主要是向您了解学校性教育和性知识普及的一般情况。研究者向您承诺，您今天提供的相关信息仅作为研究者博士论文研究之用，我们承诺对您提供的信息进行严格保密，非常感谢您的帮助！

一、被访人基本信息

您的性别、年龄、职业、文化程度、婚姻状况。

二、学校性教育和性知识普及的一般情况

1. 您对留守儿童等未成年人性教育的看法（您对性教育的认识、性教育的意义、性教育的重要性、性教育对预防留守儿童等未成年人性侵害的作用等）。

2. 当前学校教育中性教育开展的一般情况（性教育项目开展情况、相关师资、教材、学时、存在问题、影响因素等）。

3. 您认为如何优化当前农村义务教育阶段性教育状况。

三、监护人与社区工作人员对儿童性教育的认识

1. 家庭人口数量、家庭生活安排等，在您家中孩子由谁来照护？孩子父母与孩子交流频率、方式如何？您平时对孩子照料主要包括哪些方面？孩子跟您交流学习、心情、朋友交往的状况如何？

2. 现在经常出现农村儿童被拐卖、性侵害的问题，您会注意相关新闻吗？您会加强对他/她自我保护，如交通安全、人身安全方面的教育吗？您主要采取哪些措施对儿童进行人身安全方面的教育？您如何看待儿童人身权利问题，如隐私权、身体自主权（如单独的居住和生活空间、身体隐私部位等）？您平时会加强对儿童异性交往、对性问题的好奇等方面的教育吗？您认为孩子人身安全侵害，像性安全一类的侵害主要实施者是谁？您采取哪些措施预防这些风险，主要包括哪些内容？您会注意孩子的上网社交情况吗？您对孩子上网行为的看法如何？

3. 目前社区中留守儿童数量、性别、监护状况如何?

4. 近年来社区是否发生过针对留守儿童的性侵害事件?具体情况是怎样的?当前针对留守儿童的性侵害事件屡有发生,社会呼吁加强对留守儿童等未成年人的性教育,您如何看待留守儿童性教育问题?

留守儿童性安全保护访谈提纲

您好!我是南开大学周恩来政府管理学院的博士研究生,很高兴见到您。首先十分感谢您对我研究的参与和支持。此次访谈作为研究者针对留守儿童性侵害问题研究的一部分,主要是向您了解留守儿童等未成年人人身安全保护的一般情况。研究者向您承诺,您今天提供的相关信息仅作为研究者博士论文研究之用,我们承诺对您提供的信息进行严格保密,非常感谢您的帮助!

一、被访人基本信息

您的性别、年龄、职业、文化程度、婚姻状况。

二、留守儿童性安全保护

(一)学校与监护人

1. 学校内留守儿童的一般情况(数量、性别、年龄、学习情况、同辈交往情况等,注意调查特殊案例),对留守儿童生活中遇到性侵害风险问题的认知度(儿童性权利认知情况、儿童性安全保护措施)。

2. 学校内留守儿童性侵害风险(您了解的或听闻的有关留守儿童遭遇风险情况,如性侵害、校园欺凌等,学校如何防止留守儿童风险伤害?是否进行了相关的性侵害风险预防培训?教师性侵害认知状况,儿童性教育情况)。

3. 学校有关儿童性侵害风险处理方式、接受风险问题处理培训情况等。

4. 您平时为了预防儿童发生人身安全意外主要采取了哪些措施?您认为儿童在社区、学校、家庭中安全吗?有没有考虑对孩子特别是女孩耍流氓的一些风险?针对此类风险您采取哪些防范措施?当您的孩子被侵害了,如猥亵等,您主要采取哪些措施维护孩子和您家庭的权益?您觉得影响您采取进一步措施的因素有哪些?如家庭团结、村落声誉、儿童的名声等。

(二)民政公检法等政府部门工作人员

1. 请您介绍一下我县留守儿童的一般情况(留守儿童数量、性别、年龄、监护状况)。

2. 我县留守儿童关爱保护网络的体制、体系和工作内容,基层政府关于留守儿童保护出台的政策，基层政府在贯彻各部委和县市关于留守儿童保护方面所采取的举措。

3. 我县近年以来有关性侵害未成年人案件的状况，有关留守儿童性安全情况、性侵害的特点和类型，当前我县留守儿童关爱保护存在的一般问题。

4. 村落概况（社区内部人口数量、人口结构、村落组织情况），社区内部留守儿童基本情况（年龄、性别、监护人、经济条件、家庭状况等），留守儿童保护工作（是否有兼职母亲、乡镇干部探访情况、村内是否有专人负责留守儿童安全保护、社区内是否有其他组织参与相关工作、运行状况如何，近两年发生的留守儿童性侵害案例等），留守儿童性侵害发生后的一般处理方式。

参考文献

一、中文专著

[1]［美］阿尔文·托夫勒.权力的转移［M］.黄锦桂,译.北京:中信出版社,2018.

[2]［美］安妮特·拉鲁.不平等的童年［M］.张旭,译.北京:北京大学出版社,2010.

[3]包亚明.权利的眼睛:福柯访谈录［M］.严锋,译.上海:上海人民出版社,1997.

[4]［美］彼得·M.布劳.社会生活中的交换与权力［M］.李国武,译.北京:商务印书馆,2008.

[5]［英］伯特兰·罗素.权力论:一个新的社会分析［M］.勒建国,译.北京:东方出版社,1988.

[6]蔡启源.儿童性侵害之检视:成因、影响与实务处遇［M］//石丹理,韩晓燕.儿童青少年与家庭社会工作评论:第3-4辑.上海:华东理工大学出版社,2015.

[7]蔡岳建.家庭教育理论与实践［M］.重庆:西南大学出版社,2014.

[8]［美］查尔斯·H.扎斯特罗,［美］卡伦·K.柯斯特-阿什曼.人类行为与社会环境［M］.师海玲,孙岳,译.北京:中国人民大学出版社,2006.

[9]［美］查尔斯·H.扎斯特罗.社会工作实务:应用与提高［M］.晏凤鸣,译.北京:中国人民大学出版社,2005.

[10]陈朝碧.罗马法原理［M］.北京:法律出版社,2006.

[11]陈彦军.从祠庙到孔教［M］.北京:知识产权出版社,2016.

[12]程巍.中产阶级的孩子们:60年代与文化领导权［M］.北京:生活·读书·新知三联书店,2006.

[13]［英］大卫·豪.依恋理论与社会工作实践［M］.章淼榕,译.上

海：华东理工大学出版社，2013.

［14］德国刑法典［M］.徐久生，庄敬华，译.北京：中国法制出版社，2000.

［15］董溯战.中国农村留守儿童社会保障法律问题研究［M］.北京：中国政法大学出版社，2018.

［17］范燕宁，席小华.矫正社会工作研究［M］.北京：中国人民公安大学出版社，2009.

［18］范忠信.枫桥经验与法治型新农村建设［M］.北京：中国法制出版社，2013.

［19］［美］菲利普·巴格比.文化：历史的投影——比较文明研究［M］.夏克，李天纲，陈江岚，译.上海：上海人民出版社，1987.

［20］费孝通.生育制度［M］.北京：商务印书馆，2008.

［21］费孝通.乡土中国·生育制度［M］.北京：北京大学出版社，1998.

［22］风笑天.社会学研究方法［M］.北京：中国人民大学出版社，2005.

［23］冯钢.社会学基础文献选读［M］.杭州：浙江大学出版社，2008.

［24］冯维主.青年心理学［M］.重庆：西南大学出版社，2016.

［25］付翠英.民法总论教程［M］.北京：对外经济贸易大学出版社，2009.

［26］［美］格尔哈特·伦斯基.权力与特权：社会分层的理论［M］.关信平，陈宗显，谢晋宇，译.北京：社会科学文献出版社，2018.

［27］［美］葛尔·罗宾，等.酷儿理论［M］.李银河，译.北京：文化艺术出版社，2003.

［28］郭明瑞.民法总则通义［M］.北京：商务印书馆，2018.

［29］郭星华.当代中国社会转型与犯罪研究［M］.北京：文物出版社，1999.

［30］国家卫生健康委员会.中国流动人口发展报告（2018）［M］.北京：中国人口出版社，2019.

［31］韩晶晶.谁能给我一个安全的家？——儿童在家庭内遭受性侵害临时安置措施研究［M］//张万洪.我们时代的人权：多学科的视野.北京：中国法制出版社，2010.

［32］［德］汉斯·约阿希姆·施奈德.犯罪学［M］.吴鑫涛，马君玉，译.北京：中国人民公安大学出版社，1990.

［33］［德］汉斯·约阿希姆·施奈德.国际范围内的被害人［M］.许章

润，译．北京：中国人民公安大学出版社，1992.

[34] 杭荣华．临床心理咨询案例解析 [M]．芜湖：安徽师范大学出版社，2018.

[35] 和磊．文化研究论 [M]．济南：山东人民出版社，2016.

[36] 胡春光．规训与抗拒：教育社会学视野中的学校生活 [M]．武汉：华中师范大学出版社，2017.

[37] 黄大威．无被害人犯罪研究 [M]．哈尔滨：哈尔滨工业大学出版社，2017.

[38] 江山河．犯罪学理论 [M]．上海：汉语大词典出版社，2008.

[39] 姜冉冉．留守儿童权利意识研究——以苏皖地区为例 [A] //王成荣．社会工作专业教育教学改革：探索与实践 [M]．武汉：武汉大学出版社，2018.

[40] [美] 杰克·瑞启曼，[美] 马克·弗瑞瑟．青少年暴力理论：抗逆力、危险和保护 [M]．穆光宗，孙梦雪，赵雪萍，等译．北京：中国人口出版社，2007.

[41] 金一虹．流动的父权 [M]．南京：南京师范大学出版社，2015.

[42] 景天魁．社会发展的时空结构 [M]．哈尔滨：黑龙江人民出版社，2002.

[43] [美] 兰道尔·柯林斯．暴力：一种微观社会学理论 [M]．刘冉，译．北京：北京大学出版社，2017.

[44] [美] 兰道尔·柯林斯．互动仪式链 [M]．林聚任，王鹏，宋丽君，译．北京：商务印书馆，2016.

[45] 雷雳．处境特殊儿童心理 [M]．杭州：浙江教育出版社，2015.

[46] 李朝霞．心理学 [M]．武汉：中国地质大学出版社，2013.

[47] 李辉．学前儿童社会教育 [M]．南京：东南大学出版社，2016.

[48] 李银河．李银河自选集 [M]．呼和浩特：内蒙古大学出版社，2006.

[49] 李银河．性的问题 [M]．呼和浩特：内蒙古大学出版社，2009.

[50] 李银河．中国女性的感情与性 [M]．北京：今日中国出版社，1998.

[51] 李银河．中国女性的感情与性 [M]．呼和浩特：内蒙古大学出版社，2009.

[52] [英] 理查德·蒂特马斯．蒂特马斯社会政策十讲 [M]．江绍康，译．长春：吉林出版集团有限责任公司，2011.

[53] 廖有禄．犯罪剖绘：理论与实务 [M]．北京：群众出版社，2015.

[54] 刘白明．留守儿童社会救助制度研究 [M]．长春：吉林大学出版

社，2015.

［55］刘芳．中国性犯罪立法之现实困境及其出路研究［M］.沈阳：东北大学出版社，2015.

［56］刘海燕，贾焕银．乡村社会普法运动的民间法解读［M］//许章润．普法运动．北京：清华大学出版社，2011.

［57］刘利群．中国媒介与女性研究报告［M］.北京：中国传媒大学出版社，2007.

［58］刘文彦，李祖成．生理学［M］.2版．南京：江苏凤凰科学技术出版社，2017.

［59］刘志军．漂泊之伤：流动人口家庭亲子关系调查研究［M］.北京：知识产权出版社，2018.

［60］龙迪．性之耻，还是伤之痛：中国家庭外儿童性侵害犯家庭经验探索性研究［M］.桂林：广西师范大学出版社，2007.

［61］陆士桢．揭露，为了预防：我国儿童性侵害犯研究报告［M］.上海：华东理工大学出版社，2011.

［62］吕世伦，文正邦．法哲学论［M］.哈尔滨：黑龙江美术出版社，2018.

［63］马翠军．中国行政层级关系微观研究［M］.郑州：河南人民出版社，2016.

［64］［澳］马尔科姆·沃特斯．现代社会学理论［M］.李善华，李康，汪洪波，等译．北京：华夏出版社，2000.

［65］［德］马克斯·韦伯．儒教与道教［M］.康乐，简惠美，译．桂林：广西师范大学出版社，2010.

［66］［德］马克斯·韦伯．社会学的基本概念［M］.顾忠华，译．桂林：广西师范大学出版社，2011.

［67］［德］马克斯·韦伯．韦伯作品集（V）中国的宗教·宗教与世界［M］.康乐，简惠美，译．桂林：广西师范大学出版社，2004.

［68］马民虎．互联网信息内容安全管理教程［M］.北京：中国人民公安大学出版社，2007.

［69］［美］马乔里·J.克斯特尔尼克．儿童社会性发展指南理论到实践［M］.邹晓燕，译．北京：人民教育出版社，2009.

［70］马新文，张勇赛．河南省未成年人法律援助的理论与实务研究［M］.北京：中国社会出版社，2015.

[71] [美] 曼纽尔·卡斯特. 网络社会的崛起 [M]. 夏铸九, 王志弘, 译. 北京: 社会科学文献出版社, 2001.

[72] 门从国. 中国当代性伦理构建 [M]. 成都: 四川科学技术出版社, 2006.

[73] [法] 米歇尔·福柯. 规训与惩罚 [M]. 刘北成, 杨选婴, 译. 北京: 生活·读书·新知三联书店, 1999.

[74] 聂应德, 康钊. 义务教育阶段留守儿童监护人类型及对其成长影响分析 [M]. 成都: 电子科技大学出版社, 2016.

[75] [爱尔兰] Paul Michael Garrett. 社会理论与社会工作 [M]. 黄锐, 译. 上海: 华东理工大学出版社, 2015.

[76] [美] 帕特里克·贝尔特, [葡] 菲利佩·卡雷拉·达·席尔瓦. 二十世纪以来的社会理论 [M]. 瞿铁鹏, 译. 北京: 商务印书馆, 2014.

[77] 潘乃谷, 潘乃和. 潘光旦选集: 第 1 集 [M]. 北京: 光明日报出版社, 1999.

[78] 潘绥铭, 黄盈盈. 性社会学 [M]. 北京: 中国人民大学出版社, 2011.

[79] 庞文, 孙影娟. 西方社会学理论概要 [M]. 哈尔滨: 东北林业大学出版社, 2011.

[80] 彭华民. 西方社会福利理论前沿: 论国家社会、体制与政策 [M]. 北京: 中国社会出版社, 2009.

[81] [法] 皮埃尔·布迪厄, [美] 华康德. 实践与反思: 反思社会学导引 [M]. 李猛, 李康, 译. 北京: 中央编译出版社, 1998.

[82] [美] 乔治·瑞泽尔. 古典社会学理论 [M]. 6 版. 王建民, 译. 北京: 世界图书出版公司北京公司, 2014.

[83] [法] 乔治·维加莱洛. 性侵犯的历史 [M]. 张森宽, 译. 长沙: 湖南文艺出版社, 2000.

[84] 陕西省妇女理论、婚姻家庭研究会, 陕西省妇女联合会. 女性问题在当代的思考 [M]. 西安: 陕西人民出版社, 1988.

[85] [德] 马克斯·舍勒. 舍勒选集 [M]. 北京: 生活·读书·新知三联书店, 1999.

[86] 沈德咏. 2017 中国少年司法 [M]. 北京: 人民法院出版社, 2018.

[87] 沈红卫. 中国法律援助制度研究 [M]. 长沙: 湖南人民出版社, 2006.

［88］施建刚，徐奇升．地方政府土地供应结构偏向行为及其对城市增长的影响研究［M］．上海：同济大学出版社，2019.

［89］石方．中国性文化史［M］．哈尔滨：黑龙江人民出版社，1993.

［90］石艳．我们的异托邦：学校空间社会学研究［M］．南京：南京师范大学出版社，2009.

［91］史尚宽．民法总论［M］．北京：中国政法大学出版社，2000.

［92］苏力．法治及其本土资源［M］．北京：中国政法大学出版社，1996.

［93］苏力．纲常、礼仪、称谓与社会秩序建构和维系追求——对儒家的制度性理解［M］//张文显，徐显明．全球化背景下东亚的法治与和谐：第七届东亚法哲学大会学术文集：上．济南：山东人民出版社，2009.

［94］苏力．送法下乡［M］．北京：北京大学出版社，2011.

［95］孙隆基．中国文化的深层结构［M］．桂林：广西师范大学出版社，2004.

［96］孙隆基．中国文化的深层结构［M］．西安：华岳文艺出版社，1988.

［97］汪民安．身体、空间与后现代性［M］．南京：江苏人民出版社，2015.

［98］王歌雅．扶养与监护纠纷的法律救济［M］．北京：法律出版社，2001.

［99］王莉君．权力与权利的思辨［M］．北京：中国法制出版社，2005.

［100］王宗文．权力制约与监督研究［M］．沈阳：辽宁人民出版社，2005.

［101］［美］威廉·L.雅博，［美］芭芭拉·W.萨亚德，［美］布莱恩·斯特朗，等．认识性学：插图［M］．6版．爱白文化教育中心，译．北京：世界图书北京出版公司，2012.

［102］［美］威廉·N.邓恩．公共政策分析导论［M］．谢明，伏燕，朱雪宁，译．北京：中国人民大学出版社，2002.

［103］文军．西方社会工作理论［M］．北京：高等教育出版社，2013.

［104］［德］乌尔里希·贝克．风险社会［M］．张文杰，何博闻，译．南京：译林出版社，2004.

［105］吴铎．《家庭、私有制的国家的起源》读书札记［M］．上海：华东师范大学出版社，1984.

［106］吴宗宪．犯罪心理学分论［M］．北京：商务印书馆，2018.

［107］吴宗宪．犯罪心理学总论［M］．北京：商务印书馆，2018.

［108］［奥］西格蒙德·弗洛伊德．弗洛伊德自传［M］．顾闻，译．上海：

上海人民出版社，1988.

[109] 徐复观．中国思想史论集［M］．台北：学生书局，1975.

[110] 徐显明．人权研究：第4卷［M］．济南：山东人民出版社，2004.

[111] ［美］亚伯拉罕·马斯洛．动机与人格［M］．许金声，译．北京：中国人民大学出版社，2017.

[112] ［古希腊］亚里士多德．政治学［M］．吴寿彭，译．北京：商务印书馆，1965.

[113] 严励，岳平．犯罪学论坛：第3卷［M］．北京：中国法制出版社，2017.

[114] 严励．刑法学前沿与热点问题研究［M］．北京：中国法制出版社，2017.

[115] 严于龙．农民工贡献、收入分享与经济、社会发展［M］．北京：中国统计出版社，2008.

[116] 杨冠琼．政府治理体系创新［M］．北京：经济管理出版社，2000.

[117] 杨国枢，陆洛．中国人的自我心理学的分析［M］．重庆：重庆大学出版社，2009.

[118] 杨国枢，叶光辉．孝道的心理学研究：理论、方法及发现［M］//高尚仁，杨中芳．中国人中国心——传统篇．台北：远流出版公司，1991.

[119] 杨国枢．中国人的社会取向：社会互动的观点［M］台北：桂冠图书公司，1992.

[120] 杨柳．社会工作专业的适当性研究［M］．长春：吉林人民出版社，2017.

[121] 杨雄，李煜．社会学理论前沿［M］．上海：上海社会科学院出版社，2016.

[122] 杨雪冬．风险社会与秩序重建［M］．北京：社会科学文献出版社，2003.

[123] 姚建龙．校园暴力控制研究［M］．上海：复旦大学出版社，2010.

[124] 叶光辉．台湾民众之孝道观念的变迁情形［M］//张笠云，吕玉瑕，王甫昌．90年代的台湾社会：社会变迁基本调查研究系列二：下．台北："中研院"社会学研究所筹备处，1997.

[125] 叶敬忠，［美］詹姆斯·莫瑞．关注留守儿童：中国中西部农村地区劳动力外出务工对留守儿童的影响［M］．北京：社会科学文献出版社，2005.

[126] 于世忠．中国刑法学总论［M］．3版．厦门：厦门大学出版

社，2017.

［127］于伟．理性与教育［M］．合肥：安徽教育出版社，2009.

［128］余汉仪．儿童虐待：现象检视与问题反思［M］．台北：巨流图书公司，1995.

［129］余和祥．中国传统性风俗及其文化本质［M］．北京：商务印书馆，2014.

［130］余玉花．科学防范现代危机的公共政策：理论与实践［M］．上海：上海社会科学院出版社，2017.

［131］［美］约翰·肯尼思·加尔布雷思．权力的分析［M］．陶远华，苏世军，译．石家庄：河北人民出版社，1988.

［132］［美］约瑟夫·劳斯．知识与权力：走向科学的政治哲学［M］．盛晓明，邱慧，孟强，译．北京：北京大学出版社，2004.

［133］曾国藩．曾刻孟子要略译注［M］．合肥：安徽人民出版社，2013.

［134］曾赟，孔一，张崇脉．犯罪原因分析［M］．武汉：华中科技大学出版社，2010.

［135］［美］詹姆斯·M.布坎南，［美］戈登·塔洛克．同意的计算：立宪民主的逻辑基础［M］．陈光金，译．北京：中国社会科学出版社，2000.

［136］张凌，刘瑞榕．立体化社会治安防控体系建设：中国犯罪学学会年会论文集2016年［M］．北京：中国检察出版社，2016.

［137］张智辉，徐名涓．犯罪被害者学［M］．北京：群众出版社，1989.

［138］赵可．一个被轻视的社会群体：犯罪被害人［M］．北京：群众出版社，2002.

［139］赵丽江．政治学［M］．2版．武汉：武汉大学出版社，2012.

［140］郑思礼．中国性文化［M］．北京：中国对外翻译出版公司，1994.

［141］中国法学会法制文学研究会．中国法治文化：第6辑［M］．北京：群众出版社，2016.

［142］中国法制出版社．新编常用法律词典：案例应用［M］．北京：中国法制出版社，2016.

［143］钟瑛，牛静．网络传播法制与伦理［M］．武汉：武汉大学出版社，2006.

［144］周欢．性行为与健康［M］．成都：四川大学出版社，2018.

［145］周诗宁．预防家庭暴力［M］．台北：五南图书出版公司，2004.

［146］朱成全．社会思潮视野中的经济学［M］．大连：东北财经大学出版

社，2016．

[147] [美] 詹姆斯·S. 科尔曼. 社会理论的基础 [M]. 邓方，译. 北京：社会科学文献出版社，1992．

二、中文期刊

[1] 蔡琳. 家庭秩序：国家法的构造与限度 [J]. 浙江学刊，2020 (5)．

[2] 曹晋，薛跃规. 广西偏远地区留守儿童预防性侵害犯能力现况 [J]. 中国性科学 2017，26 (6)．

[3] 陈柏峰. 熟人社会：村庄秩序机制的理想型探究 [J]. 社会，2011，31 (1)．

[4] 陈晶琦. 565 名大学生儿童期性虐待经历回顾性调查 [J]. 中华流行病学杂志，2004，25 (10)．

[5] 程荣. 论犯罪成本的经济学分析 [J]. 内蒙古农业大学学报 (社会科学版)，2011，13 (3)．

[6] 程志超，张涛. 农村留守儿童权益保护政策研究 [J]. 东岳论丛，2016，37 (2)．

[7] 董泽松，李若天，李孝川，等. 云南省农村留守儿童预防性侵害犯能力现况及影响因素分析 [J]. 中国妇幼保健，2015 (32)．

[8] 段成荣，吕利丹，王宗萍. 城市化背景下农村留守儿童的家庭教育与学校教育 [J]. 北京大学教育评论，2014，12 (3)．

[9] 段成荣，周福林. 我国留守儿童状况研究 [J]. 人口研究，2005，29 (1)．

[10] 范斌. 中国儿童福利制度重构与福利治理之可能 [J]. 预防青少年犯罪研究，2014 (5)．

[11] 范方，桑标. 亲子教育缺失与"留守儿童"人格、学绩及行为问题 [J]. 心理科学，2005，28 (4)．

[12] 范兴华. 不同监护类型留守儿童与一般儿童情绪适应的比较 [J]. 中国特殊教育，2011 (2)．

[13] 高春华. 儒家文化中的耻感品性及其当代启示 [J]. 思想教育研究，2007 (11)．

[14] 高雪莲. 完美的"铁笼"：规训"在场"的农村寄宿制学校——主体视角的柳溪村儿童学校教育考察 [J]. 北京社会科学，2015 (1)．

[15] 葛缨，邓林园，纪灵超. 络成瘾城市留守儿童人格特质、网络效能感

及生命意义感的关系 [J]. 中国特殊教育, 2018 (2).

[16] 管宁. 家庭、教育与不平等的再生产——读《不平等的童年》 [J]. 教育观察 (上旬刊), 2013, 2 (22).

[17] 郭道晖. 试论权利与权力的对立统一 [J]. 法学研究, 1990 (4).

[18] 郭紫棋, 林颖慧. 被性侵害未成年被害人司法保护体系的完善——基于台湾地区台北市 "性侵害案件一站式服务" 之启示 [J]. 人民检察, 2018 (14).

[19] 韩嘉玲, 张妍, 王婷婷. 农村留守儿童的家庭监护能力研究 [J]. 南京工业大学学报 (社会科学版), 2016, 15 (2).

[20] 韩嘉玲, 张妍, 王婷婷. 农村留守儿童的家庭监护能力研究 [J]. 南京工业大学学报 (社会科学版), 2016, 15 (2).

[21] 何昕格, 贾秋韵, 郑日强. 儿童性侵害犯认知探究——基于湖北虎村的实证研究 [J]. 武汉理工大学学报 (社会科学版), 2017 (5).

[22] 何志培. 揭开恋童症的面纱——从麦可疑似性侵害男童案谈起 [J]. 谘商与辅导, 2004 (220).

[23] 贺翔, 唐果. 公共选择理论对我国政府管理的几点启示 [J]. 科学学与科学技术管理, 2005, 26 (2).

[24] 胡春阳, 毛荻秋. 看不见的父母与理想化的亲情: 农村留守儿童亲子沟通与关系维护研究 [J]. 新闻大学, 2019 (6).

[25] 胡义秋, 朱翠英. 不同学龄阶段农村留守儿童心理健康状况比较研究 [J]. 湖南社会科学, 2015 (1).

[26] 华康德. 论符号权力的轨迹 [J]. 国外社会学, 1995 (4).

[27] 黄宝珍, 郑昕颖, 金杨. 城市留守儿童性教育及性侵害认知现状调查与分析 [J]. 中国性科学, 2020 (8).

[28] 黄君. 农村留守儿童社会保护体系建构: 福利治理视角 [J]. 社会工作, 2017 (1).

[29] 江立华. 乡村文化的衰落与留守儿童的困境 [J]. 江海学刊, 2011 (4).

[30] 姜明安. 公法学研究的几个基本问题 [J]. 法商研究, 2005 (3).

[31] 姜又春. 家庭社会资本与 "留守儿童" 养育的亲属网络——对湖南潭村的民族志调查 [J]. 南方人口, 2007, 22 (3).

[32] 金生鈜. 规训化教育与儿童的权利 [J]. 教育研究与实验, 2002 (4).

［33］孔艳秋，陈晶琦. 阜新市 174 名小学教师对儿童性侵害犯问题的认识 ［J］. 中国学卫生，2016（10）.

［34］兰跃军. 性侵害未成年被害人的立法与司法保护［J］. 贵州民族大学学报：哲学社会科学版，2019（4）.

［35］李爱芹. 浅谈农村留守儿童权益保护存在的问题及对策［J］. 农村经济与科技，2014（10）.

［36］李成齐. 性侵害受害儿童的治疗研究进展［J］. 中国特殊教育，2007（7）.

［37］李静，何云峰，冯显诚. 论社会心态的本质、表现形式及其作用［J］. 华东理工大学学报：社会科学版，2003，18（4）.

［38］李静爽. 手机对农村老年人的行为影响研究——以河南省某村庄为例［J］. 新闻研究导刊，2019，10（7）.

［39］李丽，谢光荣. 儿童性虐待认定及其存在的问题［J］. 中国特殊教育，2012（5）.

［40］李俏，付雅雯. 代际变动与农村养老：转型视野下的政策启示——基于江苏省如东县农村的调查［J］. 农村经济，2017（8）.

［41］李守良. 论网络色情信息对未成年人的危害及治理对策［J］. 预防青少年犯罪研究，2017（4）.

［42］李欣. 生活方式与犯罪治理［J］. 黑龙江省政法管理干部学院学报，2008（4）.

［43］梁发祥. 中小学校园师源性侵害犯罪罪前情境及预防［J］. 大理学院学报，2008（11）.

［44］梁莹. 农村留守儿童关爱保护机制的政策：缺失、完善与探索——《国务院关于加强农村留守儿童关爱保护工作的意见》的解读与修正［J］. 理论探讨，2016（6）.

［45］林萍，童峰，王颖. 未成年女性遭受性侵害的文献研究评价——基于循证实践理念［J］. 重庆工商大学学报（社会科学版），2018（2）.

［46］凌斌. 立法与法治［J］. 北大法律评论，2004（0）.

［47］凌斌. 普法、法盲与法治［J］. 法制与社会发展，2004，10（2）.

［48］刘建利. 日本性侵害未成年人犯罪的法律规制及其对我国的启示［J］. 青少年犯罪问题，2014（1）.

［49］刘丽娟，陈云凡. 建立我国高风险家庭儿童监测保护体系研究［J］. 社会保障研究，2017（1）.

[50] 刘倩. 公共政策问题确认中政府行为研究的前在预设 [J]. 西北农林科技大学学报 (社会科学版), 2011, 11 (1).

[51] 刘霞, 范兴华, 申继亮. 初中留守儿童社会支持与问题行为的关系 [J]. 心理发展与教育, 2007, 23 (3).

[52] 刘霞, 胡心怡, 申继亮. 不同来源社会支持对农村留守儿童孤独感的影响 [J]. 河南大学学报 (社会科学版), 2008, 48 (1).

[53] 刘霞, 赵景欣, 申继亮. 农村留守儿童的情绪与行为适应特点 [J]. 中国教育学刊, 2007 (6).

[54] 刘晓陶, 黄丹麾. 身体与图像 [J]. 天津美术学院学报, 2017, 121 (10).

[55] 刘再复. 悲剧与荒诞剧的双重意蕴 [J]. 读书, 2005 (7).

[56] 龙玲, 陈世海. 农村留守女童性侵害的社会工作服务 [J]. 宜宾学院学报, 2013, 13 (8).

[57] 卢宝蕊. 家庭社会关系网络与留守儿童生存风险研究——以闽南地区 A 镇留守儿童为例 [J]. 龙岩学院学报, 2013 (6).

[58] 卢利亚. 农村留守儿童心理症候探析 [J]. 求索, 2016 (11).

[59] 陆继霞. 留守儿童情感缺失：工业化进程中的社会之痛 [J]. 中国农业大学学报 (社会科学版), 2011, 28 (3).

[60] 陆士桢, 李玲. 儿童权益保护：家内性侵害研究综述 [J]. 广东青年干部学院学报, 2009 (4).

[61] 吕明. 在普法与守法之间——基于意识形态 "社会黏合" 功能的意义探究 [J]. 南京农业大学学报 (社会科学版), 2012, 12 (3).

[62] 吕绍清. 中国农村留守儿童问题研究 [J]. 中国妇运, 2006 (6).

[63] 宁乐锋. 现代私人领域及其结构——关于查尔斯·泰勒的私人领域概念的解析 [J]. 广西社会科学, 2017 (7).

[64] 牛旭. 性侵害未成年人犯罪及风险治理——个新刑罚学的视角 [J]. 青少年犯罪问题, 2014 (6).

[65] 潘建平, 李玉凤. 儿童忽视研究的最新进展 [J]. 中华流行病学杂志, 2005 (5).

[66] 彭雨霜, 杨梅, 陈丹, 等. 湖北省农村小学生性侵害犯发生情况及影响因素分析 [J]. 中国健康教育, 2018 (4).

[67] 上官子木. 隔代抚养与 "留守" 儿童 [J]. 父母必读, 1993 (11).

[68] 舒首立, 卢会醒, 张露, 等. 中国文化的自尊与西方文化的 self-

esteem 之比较 [J]. 西南大学学报（社会科学版），2012，38（1）.

[69] 宋文娟. 关于留守儿童的问题与思考：来自南陵县的调查报告 [J]. 安徽教育学院学报，2006，24（4）.

[70] 宋振玲，刘铭. 留守儿童沉迷手机游戏问题的解决路径——基于优势视角的研究 [J]. 社会与公益，2020（3）.

[71] 苏春景. 监护人性侵害未成年被监护人现象分析及受害人生态重塑之路 [J]. 东岳论丛，2019，40（4）.

[72] 孙晶. 我国社会转型期儿童性侵害现象的社会成因探究 [J]. 齐鲁学刊，2016（4）.

[73] 孙顺其. "留守儿童"实堪忧 [J]. 教师博览，1995（2）.

[74] 孙艳艳. 家庭为本的留守儿童社会服务政策理念与设计 [J]. 东岳论丛，2013（5）.

[75] 谭晓玉. 师源性侵害研究：现状调查与成因分析 [J]. 青少年犯罪问题，2007（4）.

[76] 王佳鹏. "羞耻心是不知羞耻的渊薮"——从《房思琪的初恋乐园》看性侵害和家暴的文化心理根源 [J]. 天府新论，2020（5）.

[77] 王进鑫. 青春期留守儿童性安全问题调查研究 [J]. 青年研究，2008（9）.

[78] 王秋香. 农村"留守儿童"同辈群体类型及特点分析 [J]. 湖南社会科学，2007（1）.

[79] 王小红，桂莲. 国内儿童性侵害犯问题研究综述 [J]. 现代教育科学（普教研究），2014（4）.

[80] 王勇. 城乡文化一体化与乡村学校的文化选择 [J]. 中国教育学刊，2012（3）.

[81] 王玥. 中华人民共和国建立 70 年来国人性观念的演变 [J]. 中国性科学，2019，236（9）.

[82] 韦政通. 中国孝道思想的演变及其问题 [J]. 现代学苑，1969（3）.

[83] 邬志辉，李静美. 农村留守儿童生存现状调查报告 [J]. 中国农业大学学报（社会科学版），2015，32（1）.

[84] 邬志辉，杨卫安. "离农"抑或"为农"——农村教育价值选择的悖论及消解 [J]. 教育发展研究，2008（4）.

[85] 吴瑾嫣. 女性游民研究：家的另类意涵 [J]. 应用心理研究，2000（8）.

[86] 吴霓. 农村留守儿童问题调研报告 [J]. 教育研究, 2004 (10).

[87] 夏丽丽. 遭父性侵害女性成年后的家庭困局——一项基于系统视角和依恋理论的临床案例分析 [J]. 社会工作, 2017 (4).

[88] 谢儒贤. 发展儿童性侵害社会工作处遇模式之初探 [J]. 朝阳人文社会学刊, 2002, 1 (1).

[89] 谢燕, 肖非. 残疾污名的形成机制与去污名的路径探析——基于融合教育的理论视角 [J]. 现代特殊教育, 2016, 22.

[90] 熊丙奇. 校园性侵害案与"伪善"教育 [J]. 妇女研究论丛, 2013 (4).

[91] 徐志成. 于都县农村留守儿童计免工作现状及对策 [J]. 中国农村卫生事业管理, 2006, 26 (11).

[92] 杨成虎. 论政策问题构建的逻辑与程序 [J]. 学习与实践, 2010 (2).

[93] 杨秀芬. 从贞操文化谈性侵害和性教育 [J]. 中国性科学, 2018 (6).

[94] 杨宜音. 个体与宏观社会的心理关系: 社会心态概念的界定 [J]. 社会学研究, 2006 (4).

[95] 杨志超. 比较法视角下儿童保护强制报告制度特征探析 [J]. 法律科学 (西北政法大学学报), 2017, 35 (1).

[96] 叶敬忠, 王伊欢, 张克云. 父母外出务工对留守儿童情感生活的影响 [J]. 农业经济问题, 2006 (4).

[97] 殷世东, 朱明山. 农村留守儿童教育社会支持体系的构建——基于皖北农村留守儿童教育问题的调查与思考 [J]. 中国教育学刊, 2006 (2).

[98] 尹新瑞, 王美华. 国际留守儿童的风险与防范: 研究现状与干预策略——兼论对我国留守儿童风险防范的启示 [J]. 少年儿童研究, 2020 (5).

[99] 于伟, 戴军. 福柯教室中的微观权力理论述评 [J]. 东北师大学报, 2005 (2).

[100] 余海燕. 未成年人性犯罪现象分析及预防对策 [J]. 中国性科学, 2011 (3).

[101] 曾奇峰. 另类性虐待 [J]. 心理与健康, 2006 (4).

[102] 张建国. 家庭教养的逻辑与《不平等的童年》 [J]. 鲁东大学学报 (哲学社会科学版), 2018 (3).

[103] 张锦涛, 刘勤学, 邓林园, 等. 青少年亲子关系与网络成瘾: 孤独感的中介作用 [J]. 心理发展与教育, 2011, 27 (6).

[104] 张连云. 农村留守儿童的社会关系与孤独感研究 [J]. 中国临床心理学杂志, 2011, 19 (1).

[105] 张荣丽. 校园性侵害预防机制的原则与框架研究 [J]. 中华女子学院学报, 2020, 32 (3).

[106] 张晓, 陈会昌, 张桂芳, 等. 亲子关系与问题行为的动态相互作用模型: 对儿童早期的追踪研究 [J]. 心理学报, 2008 (5).

[107] 张晓冰. 农村留守儿童遭受性侵害案件的特征、难点及出路 [J]. 法律适用, 2014, 4 (11).

[108] 张一兵. 资本主义: 全景敞视主义的治安—规训社会——福柯《规训与惩罚》解读 [J]. 中国高校社会科学, 2013 (17).

[109] 张应凯. 礼治与当今法治能相辅相成吗? 与白奚先生商榷 [J]. 哲学动态, 1999 (3).

[110] 张永强, 耿亮. 农村留守女童遭受性侵害问题及防范对策研究 [J]. 预防青少年犯罪研究, 2016 (3.

[111] 赵芳, 徐艳枫. 儿童保护政策分析及以家庭为中心的儿童保护体系建构 [J]. 社会工作与管理, 2018, 18 (5).

[112] 赵合俊. 性权与人权: 从《性权宣言》说起 [J]. 环球法律评论, 2002, 24 (122).

[113] 赵莹, 柴彦威, MARTIN D. 家空间与家庭关系的活动—移动行为透视——基于国际比较的视角 [J]. 地理研究, 2013, 6 (32).

[114] 郑佳然. 代际交换: 隔代抚养的实质与挑战 [J]. 吉首大学学报 (社会科学版), 2019, 40 (1).

[115] 钟昭会, 常静. 农村留守女童遭受"禽兽教师"性侵害之家庭原因与防范对策 [J]. 贵州大学学报: 社会科学版, 2015, 33 (6).

[116] 周楚, 王德斌. 留守儿童性侵害案件的成因及对策 [J]. 医学与社会, 2010 (1).

[117] 朱峰. 青年性、暴力结构与青年膨胀——从现代到当代冲突世界中的青年问题考察 [J]. 中国青年研究, 2018 (2).

[118] 卓彩琴. 生态系统理论在社会工作领域的发展脉络及展望 [J]. 江海学刊, 2013 (3).

三、中文论文

[1] 郎燕玲. 利用优势地位性侵害幼女之"明知"推定 [D]. 南昌: 南昌

大学，2019.

［2］刘昱辉. 公权力介入家庭暴力的法理思考［D］. 北京：中共中央党校，2010.

［3］孟琴. 青春期留守儿童性心理健康现状及干预［D］. 昆明：云南师范大学，2015.

［4］魏弘轩. 以男童为性侵害对象之加害人性侵害动机与犯罪路径之探索性研究［D］. 嘉义：台湾中正大学，2008.

［5］夏丹波. 公民法治意识之生成［D］. 北京：中共中央党校，2015.

［6］赵方. 互动仪式链理论视域下师生关系建设研究［D］. 河南大学，2016.

四、外文专著

［1］ARNON B. Trauma-Organized Systems：Physical and Sexual Abuse inFamilies［M］. London：Karnac Books，1992.

［2］BURSZTEIN E. Rethinking the detection of child sexual abuse imagery on the Internet［M］//The World Wide Web Conference. Switzerland：IW3C2，2019.

［3］COLEMAN L M. Stigma［M］//AINLAY S C，BECKER G，COLEMAN. The dilemma of difference［M］. Boston：Springer，1986.

［4］COURTOIS C A. Healing the incest wound：Adult survivors in therapy［M］. New York：WW Norton& Company，1996.

［5］CROCKER M S. Social stigma［M］//FISKE S，GILBERT D，LINDZEY G. Handbook of socialpsychology. Boston：McGraw-Hill，1998.

［6］DEPANFILIS，D. Child neglect：A guide for prevention，assessment，and intervention［M］. Washington，D C：U. S. Department of Health and Human Services，Administration on Children and Families，Administration for Children，Youth，and Families，Children's Bureau，Office on Child Abuse and Neglect，2006.

［7］DUBOWITZ H. Whatis neglect?［M］//DUBOWITZ H，DEPANFILIS D. Handbook for child protection practice［M］. Thousand Oaks，CA：Sage，2000.

［8］DVRKHEIM E. Incest：The Nature and Origin of the Taboo［M］. New York：L. Stuart，1963.

［9］FINKELHOR D. Child sexual abuse：New theory and research［M］. New York，NY：Free Press，1984.

［10］GOFFMAN E. Stigma：Notes on the management of spoiled identity［M］.

New York: Prentice-Hall, 1963.

[11] HENTIG H V. The criminal & his victim: Studies in the sociobiology of crime [M]. New Haven: Yale Univ. Press, 1948.

[12] ITZIN G. Home truths about child sexual abuse: Policy and practice [M]. London: Routledge, 2005.

[13] JANKOWSKI M S. Islands in the Street: Gangs and American Society [M]. Berkey: University of California Press, 1991.

[14] KNIGHT R A, PRENTKY R A. Classifying sexual offenders: The development and corroboration oftaxonomic models [M] //Marshall W L, Laws D R, Barbara H E. Handbook of sexual assault: Issues, theories, and treatment of the offender. New York: Plenum, 1990.

[15] KRONE T. A typology of online child pornography offending [M]. Canberra: Australian Institute of Criminology, 2004.

[16] LURIA A. Higher cortical functions in man [M]. New York: Basic Books, 1966.

[17] MARSHALL W L, BARBAREE H E. An integrated theory of the etiologyof sexual offending [M] //Handbook of sexual assault. Boston, MA: Springer, 1990.

[18] MATTHEWS R, MATTHEWS J, SPELTZ K. Female sexual offenders: A typology [M] //PATTON M. Family sexual abuse: Frontline research and evaluation. London: Sapp, 1991.

[19] PATTON M Q. Family sexual abuse [M]. New York: Sage, 1991.

[20] PECORA P J. The child welfare challenge: Policy, practice, and research [M]. Routledge, 2018.

[21] ROBINS S L. Protecting our students [M]. Ontario, Canada: Ministry of the Attorney General, 2000.

[22] RUSSELL D E H. Sexual exploitation: Rape, child sexual abuse, and workplace harassment [M]. Beverly Hills, CA: Sage Publications, 1984.

[23] RUTTER M, GILLER H, HAGELL, A. Antisocial behavior by young people [M]. Cambridge: Cambridge University Press, 1998.

[24] SARADJIAN J. Foreword [M] //FORD H. Women who Sexually Abuse Children. West Sussex: John Wiley & Sons Ltd, 2006.

[25] SHAKESHAFT C. Educator sexual misconduct: A synthesis of existing literature [M]. Washington, DC: U. S. Department of Education, Office of the Under

Secretary, 2004.

［26］SMALLBONE S, MARSHALL W L, WORTLEY R. Preventing child sexual abuse: Evidence, policy and practice ［M］. New York, NY: Routledge, 2013.

［27］SMALLBONE S, WORTLEY R. Child sexual abuse in Queensland: mender characteristics and modus operandi ［M］. Brisbane, QSLD: Queensland Crime Commission, 2000.

［28］STAKE R E. Qualitative case studies ［M］//DENZIN N K, LINCOLN Y S. Handbook of qualitative research: 3rd ed. Thousand Oaks, CA: Sage, 2005.

［29］TONRY M, FARRINGTON D. Building a safer society: Strategic approaches to crime prevention ［M］. Chicago: Chicago University Press, 1995.

［30］WALSH F. Normal family processes ［M］. New York: Guilford Press, 1982.

［32］WYNNE B. Technology, risk and participation: On the social treatment of uncertainty ［M］//JOBST C. Society, technology and risk assessment. New York: Academic Press, 1980.

五、外文期刊

［1］BANDURA A. Social Learning Theory of Aggression ［J］. Journal of Communication, 1978, 28.

［2］BEAVERS R, HAMPSON R B. The Beavers systems model of family functioning ［J］. Journal of Family Therapy, 2000, 22 (2).

［3］BEAVERS W R, HAMPSON R. The Beavers Systems Model of Family Functioning ［J］. Journal o Family Therapy, 2000, 22 (2).

［4］BEECH A R, WARD T. The Integration of Etiology and Risk in Sex Offenders: A Theoretical Framework ［J］. Aggression and Violent Behavior, 2004, 10 (1).

［5］BELSKY J, STEINBERG L, DRAPER P. Childhood Experience, Interpersonal Development, and Reproductive Strategy: An Evolutionary Theoryof Socialization ［J］. Child Dev, 1991, 62 (4).

［6］BENNEL C, ALISON L, STEIN K, et al. Sexual offenses against children as the abusive exploitation of conventional adult-child relationship ［J］. Journal of Social & Personal Relationships, 20012 (18).

［7］BERNARD L C, MILLS M, WALSH L S, et al. An Evolutionary Theory of

Human Motivation [J]. Genetic, Social, and General Psychology Monographs, 2005, 13 (2).

[8] BOWATER B. Adam Walsh Child Protection and Safety Act of 2006: Is There a Better Way to Tailor the Sentences for Juvenile Sex Offenders [J]. Cath. UL Rev. , 2007, 57.

[9] BRIERE J N, ELLIOTT D M. Immediate and long – term impactsof childsexual abuse [J]. The Future of Children, 1994.

[10] BRONFENBRENNER U. Developmental research, public policy, and the ecology of childhood. Child development, 1974, 45 (1).

[11] BRONFENBRENNER U. Toward an Experimental Ecology of Human–Development [J]. American Psychologist, 1977, 32 (7).

[12] BROOKS A D. Megan's Law: Constitutionality and policy [J]. Criminal Justice Ethics, 1996, 15 (1).

[13] BROWNE A, FINKELHOR D. Impact of child sexual abuse: A review of the research [J]. Psychological Bulletin, 1986, 99 (1).

[14] CARLSON B E. Causes and maintenance of domestic violence: An ecological analysis [J]. Social Service Review, 1984, 58 (4).

[15] CELBIS O, OZCAN M E, ÖZDEMIR B. Paternal and sibling incest: A case report. Journalof Clinical Forensic Medicine, 2006, 13 (1).

[16] CHAPPELL D. Cross–culture research on forcible rape [J]. International Journal of Criminology and Penology, 1976 (4).

[17] COHEN L E, FELSON M. Social change and crime rate trends: A routine-activity approach [J]. AmericanSociological Review, 1979, 44 (4).

[18] COIE J D, WATTN F, WEST S G, et al. The science of prevention: A conceptual framework and some directions for a national research program [J]. American Psychologist, 1993, 48 (10).

[19] COLANGELO J J, KEEFE – COOPERMAN K. Neural correlates of memories of childhood sexual abuse in women with and without posttraumatic stressdisorder [J]. The American Journal of Psychiatry, 2012, 156 (11).

[20] COOPER A, DELMONICO D L, BURG R. Cybersex users and abusers: New findings and implications [J]. Sexual Addiction & Compulsivity, 2000, 7 (1–2).

[21] COOPER A. Cybersex and sexual compulsivity: The dark side of the force [J]. Sexual Addiction & Compulsivity the Journal of Treatment & Prevention, 2000,

77 (1-2).

[22] COSSINS A. The hearsay rule and delayed complaints of child sexual abuse: The law and the evidence [J]. Psychiatry, Psychology and Law, 2002, 9 (2).

[23] CRAVEN S, BROWN S, GILCHRIST E. Current responses to sexualgrooming: Implication for prevention [J]. The Howard Journal of Criminal Justice, 2007, 46 (1).

[24] CRAVEN S, BROWN S, GILCHRIST E. Sexual grooming of children: Review of literature and theoretical considerations [J]. Journal of Sexual Aggression, 2006, 12 (3).

[25] CRAVEN S, BROWN S, GILCHRIST E. Sexual grooming of children: Review of literature and theoretical considerations [J]. Journal of Sexual Aggression, 2006, 12.

[26] DORAHY M, MIDDLETON S, SEAGER L, et al. Child abuse and neglect in complex dissociative disorder, abuse - related chronic PTSD, and mixed psychiatric samples [J]. Journal of Trauma & Dissociation, 2016, 17 (2).

[27] DREBY J. Children and Power in Mexican Transnational Families [J]. Journal of Marriage and Family, 2007, 69 (4).

[28] DUBOWITZ H, BLACK M, HARRINGTON D. The diagnosis of child sexual abuse [J]. American Journal of Diseases of Children, 1992, 146 (6).

[29] DUBOWITZ H, BLACK M, STARR R H, et al. A Conceptual Definition of Child Neglect [J]. Criminal Justice and Behavior, 1993, 20 (1).

[30] DUBOWITZ H, BLACK M, STARR R H, et al. A conceptual definition of child neglect [J]. Criminal Justice and behavior, 1993, 20 (1).

[31] DUBOWITZ H. Tackling child neglect: A role for pediatricians [J]. Pediatric Clinics of North America, 2009, 56 (2).

[32] ELLIOT M, BROWNE K, KILCOYNE J. Child sexual abuse prevention: What offenders tell us [J]. Child Abuse & Neglect, 1995, 5 (19).

[33] ELLIOT M, BROWNE K, KILCOYNE J. Child sexual abuse prevention: What offenders tell us [J]. Child Abuse & Neglect, 1995, 5 (19).

[34] ELLIOTT I A, BEECH A R. Understanding online child pornographyuse: Applying sexual offense theory to internet offenders [J]. Aggressionand Violent Behavior, 2009, 14 (3).

[35] EMM D, MCKENRY P C. Coping with victimization: The impactof rape

on female survivors, male significant others, and parents [J]. Conte mporary Family Therapy, 1988, 10 (4).

[36] ESPELAGE D L. Ecological Theory: Preventing Youth Bullying, Aggression, and Victimization [J]. Theory Into Practice, 2014, 53 (4).

[37] FABIAN J. The Adam Walsh Child Protection and Safety act: Legal and psychological aspects of the new civil commitment law for federal sex offenders [J]. Clev. St. L. Rev. , 2012, 60.

[38] FEELEY M M, SIMON J. The new penology: Notes on theemerging strategy of corrections and its implications [J]. Criminology, 1992, 30 (4).

[39] FEELGOOD S, CORTONI F, THOMPSON A. Sexual coping, general coping and cognitive distortions in incarcerated rapists and child molesters [J]. Journal of Sexual Aggression, 2005, 11 (2).

[40] FELD B C. Violent youth and public policy: A case study of juvenile justice law reform [J]. Minn. L. Rev. , 1994, 79 (5).

[41] FELSON M. Routine activities and crime prevention in the developingmetropolis [J]. Criminology, 1987, 25 (4).

[42] FINKELHOR D, ARAJI S. Explanations of pedophilia: A four factor model [J]. Journal of SexResearch, 1986, 22.

[43] FINKELHOR D, BROWNE A. The traumaticimpact of child sexual abuse: aconceptualization [J]. Ainerican Jowrnal of Orthopsychiatry, 1985, 55 (4).

[44] FOLLETTE V M. Cumulative trauma: The impact of child sexualabuse, adult sexual assault, and spouse abuse [J]. Journal of Traumatic Stress, 1996, 9 (1).

[45] FRASER M W, GALINSKY M J. RICHMAN J M. Risk, protection, and resilience: Toward aconceptual framework for social work practice [J]. Social Work Research, 1999, 23 (3).

[46] FRAZIER P A. A comparative study of male and female rape victims seen at a hospital-based rapecrisis program [J]. Journal of Interpersonal Violence, 1993, 8 (1).

[47] FROTHINGHAM T E. Follow up studyeight years after diagnosis of sexual abuse [J]. Archives of Disease in Childhood, 2000, 83 (2).

[48] GANNON T. A, POLASCHEK D. L. L. Cognitive distortions in child molesters: A re-examinationof key theories and research [J]. Clin Psychol Rev, 2006,

26 (8).

［49］GILES-SIMS J, BARNETT O W, MILLER-PERRIN C L, et al. Family Violence Across theLifespan ［J］. Journal of Marriage & Family, 2011, 60 (1).

［50］GLADSTONE G, PARKER G, WILHELM K, et al. Understandingthe impact of childhood sexual abuse on women's sexuality ［J］. Journal of Mental Health Counseling, 1999, 34 (1).

［51］GRAHAM K, WELLS S. 'Somebody's Gonna Get Their Head Kicked in Tonight!' Aggression Among Young Males in Bars – A Question of Values? ［J］. British Journal of Criminology, 2003, 43 (3).

［52］GRAZIANO A M, MILLS J R. Treatment for abused children: When is a practice solution acceptable ［J］. Child Abuse and Neglect, 1992, 16 (134).

［53］GREEN A E. The role of collaborations in sustaining an evidence-based intervention to reduce child neglect ［J］. Child Abuse & Neglect, 2016, 53.

［54］GROFF E R. Adding the temporal and spatial aspects of routine activities: A further test of routine activity theory ［J］. Security Journal, 2008, 21 (1-2).

［55］GROTH A N, BURGESS A W. Male rape: Offenders and victims ［J］. The American Journal of Psychiatry, 1980.

［56］GRUSEC J E. Social Learning Theory and Developmental Psychology: The Legacies of Robert Sears and Albert Bandura ［J］. Developmental Psychology, 1992, 28 (5).

［57］GUZZINI S. The Concept of Power: a Constructivist Analysis ［J］. Millennium Journal of International Studies, 2005, 33 (3).

［58］HALL G C. Nagayama; HIRSCHMAN, Richard. Toward a theory of sexual aggression: A quadripartite model ［J］. Journal of consulting and clinical psychology, 1991, 59 (5).

［59］HENDRIE C. Sex with students: When employees cross the line ［J］. EducationWeek, 1998, 18 (14).

［60］HENRY N M, WARD T, HIRSHBERG M. Why soldiers rape: An integrated model ［J］. Aggression and Violent Behavior, 2004 (9).

［61］HERRERA VERONICA M, MCCLOSKEY LAURA A. Sexual abuse, family violence, and female delinquency: Findings from a longitudinal study ［J］. Violence and Victims, 2003, 18 (3).

［62］HEY F, BUCHAN P C, LITTLEWOOD J M, et al. Differential diagnosis in child sexual abuse [J]. Lancet (London, England), 2019, 1987 (8527).

[63] HILDYARD K L, WOLFE D A. Child neglect: developmental issues and outcomes [J]. Child Abuse & Neglect, 2002, 26 (6-7).

[64] HOCHSTETLER A. Opportunities and Decisions: Interactional Dynamics inRobbery and Burglary Groups [J]. Criminology, 2001, 39 (3).

[65] HUNTER J A, AURELIO J F. The influence of personality and history of sexual victimization in the prediction of juvenile perpetrated child molestation [J]. Behavior Modification, 2000, 24 (2).

[66] HU Y, LONNE B, BURTON J. Enhancing the capacity of kin caregivers and their families tomeet the needs of children left behind [J]. China Journal of Social Work, 2014, 7 (2).

[67] JIMENEZ J. The history of child protection in the African American community: Implications for current child welfare policies [J]. Children & Youth Services Review, 2006, 28 (8).

[68] KATHRYN M Y. The patriarchal bargain and intergenerational coresidence in Egypt [J]. Sociological Quarterly, 2010, 46 (1).

[69] KEMPF-LEONARD K, PETERSON E S L. Expanding realms of the new penology: The advent of actuarial justice for juveniles [J]. Punishment & Society, 2000, 2 (1).

[70] KENDALL-TACKETT K A, SIMON A F. Perpetrators and their acts: Data from 365 adults molested as, children [J]. Child Abuse & Neglecr, 1987, 11 (2).

[71] KENNEDY A C. An ecological approach to examining cumulative violence exposure among urban, African American adolescents [J]. Child and Adolescent Social Work Journal, 2008, 25 (1).

[72] KNOLL J. Teacher sexual misconduct: Grooming patterns and female offenders [J]. Journal of Child Sexual Abuse, 2010, 19 (4).

[73] KNOLL J. Teacher Sexual Misconduct Grooming Patterns and female offenders [J]. Journal of Child Sexual Abuse, 2010, 95.

[74] KRUGMAN R. Recognition of sexual abuse in children [J]. Pediatrics in Reviebv, 1986, 8 (1).

[75] LAWSON L. Isolation, gratification, justification: Offenders' explanations of childmolesting [J]. Issues in Mental Health Nursing, 2003, 24 (6-7).

［76］ LEONARD W R. Protection of children from seasonal nutritional stress in an Andean agricultural community ［J］. European Journal of Clinical Nutrition, 1989, 43 (9).

［77］ LEUKFELDT E R, YAR M. Applying routine activity theory to cybercrime: A theoretical and empirical analysis ［J］. Deviant Behavior, 2016, 37 (3).

［78］ LEVENSON J S, DSAMORA D A, HERN A L. Megan's Law and Its Impact on Community Re-entry for Sex Offenders ［J］. Behavioral Sciences & the Law, 2007, 25 (4).

［79］ LEVENSON J S, LEO P C. The effect of Megan's Law on sex offender reintegration ［J］. Journal of Contemporary Criminal Justice, 2005, 21 (1).

［80］ LIEM J H, TOOLE J G, JAMES J B. The need for power in women who were sexually abused as children ［J］. Psychology of Women Quarterly, 1992, 16.

［81］ LINDA A. Fathers, Sons, and Wealth in Colonial Windsor, Connecticut ［J］. Journal of Family History, 1978, 3 (2).

［82］ LISAK D. The psychological impact of sexual abuse: Content analysis of interviews with male survivors ［J］. Journal of traumatic stress, 1994, 7 (4) .

［83］ LIVINGSTONE S, HADDON L. Risky experiences for children online: Charting European research on children and the internet ［J］. Children & Society, 2008, 22 (4).

［84］ LUHMANN N. Familiarity, confidence, trust: Problems and alternatives ［J］. Reseaux: Conmunication, Technohgic, Societe, 2001, 19.

［85］ LUSSIER P, CALE J. Understanding the origins and the development of rapeand sexual aggression against women: Four generations of research and theorizing ［J］. Aggression and violent behavior, 2016, 31.

［86］ LUSTER T, SMALL S A. Factors associated with sexual risk-taking behaviors among adolescents ［J］. Journal of Marriage and the Family, 1994, 31 (56).

［87］ MARSHALL W L. Assessment, treatment, and theorizing about sex offenders: Developments during the past twenty years and future directions ［J］. Criminal Justice and Behavior, 1996, 23 (1).

［88］ MAXFIELD M G. Lifestyle and routine activity theories of crime: Empiricalstudies of victimization, delinquency, and offender decision-making ［J］. Journal of Quantitative Criminology, 1987, 3 (4).

［89］ MCALINDON A. Setting' em up: Personal, familial and institutional grooming in the sexual abuse of children ［J］. Social & Legal Studies, 2006, 3 (15).

［90］ MCNEELEY S. Lifestyle-routine activities and crime events ［J］. Journal of Contemporary Criminal Justice, 2015, 31 (1).

［91］ MENDELSOHN B. The origin of the doctrine of victimology ［J］. Exerpta Criminologica, 1963, 3.

［92］ MILDRED J, PLUMMER C A. Responding to child sexual abuse in the U-nited States and Kenya: Child protection and children's rights ［J］. Children and Youth Services Review, 2009, 31 (6).

［93］ NHUNDU T J, SHUMBA A. The nature and frequency of reported cases of teacher perpetrated child sexual abuse in rural primary schools in Zimbabwe ［J］. Child abuse & Neglect, 2001, 25 (11).

［94］ NICAISE V, BOIS J, FAIRCLOUGH S, et al. Girls' and boys' perceptions of physical education teachers' feedback: Effects onperformance and psychological responses ［J］. Journal of Sports Science, 2007, 25 (8).

［95］ OLSON D H, CRADDOCK A E. Circumplex model of marital and family systems ［J］. Australian Journal of Sex, Marriage and Family, 1980, 1 (2).

［96］ PARAS M L. Sexual abuse and lifetime diagnosis of somatic disorders: A systematic review and meta-analysis ［J］. Jama, 2009, 302 (5).

［97］ PILGRIM D. Child sexual abuse: From diagnosis to formulation ［J］. Educational & Child Psychology, 2017, 34 (4).

［98］ PRICE J M, CHAMBERLAIN P, LANDSVERK J, et al. Effects of a Foster Parent Training Intervention on Placement Changes of Children in Foster Care ［J］. Child Maltreatment, 2008, 13 (1).

［99］ PUSCH N, HOLTFRETER K. Sex-based differences in criminal victimization of adolescents: A meta-analysis ［J］. Journal of Youth and Adolescence, 2020, 1-25.

［100］ ROGERS P. Male rape: The impact of a legal definition on the clinicalarea ［J］. Medicine, Science and the Law, 1995, 35 (4).

［101］ ROSALIND E H, HEATHER C, GRETTON M, et al. The Predictive Validity of Risk Assessment with Violent Young Offenders ［J］. Criminal Justice and Behavior, 2016, 30 (6).

［102］ RÜSCH N, ANGERMEYER M C, CORRIGAN P W. Mentalillness stigma: Concepts, consequences, and initiatives to reduce stigma [J]. European psychiatry, 2005, 20 (8).

[103] SARADJIAN J. Factors that specifically exacerbate the trauma of victims of childhood sexual abuse by maternal perpetrators [J]. The Journal of Sexual Aggression, 19973 (1).

[104] SAULSBURY F T, CAMPBELL R E. Evaluation of child abuse reporting by physicians [J]. Americ an Journal of Diseases of Children, 1985, 139 (4).

[105] SETH R, SRIVASTAVA R N. Child Sexual Abuse: Management andprevention, and protection of children from Sexual Offences (POCSO) Act [J]. Indian Pediatrics, 2017, 54 (11).

[106] SHAKESHAFT C, COHEN A. Sexual abuse of students by schoolpersonnel [J]. Phi DeltaKappan, 1995, 76.

[107] SHAKESHAFT C. Educator sexual abuse [J]. Hofstra Horizons, 2003, 09.

[108] SHAKESHAFT C. Know the warning signs of educator sexual misconduct [J]. Phi Delta Kappan, 2013, 94 (5).

[109] SHAW I F. Ethics in Qualitative Research and Evaluation [J]. Journal of Social Work, 2003, 3 (1).

[110] SIMON J, FEELEY M. The form and limits of the new penology [J]. Punishment and Social Control, 2003, 2.

[111] SIMON J. Managing the monstrous: Sex offenders and the new penology [J]. Psychology, Public Policy, and Law, 1998, 4 (1-2).

[112] SKINNER H, STEINHAUER P, SITARENIOS G. Family Assessment Measure (FAM) and Process Model of Family Functioning [J]. Journal of Family Therapy, 2002, 22 (2).

[113] SMALL S A, LUSTER T. Adolescent sexual activity: An ecological, risk-factor approach [J]. Journal of Marriage and Family, 1994, 1 (56).

[114] STERNBERG K J, LAMB M E, HERSHKOWITZ I, et al. Effects of introductory style on children's abilities to describe experiences of sexual abuse [J]. Child Abuse & Neglect, 1997, 21 (11).

[115] STOLTENBORGH M, BAKERMANS - KRANENBURG M J, VAN IJZENDOORN M H. The neglect of child neglect: A meta-analytic review of the prevalence of neglect [J]. Social Psychiatryand Psychiatric Epidemiology, 2013, 48 (3).

[116] SUMMIT R C. Abuse of the child sexual abuse accommodation syndrome [J]. Journal of Child Sexual Abuse, 1993, 1 (4).

[117] SUSAN R. What's wrong with Sigmund Freud? [J]. Socialist, 2015 (4).

[118] TEWKSBURY R, MUSTAINE E E. Lifestyle Factors Associated with the Sexual Assault of Men: A Routine Acti-vity Theory Analysis [J]. The Journal of Men' s Studies. 2001, 9 (2).

[119] ULLMAN S E, SIEGEL J M. Victim-offender relationship and sexual assault. Violence and Victims, 1993, 8 (2).

[120] VANDIVER D M, KERCHER G. Offender and victim characteristics of registered female sexual offenders in Texas: A proposed typology of female sexual offenders [J]. Sexual Abuse: A Journal of Research and Treatment, 2004, 16 (2).

[121] VON HENTIG H. Remarks on the interaction of perpetrator and victim [J]. Journal of Criminal Law and Criminology (1931-1951), 1940, 31 (3) .

[122] WARD T, BEECH A. An integrated theory of sexual offending [J]. Aggression and Violent Behavior, 2006, 11 (1).

[123] WARD T, HUDSON S M, JOHNSTON L, et al. Cognitive distortions in sex offenders: An integrative review [J]. Clinical Psychology Review, 1997, 17.

[124] WARD T. Marshall and Barbaree's integrated theory of child sexual abuse: A critique [J]. Psychology, Crime and Law, 2002, 8 (3).

[125] WATKINS B, BENTOVIM A. The sexual abuse of male children and adolescents: A review of current research [J]. Journal of Child Psychologyand Psychiatry, 1992, 33 (1).

[126] WAUGH M A. Alfred Fournier, 1832-1914. His influence on venereology [J]. British Journal of Venereal Diseases, 1974, 50 (3).

[127] WHITTLE H C, HAMILTON-GIACHRITSIS C, BEECH A R. Victims' voices: The impact of online grooming and sexual abuse [J]. Universal Journal of Psychology, 2013, 1 (2).

[128] WOLAK J, FINKELHOR D, MITCHELL K J. Internet - initiated sex crimes against minors: Implications for prevention based on findings from a national study [J]. Journal of Adolescent Health, 2004, 35 (5).

[129] WOLFGANG M E. Victim precipitated criminal homicide [J]. The Journal of Criminal Law, Criminology, and Police Science, 1957, 48 (1).

[130] YBARRA M L, LEAF P J, DIENER - WEST M. Sex differences in

youth - reported depressive symptomatology and unwanted internet sexual solicita-
tion. Journal of medical Internet research, 2004, 6 (1).

[131] YOUNG C. Children sex offenders: How the Adam Walsh Child
Protection and Safety Act hurts the same children it is trying to protect [J]. New
Eng. J. on Crim. &Civ. Confinement, 2008, 34.

五、外文电子文献

[1] LIVINGSTONE S, HADDON L, GOERIIG A, et al. Risks and safety on
the internet: the perspective of Europeanchildren: full findings and policy implications
from the EU Kids Online survey of 9 - 16 year olds and their parents in 25 countries
[R]. LES, London: EV Kids, Online, 2011.

[2] United States Department of Justice. Fact Sheet Protect Act [EB/OL]. OS-
DOJ, 2003-04-30.

[3] World Association for Sexuality. Declaration of Sexual Rights [EB/OL].
World Sexual Health, 1999-08-26.

[4] Dirty secrets chart: Pennsylvania teacher discipline cases, 1990 - 1999
[EB/OL]. Post Gazette, 1999-11-02.

六、网络文献

[1] 全国人民代表大会. 中华人民共和国刑法 [EB/OL]. 中国人大网,
2000-12-17.

[3] 四部门关于依法惩治性侵害未成年人犯罪的意见 [EB/OL]. 中华人民
共和国最高人民检察院, 2013-10-25.

[4] 全国人民代表大会. 中华人民共和国侵权责任法 [EB/OL]. 中国人大
网, 2010-03-01.

[5] "女童保护"基金会. 2019 年性侵害儿童案例调查报告 [EB/OL]. 新
浪新闻, 2020-05-18.

[7] "女童保护"基金公布 2019 年性侵害儿童案例调查报告:熟人作案超
七成 [EB/OL]. 新浪新闻, 2020-05-18.

[8] 李一能. 上海青少年性健康报告发布:性观念趋于开放, 8.3%高中生
曾偷尝禁果 [EB/OL]. 新江晚报, 2019-04-18.

[10] 孙鉴. 完善信息查询与从业禁止制度 筑牢未成年人保护防线 [EB/
OL]. 新浪网, 2020-11-25.

[11] 全国人民代表大会. 中华人民共和国未成年人保护法（第二次修订）[EB/OL]. 中国人大网，2020-10-17.

[12] 教育部等五部门关于印发《教师教育振兴行动计划（2018—2022年）》的通知 [EB/OL]. 中国政府网，2018-03-28.

[13]《留守儿童调查报告》发布：2亿国人曾有留守经历 [EB/DL]. 腾讯网，2017-09-09.

[14] 儿童福利司. 图表2018年农村留守儿童数据 [EB/OL]. 中华人民共和国民政部，2018-09-01.

[15] 中国少年儿童文化艺术基金会女童保护基金. 2017年性侵害儿童案例统计及儿童防性侵害教育调查报告 [EB/OL]. 凤凰网，2018-03-07.

[16] 女童保护基金. "女童保护"2016年儿童防性侵害教育调查报告 [EB/OL]. 凤凰网，2017-05-13.

[17] 去年每2.92天曝光一起性侵害儿童案 留守儿童成重灾区 [DB/OL]. 中国教育在线，2014-03-03.

[18] 常红，吕峥. 女童受侵害现状报告：大量家族内案件被内部消化 [EB/DL]. 新浪新闻，2013-09-13.